MINERVA21世紀教科教育講座

新しい学びを拓く

数学科

授業の理論と実践

中学・高等学校編

岩崎秀樹 編著

ミネルヴァ書房

はしがき

わが国の21世紀は，知識基盤社会であって，そうした社会では新たな知識・情報・技術が，社会のあらゆる領域と階層における活動の基盤として重要性をます。このような社会は世界地図よりむしろ地球儀の上に置いて考える方がよく，知識や人材は国境や国籍に縛られることなく，地球上を移動するようになる。またそのような視座を手に入れない限り，地球上の様々な困難は解決されえないであろう。われわれの目の前にいる子どもたちはそうした世界にいるというより，むしろそうした未来からきた人たちであり，だからこそ未来に生きる力を教育が保証し，そして未来へと送り返さなければならない。

経済協力開発機構（OECD）は，PISAというプログラムで知識基盤社会の時代を担う子どもたちに必要な能力を，「主要能力（キー・コンピテンシー）」として，国際学力調査を実施している。それは「単なる知識や技能だけではなく，技能や態度を含む様々な心理的・社会的なリソースを活用して，特定の文脈の中で複雑な課題に対応することができる力」と概括されるが，この規定はわが国の教育が従来から大切にしている「生きる力」と軌を一にしていよう。

2007（平成19）年6月に公布された新学校教育法に記される学校教育の役割は，無論，知識基盤社会や「生きる力」と無関係ではない。そこには子どもたちを未来に送り返すために，①基礎的・基本的な知識・技能の習得，②課題解決に必要な思考力，判断力，表現力などの能力の育成，そして③学習意欲の向上が，教師力の中核に据えられなければならない，と明記されている。

皆さんが手に取るテキストは，教師力の中核を念頭に，とりわけ次の3点を重視した。

・数学教育の理論と実践の統合の基盤をつくる
・広い視野から新たな数学教育を創意できるようにする
・専門の視座から数学教育の価値を高めることができるようにする

およそ100年前，ドイツの教育学者ヨハネス・キューネルはその著『将来の教授法』で，教師の役割を次のように総括している。

> ある知識を教えるにせよ，技能を習得させるにせよ，生徒にできるだけ簡単に，できるだけ困難がなく，楽しい方法で何かを教え込む教授方法（指導方法）が重要なのではない。教え込むこと，提示すること，伝達することは，むしろ過去の授業文化の概念であって，それらは，今日ほとんど価値がない。…（中略）…生徒は，知識を受け取ったり，技能を習熟させられる存在ではなく，自らの能力を発展させる存在である。将来の教授法を特徴づけるのは，指導と受容ではなく，生徒の学習活動の組織化と生徒自身の活動である。

3 R's「よみ・かき・そろばん」の徹底が教師の主要な仕事であった時代とは思えない，まるで生涯学習社会や知識基盤社会の到来を予測していたような，現代性がそこにある。今日的なことばを用いれば，教員の専門性が100年前に的確に記されている。

本書を是非，これから教壇に立とうとしている学生諸君ばかりでなく現職の教員の方々にも，広く読んでもらえればと思っている。最後に，本書の発刊に際して，ミネルヴァ書房の編集担当の方々，とりわけ浅井久仁人氏に，心より感謝する。

2010年3月

編　　者

目　次

第３章　世界の数学教育

第４章　中学・高校数学の構造

第5章　数学科の授業構成

第6章　中学数学の指導

第７章　高校数学（必修）の指導

第８章　数学科の評価

第1章
今日の数学科の課題と展望

これからの数学教育を展望するには，現状を的確に把握し，そこに課題を見出す必要があろう。そのためにまず，わが国の中等教育の歴史的変遷を概観し，算数と数学の接続の問題を明らかにする。さらに国内外の学力調査に基づいて，認知的学力と情意的学力の乖離の問題を明らかにする。次に，「接続」を方法的視座に，「学力」の問題の解決を数学的活動に求める。そのためには数学的活動にふさわしい内容的検討は不可欠であり，それを数学的リテラシーに求める。

第１節　数学教育の現状の考察

教育は目的的な営みである。そのため今日の数学教育を取り巻く問題の多くは，直接的にしろ間接的にしろ，カリキュラムの問題に関わってくる。カリキュラムという用語は多義的であるが，ここでは数学教育の現状を捉えるために，IEA（国際教育到達度評価学会）で設定された，カリキュラムの３つの水準を用いることにする。

- 意図したカリキュラム（intended curriculum）：国家的な標準において規定された数学科の目標・内容であり，学習指導要領や教科書などに示されている。
- 実施したカリキュラム（implemented curriculum）：教師が解釈して生徒に与えられる数学的な内容であり，実際の授業や教師の態度などが含まれる。
- 達成されたカリキュラム（attained curriculum）：学校教育の成果からなり，児童・生徒の習得した数学的な知識，技能，態度などが含まれる。

１．意図したカリキュラムの現状

今日のように97％以上の生徒が高等学校に進学するような状況では，数学教育学的な視座から，学校数学に一貫するカリキュラムの開発は，不可欠であろう。しかしわが国の中等教育の歴史的変遷を概観すれば，「一貫」とは全く異なる教育理念が指摘できる。洋の東西を問わず歴史的にみれば，初等教育は義務教育として１つの完成教育であり，全ての子どもに将来の社会人として不可欠な基本的知識・技能を身に付けさせることを目標としていた。一言でいえば現実主義（Realism）といってよく，職業的な意味を含め，日常生活の必要性に応ずるものであった。一方中等教育は，高等教育への予備教育として誕生し，伝統的に人文主義的な教養を授けることを目標としていた。一言でいえば学問主義（Academism）といってよく，そのため旧来の中等教育は，初等教育とは

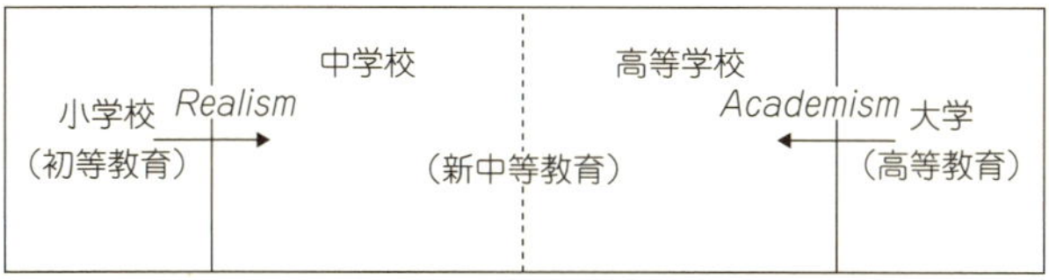

図1－1　中等教育の理念を理解するための図式

（平林，2004）

その理念において本来異なるものであった。にもかかわらず互いに背理するような教育理念が，図1－1に示すように，戦後の社会変革や高等教育の大衆化を背景に，中等教育段階でドッキングする時代が訪れる。こうした制度的な統合がもたらす課題は今日に続いており，たとえば初等教育段階では「算数」，中等教育段階では「数学」という，教科名の違いに理念的対立の残滓はないであろうか。

戦後の一時期を除き昭和30年代以降の学習指導要領は学校教育法施行規則に基づき，小・中・高等学校の教育課程の基準として，文部科学省によって告示され，法的拘束力をもっている。今回，2008（平成20）年3月に小学校及び中学校の学習指導要領が，2009（平成21）年3月に高等学校の学習指導要領がそれぞれ告示された。この度の改訂は，1947（昭和22）年に学習指導要領（試案）が制定されて以来，7度目となるが，そこで示される目標は，その社会的・時代的背景を背負っていることはいうまでもない。

およそ10年前，「ゆとりの中で生きる力を育む」というスローガンのもと，学習指導要領が改訂された。この教育理念を示した1998（平成10）年の教育課程審議会の答申には，算数・数学科の改善の基本方針が，次のように記されていた。

> 小学校・中学校及び高等学校を通じ，数量や図形についての基礎的・基本的な知識・技能を習得し，それを基にして多面的にものを見る力や論理的に考える力など創造性の基礎を培うとともに，事象を数理的に考察し，処理することのよさを知り，自ら進んでそれらを活用しようとする態度を一層育てるようにする。

これを受けて改訂された学習指導要領では，「数学的活動の楽しさ」（中学校

表１－１　新旧学習指導要領における中学校数学科の総括目標

平成10年版　中学校数学科	平成20年版　中学校数学科
数量，図形などに関する基礎的な概念や原理・法則の理解を深め，数学的な表現や処理の仕方を習得し，事象を数理的に考察する能力を高めるとともに，数学的活動の楽しさ，数学的な見方や考え方のよさを知り，それらを進んで活用する態度を育てる。	**数学的活動を通して**，数量や図形などに関する基礎的な概念や原理・法則についての理解を深め，数学的な表現や処理の仕方を習得し，事象を数理的に考察し**表現する**能力を高めるとともに，数学的活動の楽しさや**数学のよさを実感し**，それらを**活用して考えたり判断したり**しようとする態度を育てる。

表１－２　新旧学習指導要領における高等学校数学科の総括目標

平成11年版　高等学校数学科	平成21年版　高等学校数学科
数学における基本的な概念や原理・法則の理解を深め，事象を数学的に考察し処理する能力を高め，数学的活動を通して創造性の基礎を培うとともに，数学的な見方や考え方のよさを認識し，それらを積極的に活用する態度を育てる。	**数学的活動を通して**，数学における基本的な概念や原理・法則の**体系的な理解**を深め，事象を数学的に考察し**表現する能力**を高め，創造性の基礎を培うとともに，**数学**のよさを認識し，それらを積極的に活用し**て数学的論拠に基づいて判断する態度**を育てる。

数学科）や「数学的活動を通して創造性の基礎を培う」（高等学校数学科）という文言が目標に加えられる一方，学校完全週５日制の導入と「総合的な学習の時間」の創設に伴い，算数・数学科の指導時数が大幅に削減され，指導内容の厳選が行われた。

そして今日，時代と社会はますます「知識基盤」そして「生涯学習」という傾向を顕著にしている。「知識基盤社会における『生きる力』の理念の共有」というのが今回の改訂のスローガンといえよう。これからの10年を示す2008年の中央教育審議会答申には，改善の基本方針が次のように記されている。

> 算数科，数学科については，その課題を踏まえ，小・中・高等学校を通じて，発達の段階に応じ，算数的活動・数学的活動を一層充実させ，基礎的・基本的な知識・技能を確実に身に付け，数学的な思考力・表現力を育て，学ぶ意欲を高めるようにする。

これを受けて改訂された新しい学習指導要領では，中学校，高等学校ともに，

表１－３　中学校数学科における〔数学的活動〕

	第１学年	第２，３学年
ア　数や図形の性質などを見いだす活動	既習の数学を基にして，数や図形の性質などを見いだす活動	既習の数学を基にして，数や図形の性質などを見いだし，発展させる活動
イ　数学を利用する活動	日常生活で，数学を利用する活動	日常生活や社会で，数学を利用する活動
ウ　数学的に説明し伝え合う活動	数学的な表現を用いて，自分なりに説明し伝え合う活動	数学的な表現を用いて，根拠を明らかにし筋道立てて説明し伝え合う活動

（文部科学省，2008：33）

「数学的活動」が総括目標の冒頭に置かれ，さらに「表現する能力」が加えられている。表１－１，表１－２は，新旧の学習指導要領における数学科の目標を対応させたものである。特に中学校の数学では，数学的な活動の項目と学年ごとの指導内容が，表１－３のように細かく規定されている。さらに他の領域との関連が，次のように示されている。

> 数学的活動は，学習指導要領上，「A 数と式」，「B 図形」，「C 関数」及び「D 資料の活用」の４領域と並列に示されているが，…（中略）…数学的活動を４領域の指導内容からいったん切り離し，生徒が目的意識をもって主体的に取り組む数学にかかわりのある様々な営みという観点から４領域を包括する三つの活動に集約して，学習指導要領の内容に位置づけた。（文部科学省，2008：82）

今回の改訂では，中学校数学科の授業時数が，中学校第１学年と第３学年で週１単位時間増加する。こうした授業時数の増加の背景として，小学校と中学校の接続そして中学校と高等学校の接続を図ることが述べられている（中教審答申，2008：47）。また指導内容の増加に伴って中学校数学科の内容領域の構成は，現行の３領域から４領域に改められ，「A 数と式」「B 図形」「C 関数」「D 資料の活用」とされた。内容の変更は第１学年と第３学年に集中しており，それは小学校への移行や高等学校からの移行があるからである。

高等学校数学科の科目は，現行の「数学基礎」と「数学 C」が姿を消し，「数学Ⅰ（３），数学Ⅱ（４），数学Ⅲ（５）」（括弧内の数値は履修単位を示し，数学Ⅰのみ２単位まで必修），「数学 A（２），数学 B（２）」，「数学活用（２）」

のように編成され，内容の組み替えが行われている。

２．実施したカリキュラムの現状

数学的活動を前面に押し出す目標の変更は当然，指導方法の変更を促すことになる。またそうでなければならないであろう。数学教育現代化の徹底的な反省の下で，米国では「問題解決は1980年代の学校数学の焦点にならなければならない」と叫ばれて以来，日本においても実施したカリキュラムのレベルでは，個別学問領域の系統的な展開に反省が加えられ，日常的な話題から出発する問題解決的な展開に踏み出したはずである。

初等レベルでは教師が全教科を担当することや算数という教科の特質から，日常生活に題材をとり「問題把握→自力解決→集団討議（練り上げ）→まとめ」という流れで，授業は実施されるが，中等レベルでは図１-１に示される伝統から，必ずしもそうならないようである。特に高等教育に隣接する高校では，ほぼ大学の講義スタイルに相似な授業が実施されているといってよいであろう。つまり「説明→例題→演習」という板書とお話し（Chalk & Talk）が，教師の主要な授業形態といってよい（國宗，2004）。これに関連して，わが国では従来から授業改善の方策として「授業研究」が行われているが，中学校・高校と学校種が上がるにつれて，なされないという現状も報告されている（長崎他，2004）。

こうした状況は，日本数学教育学会が毎年夏に開催する全国算数・数学教育研究大会の発表内容にもよく現れている。どの発表も算数・数学を教室で指導する立場からの報告であり，その意味で実践したカリキュラムを反映している。表１-４は，2001年から2010年までの小・中・高等学校部会の中で，「数学的な見方・考え方」及び「数学への関心・意欲・態度」をテーマとする発表件数の占める割合を示している。小・中学校部会での研究発表に比べ，高校部会では，生徒の考え方や態度的な側面に関する発表は少ない。最近になってようやく増加傾向を示すが，小学校に較べればその発表はやはり少ないといえよう。

高校ではやはり数学を教えるという立場から，内容に関する指導法や教材開発に関するテーマがほとんどである。「数学的活動」を，実施するカリキュラムに載せるには，小・中のように，「教え」から「学び」への意識の転換が，より一層求められることになる。具体的には第５章・６章・７章を参照されたい。

表１－４　日数教全国大会での「思考」・「情意」に関する研究発表の割合（％）

開催年	小学校	中学校	高等学校
2001	52	42	8
2002	56	25	4
2003	51	50	6
2004	46	39	7
2005	62	43	12
2006	61	48	13
2007	53	60	13
2008	57	49	11
2009	49	37	8
2010	65	56	14

３．達成されたカリキュラムの現状

教育は子どもの学力を保証しなければならない。学力はカリキュラムという視座からみれば「達成された（attained）」能力であり，そこには指導要録に示されているように，知識・技能に関わる認知的側面と関心・態度に関わる情意的側面がある。

ところが最近の国際的な学力調査の結果から決して楽観は許されない。日本の生徒の学力の特徴が，認知的学力は高いが情意的学力は低い，という形で示されている。たとえば，IEA（国際教育到達度評価学会）のTIMSS（国際数学・理科教育動向調査）では，生徒の学力を，認知的側面と情意的側面から分析している。最近実施されたTIMSSの調査結果（国立教育政策研究所編，2007）の一部を紹介しておこう。

認知的学力について，表１－５に示されるように，TIMSS1995からTIMSS 2007までの４度の調査において，日本の順位と得点には多少の変動はあるが，「統計的有意」を考慮すれば，日本の順位はいずれも世界の２位グループに属している。これに対して，情意的学力は，表１－６に示されるように，国際平均値に較べればかなり低く，多くの調査項目で最下位にある。

認知的学力は高いが情意的学力は低いという状況は，OECD（経済協力開発機構）のPISA（生徒の学習到達度国際調査）* でも同様に指摘できる。認知

表1－5　日本の生徒の認知的学力の状況
（TIMSS ／中学校2年生）

実施年	順位	平均得点
TIMSS1995	3位（28カ国中）	581点
TIMSS1999	5位（38カ国中）	579点
TIMSS2003	5位（46カ国中）	570点
TIMSS2007	5位（48カ国中）	570点

表1－6　日本の生徒の情意的学力の状況
（TIMSS／中学校2年生）

実施年	数学が大好きまたは好き（括弧内は国際平均値）	数学の勉強は楽しい（括弧内は国際平均値）
TIMSS1995	53％（69％）	46％（63％）
TIMSS1999	48％（72％）	39％（69％）
TIMSS2003	—	39％（64％）
TIMSS2007	—	39％（67％）

表1－7　日本の生徒の認知的学力の状況
（数学的リテラシー／高校1年生）

実施年	順位	平均得点
PISA2000	1位（31カ国中）	557点
PISA2003	6位（40カ国中）	534点
PISA2006	10位（57カ国中）	523点

的学力についていえば，数学的リテラシーに関する過去3度の調査（表1－7）は，日本の低下傾向を示しているが，統計的な有意差を考慮すると，PISA2000，2003では1位グループ，PISA2006では2位グループに属し，国際的にみて上位に位置していることに変わりない。一方，情意的側面については，PISA2003で調査されており，日本の生徒の数学に対する興味や楽しみなどへの肯定的な回答の割合は，表1－8の示すように国際的に見ても低く，TIMSSの調査結果と変わりない。

＊ OECDによるPISAの目的は，「各国の子どもたちが将来生活していく上で必要とされる知識や技能が，義務教育修了段階において，どの程度身に付いているかを測定すること」である（国立教育政策研究所，2007：3）。PISAの特色はIEAによるTIMSSと比較することでより明確になろう。TIMSSは，カリキュラム内容についての児童生徒の到達度を調査し，学習環境条件等の諸要因との関係を分析することを目的としている。つまりTIMSSが各国のカリキュラムに還元されるのに対して，PISAはカリキュラムを超えて，「市民」として求められる能力まで評価しようとしている点で「社会」へ向かうものといえよう。

表1－8　日本の生徒の情意的学力の状況（PISA2003／高校1年生）

	数学についての本を読むのが好き	数学の授業が楽しみ	数学を勉強しているのは楽しいから	数学で学ぶ内容に興味がある
日本	12.8％	26.0％	26.1％	32.5％
OECD平均	30.8％	31.5％	38.0％	53.1％

表1－9　全国学力・学習状況調査の問題作成の基本理念

主として「知識」に関する問題A	身に付けておかなければ後の学年等の学習内容に影響を及ぼす内容や，実生活において不可欠であり常に活用できるようになっていることが望ましい知識・技能など
主として「活用」に関する問題B	知識・技能等を実生活の様々な場面に活用する力や，様々な課題解決のための構想を立て実践し評価・改善する力などにかかわる内容

（国立教育政策研究所教育課程研究センター，2009：7）

表1－10　全国学力・学習状況調査の結果

		算数		数学	
		問題A	問題B	問題A	問題B
19年	平均正答数	15.6問／19問	8.9問／14問	26.2問／36問	10.4問／17問
	平均正答率	82.1％	63.6％	72.8％	61.2％
20年	平均正答数	13.7問／19問	6.7問／13問	23.0問／36問	7.5問／15問
	平均正答率	72.3％	51％	63.9％	50.0％

（国立教育政策研究所教育課程研究センター，2009）

こうした国際的な学力調査が行われている一方で，近年，わが国では，児童生徒の学力を悉皆で把握する「全国学力・学習状況調査」が，小学校第6学年および中学校第3学年を対象に，これまでに3回（平成19，20，21年度）実施されてきた（国立教育政策研究所教育課程研究センター，2009）。この学力調査では，主として「知識」に関する問題Aと，主として「活用」に関する問題Bの2種類から構成されているところに特徴がある。これらの問題作成の基本理念は，表1－9のように整理される。

表1－10は，平成19，20年度に実施された算数・数学の調査結果にみる平均正答率を示している。問題設定の主旨が異なる以上，安易に比較はできない

がいずれの年度の調査でも，「問題B」の平均正答率が，「問題A」のそれに比べて低く，「活用」（問題B）に課題のあることが，報告されている。

第2節　数学教育の今日的課題

カリキュラムを3つの視座から眺めるとき，教育課程の入力の問題と出力の問題が，それぞれ明らかになる。前者は「算数と数学の接続」という形をとり，一方後者は「学力」として現れる。

1.「算数」と「数学」の接続

戦前のように制度においても理念においても，初等教育と中等教育に明確な区分が存在すれば，一方を「算術」と呼び，他方を「数学」と呼ぶことは妥当であった。ところが戦後のように，前期中等教育まで単線で，後期中等も実質的にそれにつなぐような教育課程であれば，制度的な連続性から，その区分を廃して「数学」で一貫させるべきかもしれない。しかし教科指導にとってより本質的な課題は，子どもの認識発達に寄与することであり，したがって小学校段階と中・高等学校段階における教科名の違いは，数学的活動の質の相違を，正確に反映したものと考えるべきであろう。

またその様に考えれば，教科指導の中心に次の課題が，「展開」として明確な形をとる。すなわち以下の(1)(2)(3)において，数学的活動をいかに組織するかということは，中等数学教育の重要な研究テーマになる。

(1) 算術から代数への展開

(2) 図形から幾何への展開

(3) 離散から連続への展開

「算術から代数への展開」にとって，数が量から独立することと，文字の導入は不可欠である。換言すれば意味から形式への移行といえ，その展開の契機をどの教材に求めるかは重要な意味をもつ。たとえば6年生の「分数除」の単元は，量を前提に比例の文脈で演算の意味理解を図ることになるが，同時に除法を乗法に読み替えることは，代数にとって重要である。したがってこの学習指導は(1)の前期といってよく，そのため後期に当たる指導は，中学１年の「正負の数の減法」ということになろう。ここでは量を前提にできないため，論理的に減法の意味理解が図られなければならず，結果として減法は加法に読み替えられる。これを代数和というが，分数の代数積と同様，考察の対象は「計算」よりはむしろ「演算」にシフトされたことになり，算術から代数への架橋となる（岩崎・岡崎，1999)。「演算」への移行は計算法則つまり結合律・交換律・分配律の意識化につながり，それを明確にする文字や文字式は，不可欠な道具になる。

「図形から幾何への展開」にとって，図形がさまざまな物の形から独立して，それ自身の定義をもつことと，論証の導入は重要なメルクマールである。そのため直観から論理への移行の契機をどの教材で図るかは重要な意味を有する。一般に算数における図形では，図の性質が具体的な活動の下で発見され確認される。一方，伝統的な論証指導は，中学校数学の図形領域で展開される。そこで(2)の前期として程度の差こそあれ「図形の相互関係」が設定され，たとえば正方形が長方形と認識されることを通して，性質や定義に基づく図形認識がはかられる。またその後期として，中学校第１学年の「図形の作図」が考えられるが，そこでは作図の方法というよりはむしろ方法の妥当性の考察を通して，論証への展開がはかられる（岡崎・岩崎，2003)。

(1)の「算術から代数への展開」では考察の対象は数と数を結合する演算に向かうが，(3)の「離散から連続への展開」ではむしろ数そのものが考察の対象になる。さまざまな数概念が，一方で演算の可能性や代数方程式の可解性などの代数的性質から区別されるのに対して，他方で離散性，稠密性，連続性などの位相的性質からも区別される。そこで(3)の前期として小学校第５学年の「小数の乗法」が考えられる。そこでは，離散量に基づくかけ算の意味づけから連続量による２量の比例関係の中に，乗法の意味が見いだされる。また移行後期として中学校第３学年の「平方根」が考えられる。そこでは有理数で表せない量の存在によって，無理数の意味づけが可能となり，高校数学の実数への展開の出発点になる。

２．生徒の学力に関する課題

今日では安価な卓上計算機やパーソナルなコンピュータがあるのだから，学校数学の成果を，計算技能や知識の定着に求めるだけでは，さほど意味がない。むしろ知識を基盤として，生涯にわたって学び続けなければならない社会では，数学的に考えることや数学的な関心・態度の形成や育成が，数学教育の重要なねらいとなってくる。その意味で，情意的学力と認知的学力の関係には注意すべきであろう。前者は見えざる（covert）学力として後者の見える（overt）学力を支えているのかもしれない。数学授業で経験する協同作業や教師の示す思いがけない数学的発想は，その後の数学学習に生涯にわたって影響するであろう。他方，理解を前提としない定理の押しつけやある種の計算の反復練習は，数学への嫌悪として意識に留まるであろう。

その意味で，上述した国際的な学力調査の結果はきわめて深刻である。日本の生徒の学力の特徴が，認知的学力は高いが情意的学力は低いという形で示されている。「数学離れが進んでいる」とか，「数学嫌いが多くなっている」とかいわれるようになったのも，これらの学力調査の影響が大きい。こうした認知的学力と情意的学力の乖離の問題は，1981 年に実施された TIMSS 第 2 回調査で明らかにされたことであるが，今日でも上述のような現状にあり，わが国の数学教育が抱える重大な課題の一つであることに変わりはない。

このようにグローバルな視野からわが国の生徒の学力の現状を眺めるとき，そこにみられる課題は，数学の教え方を工夫することによって対処できるものとして捉えるべきではない。もっと根底的な問題に目を向ける必要がある。数学科の目標で強調されている「数学的活動」や「活用する力」は，そうした課題解決への糸口として期待されている。

第3節　数学教育の展望

前節で提起した2種の学力乖離の問題は，「本質主義か進歩主義か」という教育理念で排他的に色分けしても，何ら解決にも解明にもいたらない。歴史的考察からえられた算数と数学の接続という展望の下，数学的な活動を通して，両学力の乖離や対立の構図は，別立ての問題として設定しなおされ，解決の端緒が与えられるように思う。そのためにはますます数学的な内容の検討が不可欠になるが，それを以下述べるように，数学的リテラシーに求めたい。

1．リテラシーのこれまでとこれから

（1）リテラシー（Literacy）概念の史的変遷

近代学校教育の誕生はたかだか300年程度さかのぼればすむ。ところが教育をリテラシーという視座から捉えなおせば，現生人類の誕生つまり10万年程度さかのぼることになる。その意味でリテラシーは教育の真正な（Authentic）課題といってもよいかもしれない。

リテラシーのもっとも原初的な形態は神話であろう。おそらく狩猟に基づく遊動採取の時代から神話は編まれていて，時代や場所が異なっても神話には共通のパターンがあるといわれている。その基本的パターンは，過酷な自然の中で生き残るための寓意に満ちた知識と技術の体系であった。それはいわば人間本能の合理的説明といってもよく，それが理解され踏襲されなければ，人類の種や族としての未来は覚束なかったはずである。考古学的に見れば狩猟採取の経済や社会を維持する神話的リテラシーは，10^4年のオーダーでその時代を存続させていた。

やがて人類は遊牧や農業を基盤とする時代に入るが，定住する社会の構築と文字・数字そしてさまざまな記号の発明は，軌を一にした営みであったことは想像に難くない。遊牧や農業を基盤とする社会であれば，食べ物の恵みの主と

しての神や自然のコトバを読み解く力が，リテラシーの本義になる。それは決して子どものために用意された知識や技能の体系ではなく，制度を維持し文化を継承するごく限られた大人に占有された「教養」としてあった。この時代のリテラシーは，その社会を維持し存続させるため，10^3 年のオーダーで継承されてきた。

時代が遊牧・農業を基盤とする社会から産業を基盤とする近代に移行し，国家も国民国家に変貌する時代に入ると，多岐にわたる産業を開発し国民国家を大規模に維持する共通の知的基盤が求められる。大衆が社会と時代の主役になるには，大多数の子どもを対象に，組織的な知的訓練を行う制度は不可欠であり，したがって17世紀以降リテラシーの対象は，選良から将来の大人としての子どもたちにシフトした。すなわちリテラシーは「識字」として普通教育の中で充実し，各教科に精緻化されていく。それが学校教育の発明とともに今日につながり，10^2 年のオーダーで継承されてきたことは，今日われわれの知るところである。

このように考えていけば 10^1 年のオーダーで変化する社会や時代に主体的に対応できる能力として，これからのリテラシーは構想されなければならないであろう。

（2）これからのリテラシー

21世紀の今日，近代の終焉とともに，普通教育の中で「識字」は，その広がりにおいても内容においても飽和点に達したのではないか。「国家」ではなく「地球規模」というコトバがしばしば使われるように，近代からポストモダンの変わり目にあたって，個別学問領域に依拠する「リテラシー＝識字」はその役割を終え，新たな形を教育の中で模索しているように思える。またそれに成功しなければ，識字とともに発明された普通教育も，近代の惰性の中に遺物として取り残されていくのではないだろうか。

今日のわが国において強調されるリテラシーは，OECDが述べる「キー・コンピテンシー」（OECD, 2004；ライチェン＆サルガニク，2006）や『評価の枠組み』（OECD, 2004）で「リテラシー」に示されるように，これまでの識字3 R's

とは基本的に異なる。それは生涯学習社会を背景に，機能的な「教養」をも包括する幅広い概念といってさし支えない。さらに高度情報化社会や社会的参加能力を前提にすれば，「識字」と「教養」の中身はかつてのそれと同じはずはなく，また社会の変化に主体的に対応する能力形成という教育課題の下では，両者を統合させるような形で，「リテラシー」自体の概念を拡充し，新たに構築し直し，明確にさせていかなければならないことは，明らかである。

時代と社会が同時にそれを要請しているのであって，意識するしないにかかわらず，一方では地球規模の今日的課題が渦巻く「宇宙船地球号」の乗組員として，持続可能な社会を構築するためのリテラシーが求められ，他方では市民社会の一員として，民主主義社会を実現するためのリテラシーが求められている。さらにそのような条件の下で，将来の社会を見すえて自己を未来に投企できる，自己実現を図らねばならない。したがってこれからの数学教育は「自己実現を可能とする，持続可能な民主的社会」の形成に向けて進路を定め，その舵を切られなければならない*。

＊わが国においても，北原和夫を研究代表とする「科学技術の智プロジェクト」（http://www.science-for-all.jp/）が科学技術リテラシーに関して８冊の報告書を公刊している。そこでは，21世紀の日本の社会が真の意味で豊かであり続けるために，そして，人類と他の生物を含む地球の持続可能性を脅かす課題に対して，人々が協働して取り組むことができるように，「科学技術の智」を全ての人々が共有している状況を創出することを目的とし，およそ150名の科学者，技術者，科学技術教育者等が参画している。

２．数学的リテラシーの育成へ向けて

（１）数学的リテラシーとしての数学的方法の重要性

これまでのカリキュラム構成原理は個別学問領域の知的主題の系統的展開に従うものであり，算数・数学科では，学習指導要領を見れば明らかなように，数学内容の系統的展開を基軸に編成されている。しかしながら，既述の課題意識からすればそれでは不十分で，これからはむしろ数学の方法的側面に注目する指導が求められることになろう。その現れが数学的活動の重視と考えられる。

数学の方法的側面は，OECD・PISA* の数学化サイクル（図１-２）として，

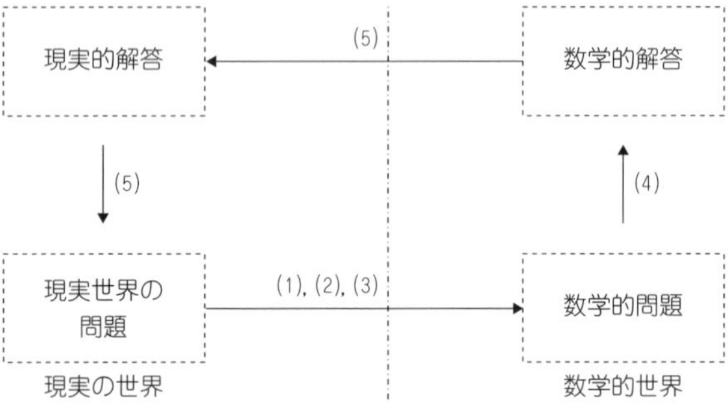

⑴　現実に位置づけられた問題から開始すること。
⑵　数学的概念に即して問題を構成し，関連する数学を特定すること。
⑶　仮説の設定，一般化，定式化などのプロセスを通じて，次第に現実を整理すること。
⑷　数学の問題を解く。
⑸　数学的な解答を現実の状況に照らして解釈すること。

図１－２　数学化サイクル

(OECD, 2004 : 29)

簡潔に図示されている。児童・生徒の数学的活動は，程度の差こそあれ現実の世界との交渉から始まる。直面する問題の事実関係を調べるとき，諸事実の抽象度を上げていくと，そこにある関係がフレームアップし，数学的な相を帯びる。そこで数学的に処理され出力される解は，関係が処理されるため当該の事実を超えて，結果は敷衍される。たとえば「錆びること」と「燃えること」は「酸化」として抽象される。そこに時間と温度という物理量を入れると，酸化速度と温度の関係が関数として現れる。その適切な活用が，冬季の保温剤として利用されることは，周知のことであろう。

＊ OECD・PISA では，数学的リテラシーが《数学が世界で果たす役割を見つけ，理解し，現在及び将来の個人の生活，職業生活，友人や家族や親族との社会生活，建設的で関心を持った思慮深い市民としての生活において確実な数学的根拠にもとづき判断を行い，数学に携わる能力》として，定義されている。

無論こうした学習過程は数学と現実との往還だけを特徴とするものではない。図１－２に示される学習サイクルはスパイラルに上昇する可能性を潜在させている。もしそうでなければ，生活単元期の「這い回る数学」の危険性を回避できず，生涯学習課程に組み込まれる，知的に上昇可能な学習モデルとはなりえない。

（2）問題解決から数学的活動へ

1980年代，現代化が失敗として総括され問題解決への道が切り開かれた。数学教育はそこで数学の内容から方法に大きく舵を切ったといえる。無論ファン・ヒーレの学習水準理論に示唆されるように，数学の内容と方法は截然と分かたれるものではないが，問題解決は方法に力点を置いた。その方法が数学の数学化に寄与するのと同様に，現実の的確な理解や現実への活用に向けられたことは，今日の数学的リテラシーにつながっている。

現代化がなお勢いのあったころ，島田はすでに「数学的活動」に注目している（島田，1977）。島田は，《既成の数学の理論を理解しようとして考えたり，数学の問題を解こうとして考えたり，あるいは新しい理論をまとめようとして考えたり，数学を何かに応用して，数学外の問題を解決しようとしたりする，数学に関係した思考活動を，一括して数学的活動》（島田，1977；14）とした。これらの活動の有機的な連関は，図１－３のように示されている。

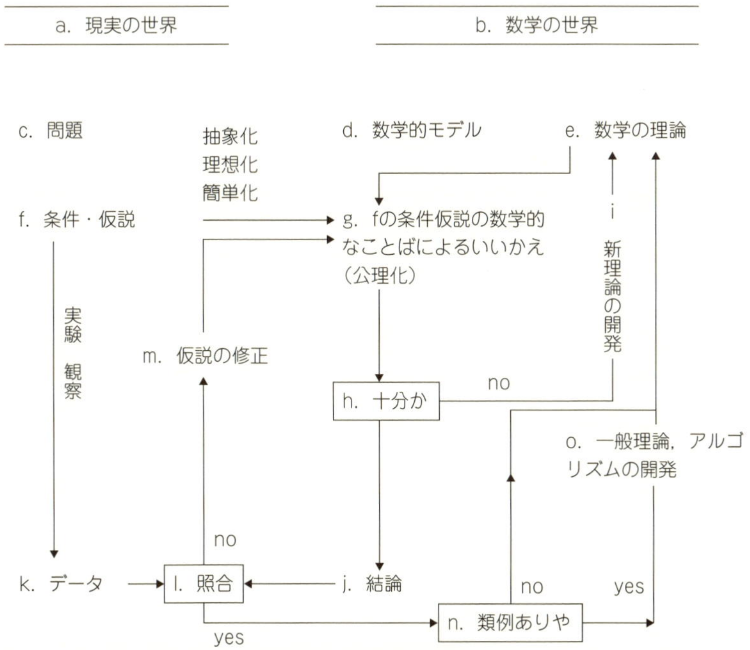

図１－３　数学的活動

（島田，1977：15）

図1－3の特徴は，「現実の世界」と「数学の世界」を数学的活動によって，つなごうとする点にある。無論，当時の「現実」を支える社会背景と今日のそれを同日に論ずることは許されないが，島田は「現実」と「数学」との往還運動という視座の下で，数学的活動を明確に構想していた。またそこに現れる「抽象化」や「理想化」や「単純化」をはじめ，「仮説の修正」といったさまざまな活動は，今日の知識基盤社会において求められる，数学的リテラシーの重要な項目である。

産業基盤社会から知識基盤社会への移行は，「a．現実の世界」を「b．数学の世界」に翻訳したり，「b．数学の世界」から「a．現実の世界」を解釈したりするための視点や方法の質的変容を同時に促すことになる。そのため数学的リテラシーに関するカリキュラムの構築にとって重要なことは，図1－3に基づいて，いかに数学的活動をカリキュラムに構造化するか，ということになる。

こうした課題に対する一つの方策として，ランゲ（Lange, 1987）の数学的活動の枠組み（図1－4）は注目に値する。ランゲはオランダを代表する数学教育研究者であるが，この枠組みは，いわゆる文科系を志望する生徒が履修する「数学A」のカリキュラム構成の原理といってもよい。

この枠組みは大きく2段階に分けられる。前段は「概念的数学化（conceptual mathematisation）」と呼ばれ，現実世界に始まり，生徒の意識しない暗黙的な数学的概念を現実世界の問題に対応させて，現実世界の抽象化・形式化を果たすことで，逆に数学的概念を明示化し意識する再発明のプロセスである。他方後段は，前段で明らかにされた数学的概念を現実世界に活用するプロセスであり，こうした「現実世界」に関する，数学的概念の開発と活用のプロセスは，二段構造に示唆されるように再帰的な構造をなす。ただし後段の数学化の成果は，左右に分岐して，それぞれ数学的な世界と現実世界へとフィードバックされ，生徒の学習段階に応じた数学的概念の精緻化と，問題解決の必要度に応じた現実世界の数学的な構造化が，果たされることになる。

ランゲは常に数学化に注目しているが，それは数学化がさまざまな角度から数学的活動を必然的に伴うからである。またこの活動においては，「過程を反

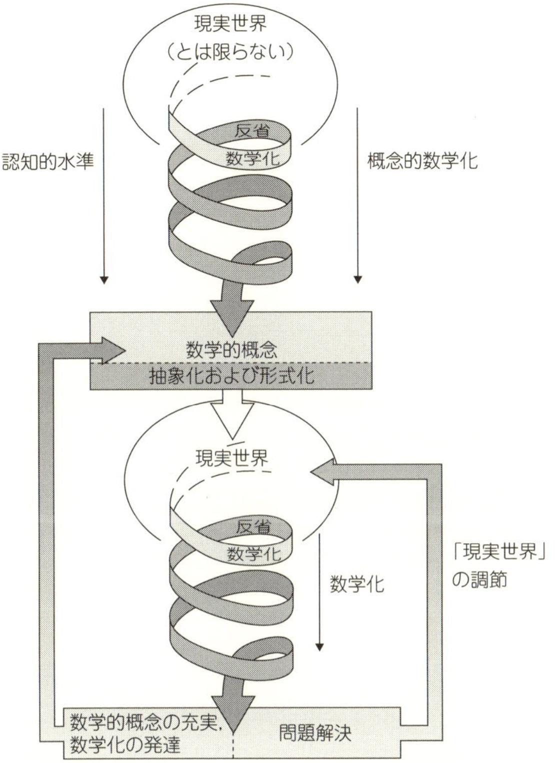

図１－４　実験的カリキュラムにおける数学的活動の枠組み
(Lange, 1987 : 39)

省すること」「活動を議論すること」「成果を評価すること」「結果を解釈すること」といった，現実と数学との相互交渉が多面的に図られる（Lange, 1996）。

これまでのカリキュラム構成原理は，個別学問領域の知的主題の系統的展開であった，といって過言でない。しかしながら図１－４に示される数学的活動の枠組みは，「現実の世界」と「数学の世界」との関係から，カリキュラムの構成を考える。前者から後者へのシフトは，数学内容から数学的方法への強調点の変更を意味する。このような視点で数学的活動を捉え，数学的リテラシーの育成へつなげることが，これからの数学教育を考える上で，一つの展望といえよう。

第1章　参考文献

岩崎秀樹（2007）『数学教育学の成立と展望』ミネルヴァ書房.

岩崎秀樹・岡崎正和（1999）「算数から数学への移行について(1)」全国数学教育学会誌『数学教育学研究』，第5巻，pp. 85-90.

ヴィットマン，E. Ch. 他／國本景亀・山本信也訳（2004）『PISAを乗り越えて――算数・数学授業改善から教育改革へ』東洋館出版社.

OECD／国立教育政策研究所監訳（2004）『PISA2003年調査・評価の枠組み』ぎょうせい.

岡崎正和・岩崎秀樹（2003）「算数から数学への移行教材としての作図」日本数学教育学会誌『数学教育学論究』，Vol. 80，pp. 3-27.

北原和夫他（2008）『総合報告書――科学技術の智プロジェクト』.

国宗進（2004）「数学教育における授業研究」長崎栄三他編著『授業研究に学ぶ 高校新数学科の在り方』明治図書.

国立教育政策研究所編（1996）『小・中学生の算数・数学，理科の成績』東洋館出版社.

国立教育政策研究所編（2007）『生きるための知識と技能3：OECD生徒の学習到達度調査（PISA）2006年調査国際結果報告書』ぎょうせい.

国立教育政策研究所ホームページ「国際数学・理科教育動向調査の2007年調査（TIMSS2007）　国際調査結果報告書（概要版）」.
http://www.nier.go.jp/05_kenkyu_seika/seika_archive.html

国立教育政策研究所教育課程研究センター（2009）「平成21年度全国学力・学習状況調査解説資料」.
http://www.nier.go.jp/09chousa/09kaisetu.htm.

島田茂（1977）『算数・数学科のオープンエンドアプローチ――授業改善への新しい提案』みずうみ書房.

中央教育審議会答申（2008）「幼稚園，小学校，中学校，高等学校及び特別支援学校の学習指導要領等の改善について」.

長崎栄三・阿部好貴（2007）「我が国の数学教育におけるリテラシーとその研究に関する動向」日本数学教育学会誌『数学教育』，第89巻第9号，pp. 11-20.

長崎栄三・長尾篤志・吉田明史・一楽重雄・渡邉公夫・国宗進編著（2004）『授業研究に学ぶ 高校新数学科の在り方』明治図書.

平林一榮（2004）「高等学校数学教育理念の問題」長崎栄三・長尾篤志・吉田明史・一楽重雄・渡邊公夫・国宗進編著『授業研究に学ぶ 高校新数学科の在り方』，pp. 165-195，明治図書.

文部科学省（2008）『中学校学習指導要領解説　数学編』教育出版.

文部科学省（2009）『高等学校学習指導要領解説　数学編理数編』実教出版.

ライチェン，D.S.，サルガニク，L.H.編著，立田慶裕監訳（2006）『キー・コンピテンシー――国際標準の学力をめざして』明石書店.

Kilpatrick, J.（2001）Understanding Mathematical Literacy : The Contribution of Research, *Educational Studies in Mathematics* 47, pp. 101-116.

Lange, J.（1987）*Mathematics, Insight and Meaning*, OW&OC, Utrecht.

Lange, J. (1996) Using and Applying Mathematics in Education, Bishop, A. J. et al. (eds.), *International Handbook of Mathematics Education*, Kluwer Academic Publishers, pp. 49-97.

（岩崎秀樹・真野祐輔・阿部好貴）

第２章
数学科における目標

今日，あらゆるところでパラダイム転換が起っている．数学教育もこの歴史的現実から自由ではありえない。そこで第１節では，数学教育のパラダイム転換を考察した。その下でまず，これからの数学教育の数学観や教育原理を考察した。その後，数学の本性，人間の本質的側面，社会からの要請などの諸側面の考察に基づき，これからの数学教育の目標を提示した。また，これからの数学教育の目標を見定めるためには，現在の数学教育の理念がどのような経緯で成立したかについての考察が必要である。そこで第２節では，日本の中等学校の数学教育がどのような目標のもとで成立したかについて考察した。ここでは，西洋の学問として数学を日本に定着・発展させるという目標をもって，中等数学教育が成立したという，歴史的事実の重要性を指摘した。

第1節　数学教育の目標

1．機械論から生命論へ――パラダイム転換

世界のさまざまなところで，パラダイム転換が起こっている。数学教育とてそれから逃れることはできないであろう。このパラダイム転換を意識し，それが数学教育にどのような影響をもたらすのかを見定めることが必要であろう。以下では，その上に立って，目標論を展開するつもりである。だから，従来の目標論の展開ときわめて異なった議論展開になることを最初に断っておきたい。

平成20/21年度，学習指導要領が改訂された。今回の改訂の目標を見ると，「数学的活動」が前面に押し出されている。「数学」と「人間活動」の本来的関係を確認したという点（数学的知識は，初源的には，主体が対象に能動的に働きかけた活動を反省する（反省的抽象）ことにより獲得される）では前進といえよう（平林，1987）。

しかし，筆者からみると，今回の改訂はパラダイムの反省なしに行われている。学習指導要領や教科書そして授業の基本にあるパラダイムそれ自体を変更しないかぎり，これらの改訂は対処療法に終わってしまうと危惧している。

従来の算数・数学教育の基本にあるパラダイムとは機械論パラダイムである。

機械論パラダイムの根底には，「機械的世界観」と「要素還元主義」がある（プリゴジン他，1993：16-17）。

機械的世界観とは，世界がいかに複雑に見えようとも，結局は一つの巨大な機械であるという見方であり，要素還元主義とは，何かを認識するためには，その対象を要素に細かく分割し，詳細にその仕組みを調べればよく，この機械を利用するためには，機械を適切に設計し，すべてを制御すればよいという考え方である。このパラダイムは，近代以降，人類に多くの恩恵を与えてきたし，今日も与えており，広く行きわたっているそれである。

しかし，今日，機械論パラダイムはその限界を露呈してきている。たとえば，公害問題や地球温暖化の問題がそれである。機械論パラダイムでは，全体は部分に分割できる（生命にとっては，死を意味することもある）けれども，ひとたび分割した部分を再び組み合せても，元の全体に復元できないという認識が不十分なのである。この認識不足は，われわれが生きている世界やそこでの現象が，さまざまな要素によって有機的に構成され，密接に関係づけられた複雑なネットワークであり，ひとたび部分に分解された瞬間に大切な何かが失われることを忘れたからである。しかも何が大切かは「仮説」にすぎないのである。

この機械論パラダイムの限界に直面して，生命論パラダイムが注目されてきた。この生命論パラダイムに立つ思想は，現代になって初めて登場したわけではない。デカルトが生きていたときにパスカルがいたし（パスカルは『パンセ』の断章78で，「無益にして不確実なるデカルト」と批判している），行動主義心理学に対してゲシュタルト心理学が存在している。ただ，機械論パラダイムにより，文明が急速に進歩し，人々が豊かになったため，その限界やもう一つのパラダイムの存在を忘れがちであったといえよう。

機械論パラダイムと生命論パラダイムの特徴を比較すると，表2-1のようになる（高橋，1996：91，一部のみ引用）。

これらの特徴の中でも，筆者は数学教育的観点から見て，「全体性」「相互関連性」「プロセス重視」「多様性」「共生」「長期的影響」が重要であり，その他に，「発展性」「歴史性」「科学理論性」「美意識」「力動性」なども重視していく必要があると考えている。

これらの特徴は相互に密接に関係している。たとえば，「全体性」とは「全体は部分の総和として認識できず，全体としての原理的把握が必要である。また，部分相互や部分と全体とを常に関係づけることが必要である。」（『広辞苑』，1998）という原理である。このことから，全体性と相互関連性は互いに不可分であることがわかる。また，教育では，できあがった結果よりもそれを創造していく過程を体験することが重要であり，これは「発展性」や「歴史性」と密接に結びついている。この密接な「つながり（結びつき）」が生命論パラダイムの特徴である。

表2-1　機械論と生命論の比較

	機　械　論	生　命　論
主導的な思想	デカルト的世界観，行動主義心理学など	一般システム論，生態学など
存在論・認識論	主客の分離，二元論，主体の第一次性，「全体は分割可能な基本的要素の構成物である」	主客の未分，一元論，関係の第一次性，「全体は諸部分の総和以上のものであり，それ自体の認識が必要」
強調される原理	還元主義的理解，線型，決定論的，分析的，可逆的，孤立系，刺激－反応，量的，法則の数学的記述	全体把握，非線型，偶然性の関与，直感的，不可逆的，多様性，開放系，相互依存・相互関連，コンテキスト，質的，詩的記述
価値観・生活様式への影響	拡大・無限の進歩，自然の対象化，効率性，プロセスの省略，規格化，他への影響の軽視	バランス，自然との対話・共生，フィードバック，結果よりプロセス重視，個性，全体的・長期的影響の考慮

（高橋，1996：91．一部引用）

2．数学教育におけるパラダイム転換

数学教育においてもパラダイム転換が迫られている。機械論的・原子論的パラダイムから活動的・生命論的それへの転換である。前者のパラダイムでは，数学教育は次のような教育原理をその基礎に置いている（Radatz et al., 1998：11-12.）。

(1) 困難の孤立化の原理

(2) スモール・ステップの原理（困難や内容の細かい段階付けの原理）

(3) 習熟のために，同種の問題を練習することによる強化の原理

数学教育でも，教材が細かく分割され，「易」から「難」へと，スモール・ステップに教材が配列され，「教師による発問―生徒の応答―教師によるフィードバック」，あるいは，例題―解法―演習―例題―…を繰り返す授業という，型にはまった授業が行われていることが多い。

機械論パラダイムに立つカリキュラムや学習には，次のような根本的な問題点がある。一つは，機械論パラダイムに基づくカリキュラムや学習は，すでに

学習内容を習得している大人が考えたもので，初めて学習する生徒にとって適切ではないということである（永野，1953：117）。初めてあることを学ぶ者が誤りを犯したり，回り道をしたり，あちこちの壁にぶつかるのはきわめて自然なことである。このことがどれほど教師に認識されているかが問題なのである。この永野の指摘は，中学や高校の生徒にも，数学を新たに学習する大人にもいえることであろう。

もう一つは，スモール・ステップの原理では，教材を細かく分析して（分析自体は重要なことである），易から難へと教材を配列する（アトミズム）。しかし，その結果は決して望ましいものではない（平林，1997：8）。

> あらかじめ学習すべき内容を設定して，それをいくつかの断片に細分し，易から難へと並べ，その順番に１つずつ与えていく。…しかも，どの子どもにも同じ内容を同じように同じ速度で学習させることになっている。…中学校・高校へ進むにつれ，このアトミズム的傾向は鮮明になる。落ちこぼれ，永続性のなさ，応用力のなさ，さらには数学に対する極度の嫌悪感の醸成，これらはこうしたパラダイムの所産である。

実際，日本の小学校１年生から高校２年生までの児童・生徒に，嫌いな教科の順位を調査すると，数学の嫌いが１位になったのは小学４，５，６年，中学１，２，３年，高校２年で，２位になったのは小学１，２年，高校１年で，３位になったのは小学３年という結果になっている。

このような状況を克服するために，機械論的パラダイムから脱脚し，活動的・生命論的パラダイムを基礎にした数学教育が必要である。それには次のような数学教育の教育原理を基礎にする必要がある（重要なものだけを示す）。

① 全体的アプローチの原理
② 内容や関係豊かな学習の原理
③ 活動的・創造的学習の原理と社会的学習の原理
④ 個性重視の学習の原理
⑤ 操作的原理
⑥ 発生的原理
⑦ 漸進的数学化の原理

⑧ 科学論的見方の原理

⑨ 歴史性の原理

これらの各原理について，簡単に説明しておこう。

① 全体的アプローチの原理

この原理が目標とするところは，「生徒の人格発達を総合的に保証すること」「生徒が適切な数学像をもつこと」にある。前者は学校教育の目標として論を俟たないところであろう。後者については，後に詳しく考察する。

全体性の原理を授業に適用すると，「子どもたちに，これから学習する内容の全体像を与えること，あるいは，その見通しを与えること」が必要である。

② 内容や関係豊かな学習の原理

この原理はネット化の原理と言い換えてもよい。個々の内容が孤立的に取り扱われるのではなく，常に関連づけられながら扱われるという原理である。

たとえば，式の展開や因数分解を指導する場合，まず，図２-１のように(ア)の式を，面積概念を利用して導き，後の式は，文字の代入により導く場合である（生徒自身に体験させることが必要)。その後，各公式の相互関係全体を概観させることが必要である。

$(a+b)^2=a^2+2ab+b^2$　　　$(a-b)^2=a^2-2ab+b^2$

↖ c，d に a を代入　　　↗ c に a を，b，d に −b を代入

$(a+b)(c+d)=ac+bc+ad+bd$　……(ア)

↙ c に a を，b に −b を代入　　　↘ b に 0 を代入

$(a+b)(a-b)=a^2-b^2$　　　$a(c+d)=ac+ad$

図２-１　二次式の展開公式のネット化

ネット化には，大きく３つのタイプがある。

(1) 大局的ネット化：数学と他の教科や数学の文化的側面とのネット化

(2) 局所的ネット化：数学内でのネット化（例：解析幾何）

(3) 豊かな学習場面：上の公式のように，さまざまな問題の共通性や相違性，あるいは，一般性を考察し，さまざまに発展させるネット化

③ 能動的・発見的学習と社会的学習

生徒は知識を受動的に受容するのではなく，能動的に獲得する。だから，あ

る現実的・数学的状況や現象から始め，生徒自身が自ら問題を作ったり，パターンや命題を発見したり，解決方法や証明法をさまざまに工夫し，それぞれの長所・短所を検討し合うことが重要である。

④ 個性重視の学習の原理

一人ひとりを生かす授業実践を行う場合，生徒に提示される問題は，閉じた問題ではなく，どの生徒でもアプローチできるオープンな問題が適切である。生命論に立つ場合，学習場はオープンであることが基本である。また，問題がオープンであれば，生徒一人ひとりに適した解決が可能となる。

閉じた問題も次のようにすれば，オープンな問題に変形できる（Ulm，2005：41）。

閉じた問題	オープンな問題
$5x-12=33$ を解きなさい。	・答えが5になる一次方程式を作りなさい。 ・方程式が $5x-12=33$ になるような文章題を作りなさい。
次の連立方程式を解きなさい $\begin{cases} 4x-3y=2 \\ x+4y=10 \end{cases}$	・代入法や加減法で解ける方程式を作りなさい。 ・答えが $x=2$，$y=2$ になるような連立方程式を作りなさい。

⑤ 操作的原理

我々がある対象を把握するとき，その対象に何らかの操作を行い，そのとき，その対象がどのように振舞うかを調べようという原理である。これには，次の3つ場合が考えられる。

a）どんな操作が実行できるか。また，それらの操作は互いにどのように結びついているかを調べること

例：一次関数で，傾きやy切片を変化させるとき，グラフがどのように変化するかを調べる

b）どんな性質や関係が構成によって対象に刻み込まれるかを見いだすこと

例：底辺を直径に取り，もう一つの頂点が円周上を動くとき，円周角がどのように変化するかを調べる

c）操作が，対象の性質や関係にどのような効果をもたらすかを観察すること

例：直角三角形において，線分に立つ図形を相似な多角形にすると，三平方の定理はどうなるか

⑥ 発生的原理

発生的原理には，歴史発生的原理と心理発生的原理そして内容発生的原理がある。歴史発生的原理は「子どもの成長が数学の歴史的発達を繰り返す」という発生学の原理を教育に適用した原理で，心理発生的原理は，数学と取り組む子どもの知的発達に合わせて教育をしようという原理である。いずれも発達の一面を捉えておりそれらは相補的である。それらを総括的に捉えるのが内容発生的原理といえ，ダヴィドフがその意味するところを明確に示している（國本，1980：47）。

子どもの知的発達は，結局のところ，彼らが習得する知識内容によって規定される。

しかし，この知識内容が数学史に沿って発達するわけではないことを，ピアジェは明らかにしている。それゆえにどのような知識内容を選択するか，その配列や形態化をどうするかを，一度，反省する必要があろう。

⑦ 漸進的数学化の原理

数学化には，「水平的数学化」と「垂直的数学化」がある。たとえば，二次方程式を使って現実の問題を解決する場合，現実場面から，求める対象をxと置いて方程式を作り，その方程式を解き，その結果を現実場面で検証する過程が「水平的数学化」である。それに対して，解や係数の関係を用いて，数学的な問題を解決しながら，方程式の理論を構築していく過程が「垂直的数学化」である。

漸進的数学化には，次の下位原理がある（Radatz et al., 1998：12）。

(1) 教材の「全体的」取り扱い（見通しのある複雑性と取り組む）

(2) 現実と関連した問題を一貫して使用する。

(3) 生徒は，ますます有効で，エレガントな計算方法を発展させる。

(4) 教師は，学習の反省やコミュニケーションのために生徒を常に励ます。

(5) 表現様式理論と関連させる。

数学教育では，次の５つの表現様式がある（図２-２参照）。５つの表現様式は，

図2-2のように，具体的なものから抽象的なものへと段階づけられている。すなわち，A. 現実的表現様式　B. 操作的表現様式　C. 図的表現様式　D. 日常言語的表現様式　E. 数式的表現様式の5つである。

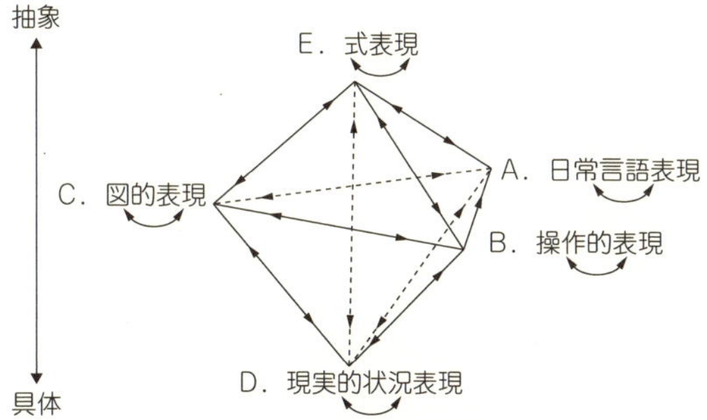

図2-2　5つの表現様式

また，生命は成長し，進化する。数学も同様であり，数学学習でも教材を発展的・統合的に展開することが重要である。

例：ピタゴラスの定理の拡張として，次の余弦定理がある。

$c^2 = a^2 + b^2 - 2ab\cos C$（角Cは鈍角である）

ここで，次の問いを考えてもらいたい。「図2-3の四角形CC'G'GとCC"H'Hの面積の関係を推測し，それが正しければ証明しなさい。」（ブラウン／ワルター，1990：69）□FDCGと□CAJHはそれぞれ，BC，ACを一辺とする正方形である。同じ図柄の四角形は面積が等しい。

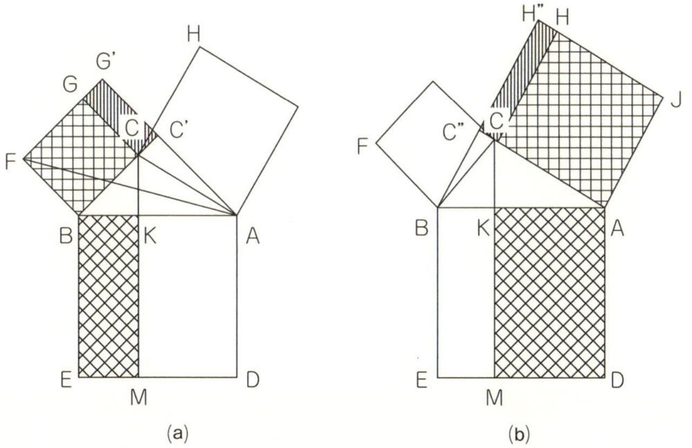

図2-3　三平方の定理の拡張に関する問題

一見すると，各四角形の面積はさまざまに変化すると思われる。しかし，驚くべきことに，面積は常に等しいのである。このような驚くべき事実が得られるのも，問題を発展させたからである。この証明はぜひ読者のみなさんで行っていただきたい。三角形の合同と四角形の面積は「それと同高同定の三角形の面積の2倍である」という簡単なアイデアで証明できる。

⑧ 科学論的見方の原理

日本の数学教育では，科学論的見方が欠如していると思われる。数学の有用性（よさ）については言及されることが多いけれども，数学の限界はどこにあるのか，なんでも量化できるのか，数学とはどういう学問かなどの反省が十分ではない。これらの反省がなければ，数学を真に理解したとはいえない。たとえば，「親の愛の深さは何mか」などと問えば，そう問うた者の頭脳を疑うであろう。「数学とはどういう学問か」を常に問うことが教師には必要であろう。

⑨ 歴史性の原理

これについては多くのことを語る必要はないであろう。多くの数学者が歴史的にさまざまな分野の数学を創造してきたし，今日の文明を根本で支えている。残念ながら，そのことが今日の我々の目に見えなくなっているという皮肉な結果になっている。

3．生命論における数学観——準経験主義

筆者は，数学の見方として次の2つが重要であると考えている。一つは，「数学はパターンの科学である」ということ，もう一つは，「結果としての数学」よりも「活動（再創造過程）としての数学」を重視しようということである。

① キース・デブリンは，1970年代頃から大部分の数学者が同意するようになった数学の見方として，「数学はパターンの科学である」という見方を挙げている（デブリン，2004：23）。

> 数論（数のパターンの研究），幾何学（形のパターンの研究），三角法（形の計測），代数（ものを合わせるパターンの研究），微分積分（連続的な運動や変化のパターン），トポロジー（近さと相対的な位置関係のパターンの研究），確率（ラン

ダムな事象の繰り返しのパターンの研究），論理学（抽象的推論のパターンの研究）

また，彼は，「数学は読む人の心のなかに生まれ，呼吸を始めるのだ。…数学，つまりパターンの科学は世界を見る一つの方法である」とも言っている。

今日，自然現象だけでなく，社会現象に至るまで，あらゆる現象の中にみられるパターンが認識され，数学は大いに役立っている。

数学教育学の観点から見たとき，このことは次のような実際的利点がある。

ａ）幼稚園から高等学校卒業まで，教科としての統一性が保てる。

ｂ）パターンは活動的—創造的学習や生産的練習の学習場を構成するための最適な土台を形成する。

ｃ）パターンは数学の美しさを示し，数学学習への教科からの動機づけになる。

②「結果としての数学」よりも「活動(再創造過程)としての数学」をより重視することである。それぞれの立場に立ったときの数学学習の特徴を以下に示す。これは数学学習の大きな転換を要請するものである（國本，2000：21）。

結果としての数学	活動(再創造過程)としての数学
・計算の伝達と応用 ・知識の継承と関係の伝達 ・与えられたモデル内での学習 ・答えが１つの孤立的な問題 ・概念が与えられ，定理を形式的に証明する ・収束的で結果重視 ・間違った結果を誤った習得と見る	・計算を自分で作り，理解する ・オープン性（発展性）を意識的に利用する ・現実をモデル化したり，さらにそのモデルを数学化する ・多様な解決を許す関係豊かな学習場 ・概念を発展させ，定理を見つけ，蓋然的，前形式的に証明する ・オープンな過程重視の授業 ・誤答を授業改善の構成的な契機とみる

例：「連続する数の和として，30までの数を表そう」という学習場を設定する。最初，いくつかの例を生徒たちに示す。3＝1＋2，15＝7＋8＝4＋5＋6＝1＋2＋3＋4＋5などである。

しばらくの間，生徒たちに活動させておくと，「奇数は２つの連続する数の和として表わせる」，「３つの連続する数の和として表せる数は，６を初項とし

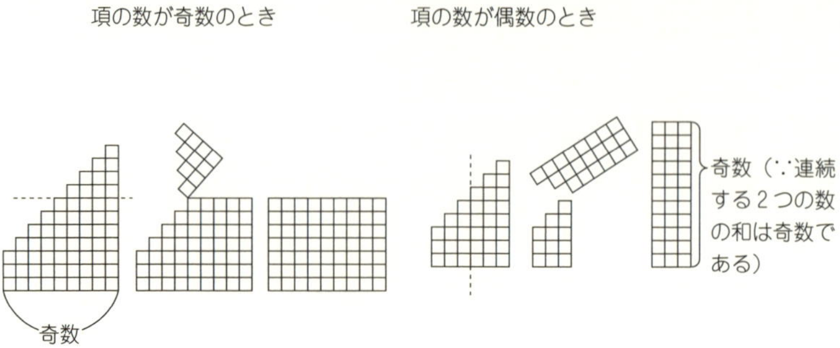

図2-4　シルベスターの定理の図的証明

て3とびの数だ」,「4つの連続する数の和として表せる数は, 10を初項として4とびの数だ」などのパターンを見つける。最後に, 次の定理が得られる。

「2^nの数は, 連続する数の和として表せない」(シルベスターの定理)

この証明は背理法で行われる。この証明も読者にお任せしよう。

この定理は有限の立場であるけれども, 操作的・図的にも証明できる(図2-4)。これならば, 中学生や高校生でも証明のアイデアを十分に理解してくれると思われる。

生命論に立つ数学学習は, 原則的にオープンでなければならない。フロイデンタール(Freudenthal, H.)は数学学習を「数学的現象から始めよ」といった。

この例では, 生徒自らが数学的現象を作り, そこにパターンを見いだし, 命題を作り, 証明している。本来, 数学的認識は, 困難なく進むことはまれである。時には誤りを背負い込み, アイデアがひらめくまで長い時間がかかる。成功しそうなアイデアが間違っていることもよくあることである。だから, 解決の計画を何回も修正し, 改善する必要がある。このような数学的体験を学校で生徒たちに体験させようというのが生命論の立場である。このような体験こそが, 創造性の基礎を培う数学学習になると思われる。

4．21世紀における数学教育の目標論

これ以降は, これまでに考察してきたことを大前提にして議論を進める。

数学教育の目標が考察されるとき，つぎの3つの目標が挙げられる。

(1) 実用的目標：数学を使うための知識や技能を育てるもの

(2) 人間形成的目標：数学を通して人間のもっている能力などを育てようとするもの

(3) 文化的目標：数学のよさを知らせるもの

もちろん，筆者もこれらの目標の議論の重要性を認めるけれども，パラダイム転換に伴い，目標を考察する場合，原点に戻って，次の諸側面から考察する必要があろう。

① 数学の本性

② 人間の本質的側面

③ 社会からの要請

① 数学の本性については，少なくとも次の7つの側面が挙げられる。

a）創造的科学としての数学

b）論理的構造(公理体系)としての数学

c）形式体系（言語体系）としての数学

d）パターンの科学としての数学

e）ゲーム的・美的構造としての数学

f）有用な科学としての数学

g）文化の中核としての数学

② 人間の本質的側面については，ユネスコが1975年に出版した『未来の学習』において，「完全な人間の諸側面」について，「もし個々人が，自己自身のためにもまた社会のためにも，その本来発達すべき方向に向かって伸びるべきならば，教育において，特に学校において，パーソナリティーの多面性の尊重が，本質的なことである」と述べられ，人間の本質的諸側面として次の点を挙げている（国立教育研究所内フォール報告書検討委員会，1975：186)。

a）ホモ・レリギオースス（宗教的人間）

b）ホモ・サピエンス（知性的人間）

c）ホモ・ファーベル（工作的人間）

d）ホモ・ルーデンス（遊戯的人間）

e）ホモ・ポリティクス（政治的人間）

筆者は，さらに次の点を付け加えたい。

f）ホモ・クレアンス（創造的人間）

g）ホモ・エステーテス（美的人間）

h）ホモ・ロクレンス（会話する，社会的存在）

人間が数学を創造したことを考えれば，①数学の本性と②人間の本質的側面の２つに共通性があるのは当然のことであろう。

③ 社会からの要請については，長崎が，数学者，指導主事等，数学教育研究者，保護者，各専門分野の研究者すべてを対象に，すべての子どもたちが共通に学ぶ必要のある算数・数学の能力・技能について調査し，その結果，平均肯定率が80％以上の項目として，次の９項目を挙げている（長崎・滝井，2007）。

a）計算すること

b）算数・数学の式や表やグラフや図などからその意味を読みとること

c）数や図形をうまく使うこと

d）数や図形についての現実的感覚をもつこと

e）実験や観察で得られたデータに基づいて予測すること

f）算数・数学の式やグラフや図などをかくこと

g）算数・数学の式やグラフや図などを使って自分の考えを伝えること

h）およその数やおよその形を考えること

i）コンピュータを使うこと

長崎はこの調査から，社会からの要請は総体的に「実用的目的」に関わる能力や技能が重視されていると述べている。

長崎は，近年，目標の再考の重要性を述べ，「算数・数学の力」の形成を主張している。「算数・数学の力」には，次の４つの力がある。

a）算数・数学を生み出す力

b）算数・数学を使う力

c）算数・数学で表す力

d）算数・数学で考え合う力

以上に挙げた考察や結果から，共通して得られる結論として，今後の数学教育の目標には次のことが挙げられよう。以下では，目標とともに，それを達成のための内容例や数学的活動を述べていこう。

i）学習者は，創造的に活動し，数学的パターンを発見したり，発見的方略を学ぶ

数学の歴史が語るように，数学は多くの数学者によって創造されてきた。創造というと，少数のエリートだけが可能であるように思われがちであるが，ヴィゴツキーは，どんな人でも創造性をもっているという（ヴィゴツキー，1974：14）。

> 創造の高度な表現はいままで人類の小数の選ばれた天才だけに許されるものであったが，しかしわれわれの周りの毎日の生活では創造は存在の不可欠の条件であり，お決まりを越えてしかもその中に新しいものが，たとえわずかなものでもふくまれているものはことごとくその発生の点では人間の創造の過程のおかげをこうむっているのである。

この目標を達成するための数学的活動として次の活動が挙げられよう。

- 数学的現象を観察する
- 図や状況を構成する
- 多様な現象内に，パターン，対称性，不変性を意識する
- 類似性を探求する
- 複雑な状況を図式化する
- 分類する，配列する
- 組み合せ，再構造化する
- 一般化したり，特殊化する
- 推測し，検討する
- 分解・合成する，変化させる
- 他の選択肢をよく考える　など

ii）学習者は，合理的理由づけや証明することを学ぶ

数学学習により，論理的思考力が育成されるということはよくいわれることである。ただし，小関らの研究からも明らかなように，論理的思考力は，子どもの発達水準に即して育成されるべきである。

証明問題などが内容例として挙げられよう。

この目標を達成するための数学的活動として次の活動が挙げられよう。

- 例や反例を列挙する
- 概念を相互に比較する（包含関係）
- 特徴的な性質や上位概念を指定して概念を定義する
- 解法を分析し，解を検討する
- 主張を疑ったり，詭弁をあばく

・定理を分析し，定理間の論理的関係を吟味する
・定理を証明する　　　　　　　　・場合分けをし，体系化する
・証明を分析し，完全性を検討する
・命題を局所的に組織化する　　　・公理化する　　など

iii）学習者は，状況を数学化することや応用することを学ぶ。

数学化のモデルは数多くある。筆者は，島田茂のモデルと次のベーバーのモデルを推奨したい。なぜならば，それらのモデルでは，「水平的数学化」と「垂直的数学化」の両方が意識されているからである。ここでは，ベーバーのモデルを示しておこう（Weber, 1980：30）。

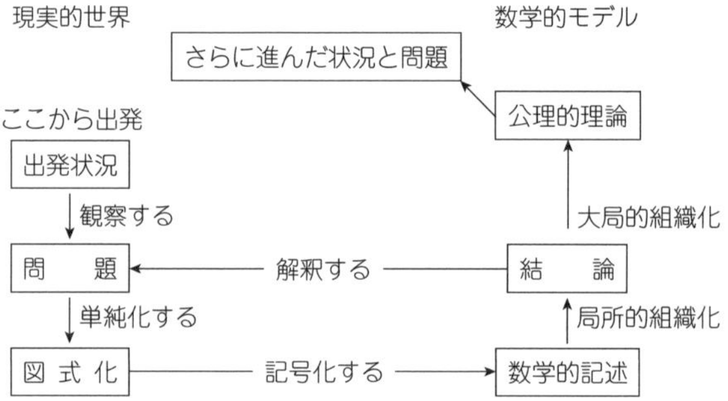

たとえば，中等段階では，物理学はもちろんのこと，それ以外の教科と協力して，次のようなテーマを取り上げてほしいものである。

テーマ	他教科	数学的内容
選挙の準備，実行，分析（アンケート調査，選挙経過，当確計算）	社会科	分配計算，パーセント計算，記述統計，確率など
地図（縮尺，土地の射影など）	社会科	角，比の計算，方向概念など
家族の休暇計画（費用，運賃の比較）	家庭科	量，小数，関数など

この目標を達成するための数学的活動として，次の活動が挙げられよう。

・現実を観察し，記述する　　　　・図式化したり，理想化する
・適切なデータを収集し，整理する（測定する，見積もる，表にする等）

・データ間の関係を記述する　　　・数学的に意味あるように問題を設定する
・現実的状況を数学的言語に翻訳する
・数学の命題を解釈する　　　　　・典型的な現実状況を示す　　など

iv）学習者は，形式化することや形式的技能を学ぶ。

数学者は，ある問題を解決するとき，さまざまな既存のアイデアを使ったり，あるいは，新しいアイデアを生み出す。その後，そのアイデアはできるだけアルゴリズム化され，機械的に処理できるように形式化される。それは，思考の節約のためである。

内容例：文字式の計算と方程式の計算の意味の違い，グラフ電卓の利用。

数学的活動として次の活動が挙げられよう。

・記号と指示された対象を区別する　　　・対象言語とメタ言語を区別する
・対象領域の事象を記号に翻訳する　　　・変数，式，方程式を計算する
・記号や記号列を生産し，変形する
・適切なアルゴリズムを構成したり，それを利用したり，実行する
・アルゴリズムの限界を経験する

v）学習者は，数学が美しいことを学ぶ。

数学を行う衝動はその美しさにあるといわれる。イギリスの数学者 H. ハーディーはそのことを強く主張する（ハーディー，1975）。

> 数学者のパターンは，画家や詩人の場合と同じように，美しくなければならない。アイデアが，色彩や言葉のように，互いに調和を保っていなければならない。美しさこそがまず問題である。この世界には，醜い数学が生き残れる余地はないのである。

内容例：三角形の面積（S）のヘロンの公式：三角形の各辺を a，b，c と置き，$s=(a+b+c)/2$ とするとき，$S=\sqrt{s(s-a)(s-b)(s-c)}$，また，三角形の半角や2倍角の公式がある。図形では，九点円などがある。このような数学の不思議さや美しさが感得できる題材を用意したいものである。

数学的活動として次の活動が挙げられる。

・数学の表現の簡潔さ（例：対称式）を味わうこと
・数式に美しいパターンを発見すること
・美しいパターンをつくること（例：数列づくりを行う）

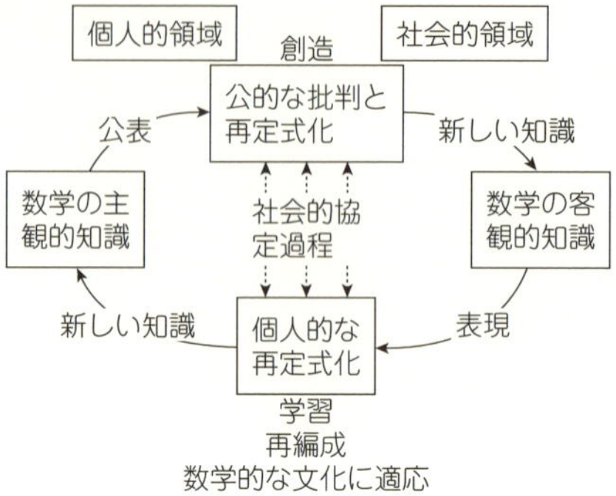

図２－５　個人的知識と社会的知識の関係

vi）学習者は，数学が社会的に構成されることを学ぶ。

社会的構成主義者であるアーネストは，数学の個人的知識と社会的知識の関係を図２－５のようなサイクルで表現している（Ernest, 1991）。

ここで，重要なことは，数学者間の社会的相互作用と彼らの協定（合意）があることである。これは数学学習でも同じことである。

平林の「内なる教師」の概念（メタ認知）は，教師と生徒，生徒同士の問題解決活動における相互作用の中で形成され，だから，いわゆる他者との関係から生まれたものといえよう。もちろん，この目標には，学習者の言語能力，コミュニケーション能力（表現力や解釈力）も含まれる。

数学的活動としては次の活動が挙げられよう。

・自らの考えをもち，それを行動的・図的・言語的に表現する
・相手の表現を解釈する　　　　　・さまざまな表現様式を変換させる
・表現様式の価値（よさ）を認める　　など

最後に，次のことを強調したい。生徒が数学を活き活きと再創造することを体験する（準経験主義）ように授業が設計され，生徒も能動的に学習する必要があろう（生徒も自らの学習への責任の一端をもつ）。だから，教師は，生徒たちが数学的活動を活き活きとできる学習場を準備し，生徒の数学的活動をどのように組織化するかなどを考察することが，21 世紀の数学教育に求められていることであるといえるであろう。

数学教育学とは何か。これは決して数学と教育学の共通部分というような曖昧な学問ではない。数学教育学とは，一言でいえば，「数学教育」を対象とした学問であり，人間形成（人格完成）を本務とする学問である。数学教育学は，各時代の社会・時代的要請に応えるとともに，数学教育を通して人間形成を目指す学問である。特に，筆者は，数学のもつ美的側面がもっと強調されるべきであると考えている。

1987年，ノーベル文学賞を受賞したD. J. ブロドスキー（Brodsky, D. J.）は，次のように述べている（Wittmann, 1997 : 20）。

> 美学は倫理学の母である。だから，いかなる美的概念も倫理的変化をもたらす。…人類学的に見て，人間はまず，美的存在であり，しかるのち，倫理的存在である。

最後の言葉：「数学学習の本質は，その自由性（オープン性）にある」

（國本景亀）

第2節　わが国における目標の史的変遷

「数学」という言葉には2つの意味がある。1つは科学名としての「数学」である。もう1つは，中学校・高等学校の教科名としての「数学」である。それらは本質的に異なっている。名前が同じためにしばしば両者は混同され，数学の授業は，教師が生徒に数学を教えるだけの教科であるかのような誤解がされる場合がある。また，現在の中学校や高等学校の教科としての数学は，以前から変化のない教科観であるかのように意識されがちである。しかし，数学という教科は，学校教育に位置づけられた教科である以上，そこには，学校教育の一環として独自な目標，教科内容，指導方法が存在している。

教科としての数学に対する見方は歴史的に成立したものであり，学校教育が実施された当時の社会状況の中で構成されたものである。また数学教育に携わってきた教師たちは，数学科の授業はどうあるべきかについて真摯に議論し，目の前の生徒たちに則して創意工夫した実践を行ってきたのである。

今後学校教育に携わり，生徒たちのために最適な数学科の授業を構想・実施していく際に重要なのは，歴史的及び社会的構成体である数学教育のあり方を，改めて考察することである。歴史的な成立過程を解明する努力の中で，現在の数学教育の特性を把握し，今後の数学科にとって最適な目標・指導内容・方法を描かなければならない。

そこで，本節では，現在日本の中等学校（主として中学校・高等学校）における数学教育の原型が形成された時期である1920年から30年代（大正・昭和初期）に立ち返って，数学教育の目標はいかに議論され，実践されたかについて考察したいと思う。

1．中学校数学科の成立と数学教育の目標

（1）教科としての数学の成立

1886（明治19）年，文部大臣森有礼は各種学校令を制定し，その後の学校教育の法的な基礎を築いた。当時の中学校（旧制中学校）は，5年制の男子校であり（学齢は13歳から17歳），高等普通教育を行う学校であった。

1900（明治33）年には，全国に学校数194校，生徒数7万8315人であり，その後，徐々に中学校数，生徒数ともに増加し，30年後の昭和初期には，学校数は約2.5倍，生徒数は約5倍となっている（表2-2）。高等普通教育という用語が示す通り，旧制中学校は，後の高等学校及び大学へと連絡する唯一の中等学校であり，明治以来の日本の近代化に重要な役割を果たした学校であった。

1901（明治34）年の文部省令である「中学校令施行規則」の標準的な教科の時間数によれば，中学校の教科の中で，数学は主要3教科の1つであった。当時，多くの児童は，尋常小学校（現在の小学校に相当，明治41年以降から終戦まで6年間の義務教育であった）で算術を学んだ。中等学校（中学校・高等女学校）に進学したのは尋常小学校卒業生の約1割にすぎない。したがって，今日とは異なり，戦前の学校教育の中で数学の学習をした生徒は，ほんの一部にしか過ぎなかった。

戦前の中学校の数学科はどのような目標のもとに実践されてきたのだろう

表2-2　中学校（旧制）の学校数，教員数及び生徒数の推移

	学校数（校）	教員数（人）	生徒数（人）
1890（明治23）年	55	680	11,620
1900（明治33）年	194	3,748	78,315
1910（明治43）年	302	5,902	125,304
1920（大正９）年	368	7,665	177,201
1930（昭和５）年	557	13,843	354,691
1940（昭和15）年	600	15,798	432,288

か？　中学校の数学科の目標が最初に明文化されたのは，1901（明治34）年公布の「中学校令施行規則」であった。それによれば，

> 数学は数量の関係を明にし計算に習熟せしめ兼て思考を精確ならしむを以て要旨とす。数学は算術，代数初歩及平面幾何を授くべし。

ここでは，「数量の関係」「計算習熟」「思考精確」の３つが数学科の性格を規定する用語として用いられている。「算術」「代数初歩」「平面幾何」の３つの科目からなる教科が数学科であった。しかしながら，この規定は，一年後の1902（明治35）年にたちまち改正され，数学科を構成する科目が４科目（「算術」，「代数」「幾何」「三角法」）となった。「初等代数」が「代数」に変更され，また「立体幾何」，及び「三角法」が追加され，指導内容のレベルアップが行われている。

> 数学は数量の関係を明にし計算に習熟せしめ兼て思考を精確ならしむを以て要旨とす。数学は算術，代数，幾何及三角法を授くべし。

ここで示された数学科の規定は，1942（昭和17）年の改正まで基本的な枠組みは変わることなく，約40年間続くことになった。

また1902（明治35）年は，中学校数学科の法的整備上決定的な年であった。同年文部省は「中学校教授要目」を制定した。これは，中学校の数学科の各科目並びに各学年の指導内容を示したものである。

（２）1902年の中学校教授要目（数学）

1902年の「中学校教授要目」は，我が国最初の中学校の指導内容を教科毎

に系統的に示したものであった。今日でいえば，学習指導要領に相当するが，教科の一般目標の記述はない。各科目毎に学年の指導内容と指導上の留意事項が示されているだけで，学習指導要領と形式上は異なっている。教授要目の中に教科の一般目標が記載されるようになるのは1942（昭和17）年の改正からである。

1902年の「中学校令施行規則改正」と「教授要目」で規定された数学科は歴史的には，どのような特徴をもつものであったか？　小倉・鍋島（1957）は以下の3点をもって当時の数学教育を特徴づけている。

(1) 分科主義…各科目の区分の明確化

数学科を構成する4つの科目（「算術」「代数」「幾何」「三角法」）は，あくまで別の学科目として指導するという立場である。したがって，幾何の問題を代数的に解くことは厳に慎まなければならなかった。

(2) 論理主義…直観幾何（幾何学初歩）の排除

特に幾何の指導に当たっては，論理の厳格を重んずべしとされ，直観的あるいは実験的な扱いは排除された。

(3) 応用的方面の排除…関数概念の軽視

数学の理論的な指導が中心とされ，応用的側面の指導は軽視された。

1902年の教授要目は，数学の理論的な側面をきわめて強調した内容であったが，結果的に，中学校数学科のレベルアップとその統一性の実現に大きく貢献することになった。と同時に，理論重視の教科として出発した数学科は，我が国の中等学校における数学教育観の形成に大きな影響を及ぼしていくことも指摘しておきたい。

しかしながら，「分科主義」「論理主義」「応用軽視」という特徴をもった1902年の数学教育は徐々に修正を迫られていくことになる。

1910（明治44）年には，「中学校令施行規則」の一部改正が行われ，「応用を自在ならしめ」の文言が追加され，以下の規定となった。

数学は数量に関する知識を与え計算に習熟せしめ<u>応用を自在ならしめ</u>兼て思考を

精確ならしむるを以て要旨とす。

また，1931（昭和6）年の教授要目改正では，その前文に以下の一文が挿入され，分科主義的扱いは，徐々に解消されていく。

本要目は算術・代數・幾何・三角法の區別をなさず単に教授内容を列挙するに止めたり而してその取扱はあるいは之を分科しあるいは之を綜合する等教授者に於て任意工夫すべきものとす。

（3）1902年教授要目と菊池大麓

1901（明治34）年，日本で最初の数学者であり，当時帝国大学総長の菊池大麓（1855-1917）は第一次桂内閣の文部大臣に就任した。2年間文部大臣在職中に行われたのが，1902年の「中学校令施行規則」の改正と「中学校教授要目」の制定であった。

菊池は，ケンブリッジ大学で数学物理学を修め，8年間の留学の後1878（明治11）年に英国から帰国する。同年，菊池は帝国大学（現東京大学）教授に就任し数学を講じた。わずか23歳の若さであった。その後1881（明治14）年には帝国大学に数学科を創設し，理学部長・理科大学長に就任する。1889（明治21）年には，「学位令」公布による最初の理学博士となった。さらに，1898（明治31）年には帝国大学総長に就任する。文部大臣辞任後には，京都帝国大学総長（明治41年），理化学研究所の初代所長を勤めた。いわば，菊池は明治のテクノクラートの一人であった。

菊池大麓は日本の大学における数学研究の基礎をつくり，同時に中等学校の数学教育の礎を築いた我が国最初の数学者であった。文部大臣在職中に行われた「中学校令施行規則」の改正と「教授要目」制定は，数学者の第一人者であった菊池の数学教育についての基本的な考え方が具体化されたものであった。

当時，菊池はどのような数学教育を構想し，教育法令の整備を通して中学校の数学科に何を期待したのだろうか？

菊池は，1884（明治17）年大日本教育会において「理学の説」と題して講演を行っている。タイトルには「理学」が使われているが，「科学」とは何かと

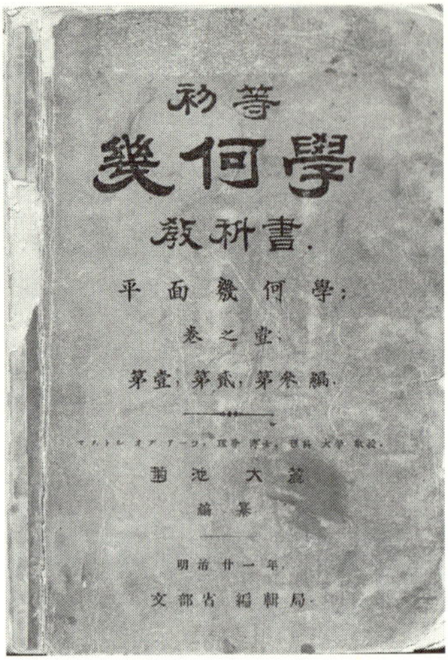

図2-6　菊池大麓の『初等幾何学教科書［平面］』

いうことについて当時の教育関係者に自説を展開する内容である。その中で菊池は「理学の精神は，明了に証拠を見るべきことの他は，一も信ぜざるにあり」と述べ，日本における理学（科学）の振興に並々ならぬ熱意を見せている。さらに，1888（明治21）年，菊池は幾何学の教科書（『初等幾何学教科書［平面］』）を自ら執筆した（図2-6）。そこでは幾何学という数学が丁寧に解説されている。この教科書の様式（横書きの数学教科書）は，その後の数学教科書のモデルなったばかりでなく，同書の平面幾何の部分の内容構成は，1902年の教授要目の指導内容構成となっている。

1902年の教授要目制定を通して遂行された数学科の整備・統一は，西洋の学問としての数学の研究をいかにして定着させ，その振興を図るかという強い方向性の中で実行されたものである。それは必然的に数学という学問自体の性格をいかに正確に生徒に理解させ，同時に日本の大学に基礎科学の研究として数学研究をいかに定着させるかという使命をもつ数学教育にならざるを得なかった。

したがって，西洋の学問としての数学の性格を生徒に理解させ，その振興を実現することを期待されたのが教科としての数学科であった。それ以外に期待された「推理法の最も良き練習となる」という目標（形式陶冶）であった。いわゆる「論理的思考力の育成」という目標であった。このように明治のテクノクラート菊池大麓の構想のもとで，日本の中学校の数学教育は，高等学校，帝国大学へと向かおうとする生徒を対象とする数学教育として出発したのである。それは高等普通教育の基礎としての数学教育であった。

しかし，1910年頃になると，中学校数及び進学者の増加に伴って，徐々にその数学教育の問題点が露呈し始める。一方，欧米では19世紀末から中等教育の大衆化が始まり，中等教育の数学教育の改革運動が始まっていたのである。新しい数学教育論の展開と新しい実践は，翻訳書や欧米への留学者たちを通じて，徐々に日本の数学教育界にも浸透してくる。それを背景として1910年代（大正初期）から中学校の数学教育の新しい実践やその改善に関する議論が本格的に展開されることになった。

2．数学教育に関する議論とその展開

大正期から昭和初期（1910年前後から1930年前後）における数学教育に関する議論の中で，数学教育の目標に関してはどのような議論があったのであろうか？

（1）師範学校中学校高等女学校数学科教員協議会

1918（大正7）年12月，東京高等師範学校において「師範学校中学校高等女学校数学科教員協議会」が開催された。この協議会は，数学の指導方法や，生徒の数学の成績を改善するための方策について協議することを目的とした数学教師たちの協議会であった。全国から235名の数学科教師が集まり，5日間にわたって活発な議論が行われた。その後，この協議会が発端となって設立されたのが「日本中等教育数学会」（現日本数学教育学会）である。

その中で特に数学教師たちの議論の中心になった一つが，中学校の「幾何」の指導方法の問題であった。当時，中学校では，「幾何」は，中学校3年生から指導されることになっていたが，多くの教師が直面していた問題が「証明」指導の困難さであった。その協議会の内容は1919（大正8）年，日本中等数学会第1回総会で決議され，文部大臣に建議されている。

数学科教員協議会や発足当時の日本中等数学会では，指導方法改善の問題や指導内容の規定である「教授要目」改正についての議論は活発であった。しかしながら，数学教育の目標に関する議論は，この当時中心的な話題となっておらず，数学科の目標に関する議論はきわめて低調であったといわなければならない。

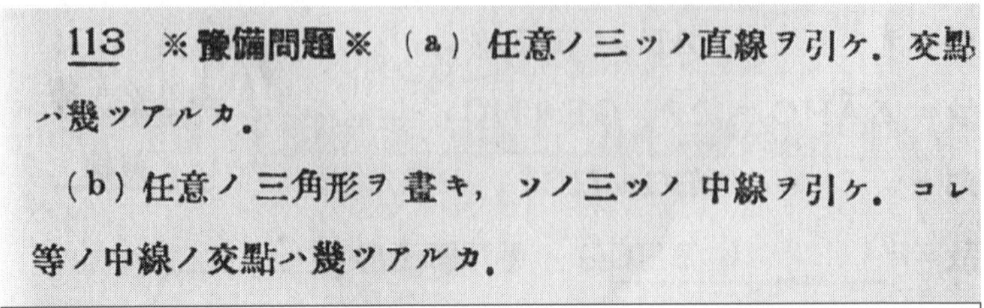
113　※豫備問題※　(a) 任意ノ三ツノ直線ヲ引ケ．交點ハ幾ツアルカ．

(b) 任意ノ三角形ヲ畫キ，ソノ三ツノ中線ヲ引ケ．コレ等ノ中線ノ交點ハ幾ツアルカ．

①任意の3つの直線を引け。交点はいくつか？
②任意の三角形をかき，その3つの中線をひけ，これらの中線の交点はいくつか？

図2-7　三角形の重心に関する定理（黒田稔の教科書より）

（2）黒田稔の数学教育論

黒田稔（1871-1922）は，東京高等師範学校附属中学校で数学教師として活躍した人物である。1910（明治43）年から3年間，英国・独逸・米国へ留学し，帰国後，『幾何学教科書［平面］』（大正5年11月2日初版，文部省検定済）などの教科書の執筆や欧米の数学教育の動向の紹介に大きな役割を果たした。黒田の教科書は，生徒の「心理」や「知力の発達」に考慮した斬新な教科書であった。この教科書はひろく全国の中学校で採用され，至って好評であったといわれている。

その中でも，新しい学習内容の導入に工夫を凝らしている。たとえば，三角形の重心に関する定理（3つの中線は一点で交わり，2：1に内分する）の導入に当たっては図2-7のような導入問題（「予備問題」と呼ばれている）が配置されている。

黒田の教科書は，各ページの構成は「導入問題」の提示→定理の導入→練習問題という記述順序が基本となっており，定理の記述から定理の証明の順序が基本となっている菊池大麓の教科書のスタイルとは根本的に異なっている。このような黒田の教科書のスタイルは，現在の数学科の教科書の原型と見なすこともできるであろう。

黒田にとって，数学教育で重視されるべきことは，もやは，純正の幾何学的方法もしくは純正の代数的方法を理解することではなかった。むしろあらゆる数学の知識を活用し，最も容易に，最も簡便に問題を解決し得る能力を養成することが数学教育の目標のとして重視されている。その結果，幾何の問題を代数的に解決することが推奨され，両者の融合が教科書で具体化されたのである。いわゆる問題解決能力の育成が重要な数学教育の目標とされたのである。

（3）小倉金之助の数学教育論

大正期の数学教育に関する議論で注目する必要があるのが，当時の数学教育を痛烈に批判しつつ，新たな数学教育の理念を主張した小倉金之助(1885-1962)である。創立間もない東北大学で数学の研究を進め，後に数学教育史研究の先駆者となった小倉金之助は，フランス留学からの帰国直後の1923（大正12）年，日本中等学校数学会第5回大会総会で，「数学教育の意義」と題する講演を行った。これは全国から集まった数学教師に対して行った新しい数学教育理念の提起であった。この講演で，小倉は中等学校において科学教育の有機的統一を意図し，「関数の観念」を数学教育の核心となる指導内容とすべきことを主張した。

関数の観念を徹底せしめてこそ数学教育は初めて有意義がある。

関数の概念を中学校の数学科の指導内容とするという試みや議論はすでに当時存在した。しかし，関数指導の目標についての論拠が希薄であった時期に，小倉の主張は，数学教育を広く科学教育の一つとして位置づけ，それを前提として導かれた主張であった。翌1924年，小倉はこの講演内容を元に『数学教育の根本問題』（培風館）を出版する。この本は，日本における数学教育改良運動を象徴する本として数学教育関係者に理念的な影響を与えていくことになる。

1920年代から活発になる数学教育の改善に関する議論を引き起こした外的要因は，中学校数と生徒数の増加に伴って生じた中学校の大衆化という社会的状況の変化であったことは疑えない。しかしながら，発足当時の日本中等教育数学会総会の動向を見て確認できることは，当時数学教師の関心は，指導内容の変更や指導方法の問題であり，最終的には指導内容の規定である教授要目改正の論議が活発であった。数学教育の目標を規定した「中学校令施行規則」の改正にまで及ぶ議論はここでは確認できない，当時の日本の数学教育界での実践や議論に影響を与えた欧米，特にドイツの数学教育論では，数学教育の目標はいかに考えられていたのか？　次にこの点について考察してみたい。

3．20世紀初頭のドイツの数学教育と日本

19世紀末から欧米諸国ではすでに中等教育の大衆化の進行と並行して，数学教育に関する議論と先導的な実践が行われていた。日本の数学教育の近代化に大きな影響を与えていた一つに，ドイツの数学教育論がある。特に1905年の「メランの要目」とトロイトライン（Treutlein, P. 1845-1912）の「幾何学的直観教授」（1911）は，日本の数学教育近代化の過程を考察する上で欠かせない。

（1）メランの要目における数学教育の目標とその具体化

1905年オーストリアのメラン（Meran）で開催された「ドイツ自然科学者・医者協会」の総会で数学・自然科学教育に関する改革案が決議された。理科及び数学教育に関する改革案は，通常「メランの要目」と呼ばれている。これは，新しい数学教育観を提示したものであり，ドイツの数学教育史では画期的なものとされている。

このメランの要目で示された9年制中等学校（男子，学齢11歳～19歳）の数学科の一般的目標は，以下の事項である。

> 我々を取り巻く現実的な世界を数学的に観察する能力を可能なかぎり発展させることが重要である。

さらに，その能力を構成する下位の能力として位置づけられたのが「空間的直観能力」と「関数的思考の習慣」の育成であった。言い換えれば，我々の現実世界を数学的な観点から観察する能力の育成が数学科の目標とされ，関数の学習は，事象の観察及び処理を目標とする学習と位置づけられている。また現実的な世界を数学的に観察する能力の育成という観点から，特に立体幾何の学習が，空間的な観察能力の育成を担う学習として位置づけられている。

メランの要目は，単に提案に留まったのではなく，その提案を具体化した教科書が編集された。２人の数学教師ベーレントゼンとゲッティングによって執筆された『現代的観点に基づく数学の教科書』(Lehrbuch der Mathematik nach modernen Grundsatze）である。これは 1915（大正４）年に森外三郎によって『新主義数学』という書名で日本語に翻訳されている。

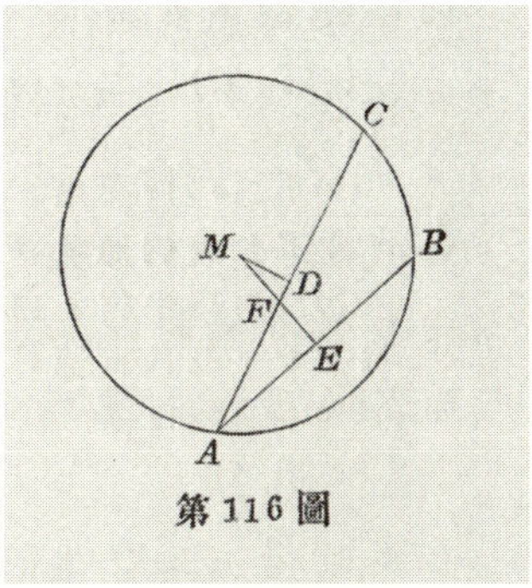

図２−８　図形の可変性と関数指導
（森外三郎訳『新主義数学』，p. 107より）

『新主義数学』の編集方針の一つは「図形の可変性」であった。これは 「メランの要目」で強調された「函数的思考の習慣」の育成を実現するための方針であった。従来の幾何学において固定的で変化しない対象として見られてきた「図形」を，可変な対象と考え，関数の学習を幾何の学習でも実現しようという方針である。たとえば，図２−８は，弦 AB の長さは，中心からの距離の函数であることを説明しようとした図である。このように辺や角度の変化を観察させながら，相互の関係の考察を通して関数の概念を導入しようという方針がとられている。

一方，メランの要目のもう一つの側面である「空間的直観の能力」の育成を目指し，自ら実践を行っいたのが数学教師トロイトラインであった。

（２）トロイトラインの「幾何学的直観教授」

トロイトラインは，19 世紀末から 20 世紀初めにかけて活躍したドイツを代表する数学教師である。1911 年，彼は自らの実践に基づき『幾何学的直観教授』(der geometrische Anschauungsunterricht）を執筆した。これは，ドイツの９年制の中等学校の初期３年間（学齢 11 歳から 13 歳程度）の図形指導である。そのねらいは，立体図形の観察を基礎としながら，幾何的図形を導き，それらを変形したり，新しい図形を作る。目測すること，実測すること，作図すること，模型を作ることを通して生徒の自己活動を促すこと。また，内部的直観及び空間観念を養成し，順次に直観的に認識されたものを上級学年での証明の基礎として形成することの2つが大きな目標とされた。

従来の幾何教授が，平面図形に関する定理の証明を通して「論理的な思考」の育成をねらいとしていたのに対して，中等学校の低学年から立体図形を取り入れ，平面図形と立体図形の学習を同時進行的に展開することがトロイトラインの図形指導の特徴であった。その際，身のまわりの現象世界を数学的に観察する能力である空間直観能力を形成・強化することが重要な目標とされたのである。言い換えれば，数学の学習（図形の学習）の目的として「空間的直観能力」の育成という目標が新たに設定されたのである。

トロイトラインの著書は，1920（大正9）年『小学校並び中等学校初年級に於ける直観的空間教授』として日本語に翻訳されている。この本は，中学校第5学年で扱う立体幾何をどうするかという議論が行われていた日本の数学教師に，一つのモデルを提供することになった。当時女子学習院の教師であった国元東九郎によってまとめられた『直観幾何教授の理論と実際』(1925) は，トロイトラインの幾何学的直観教授をモデルとしたものである。それは，小学校高学年から中学校1年生までの3年間の新しい図形指導であった。国元は，大正12 (1923) 年日本中等教育数学会第5回総会で「直観幾何教授の実際」という演題でトロイトラインの図形指導を紹介している。ここで中等学校の教師たちは，立体幾何の指導の目標として空間観察力及び想像力の育成という新たな目標を知ることとなったのである。

（3）ヘルバルトにおける数学の学習と想像力

現在の中学校の図形領域の目標は，数学的な推論の理解と論理的に表現する能力の育成とともに，図形に関する直観や洞察の能力を伸ばすことが重要な目標となっている。1920年代の日本で立体図形の指導目標として，空間的直観能力の養成という意義が徐々に自覚される過程で，トロイトラインの「幾何学的直観教授」が介在していたという事実は，日本の数学教育近代化の中で重要な意味をもつ。

しかし，トロイトラインの「空間的直観力の養成」という数学教育の目標は，立体幾何の指導に限定されていたわけではなかった。

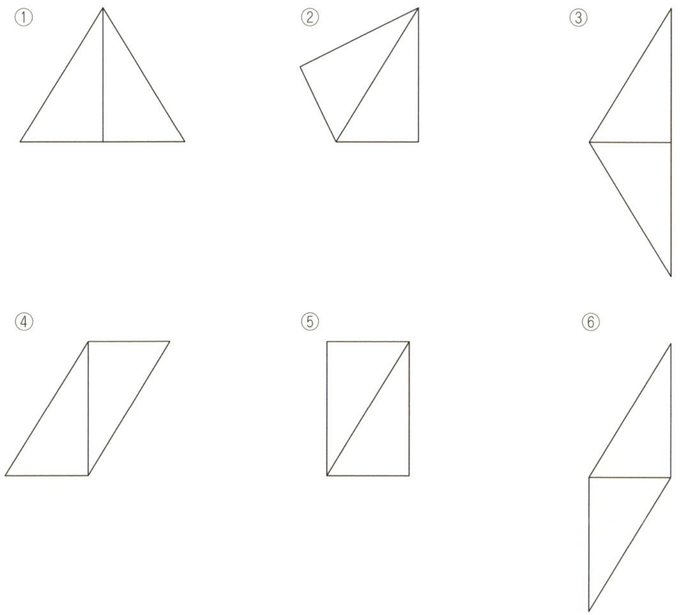

図２−９　２つの直角三角形からできる図形

トロイトラインにとっては，平面図形の学習においても空間的想像力の養成は重要な目標として考えられていたのである。図２−９は，２つの合同な直角三角形でできる図形である。トロイトラインの「幾何学的直観教授」には，２つの直角三角形を生徒に与えて，どのような図形ができるかを考えさせる問題がある。トロイトラインによれば，このような平面図形を作る問題も「空間的直観能力」の育成に意義のある問題とされた。平面及び空間内で図形全体の運動を考えることもその後の数学の学習で重要な能力として重視されたのである。

数学の学習を進めていく上で必要な能力として，「推論能力」とともに「想像力」（die Einbildungskraft）を挙げたのは，19 世紀初頭の哲学者・教育学者 J. F. ヘルバルト（Herbart, J. F. 1776-1841）であった。ヘルバルトは 1802 年の論文で数学の教育的意義について論じている。そこで，ヘルバルトが，教育的価値のある特性と捉えた数学の側面は，その最終的な結果が確実でありしかもそのことが実用的であるからではない。それは諸形態を把握する枠として作用し，一端得られた枠組みは我々の事物の詳細な観察のための枠組みであった。

したがって，トロイトラインの「幾何学的直観教授」は，単に中等学校の幾何教授の改善という狭い範囲に留まるものではなく，ペスタロッチ及びヘルバルト以来の「直観教授」を根底に置いた中等学校の図形指導の再構成であった。

大正・昭和初期，教授要目の改正が中心的テーマであった日本の数学教育界には，トロイトラインの根底に横たわる「直観教授」の真意を理解し，学校教育にとっての数学の教育的意義を考察した議論や実践は残念ながらいまだ確認できてない。それは急速な近代化を余儀なくされた日本の数学教育が遠因なのかもしれない。

西洋の学問として数学研究を日本に定着させ，発展させるという強い方向性をもった中学校の数学教育が展開されたという歴史的事実は，今日の中学校高等学校の数学教育にとってきわめて重要である。我々にできうることは，学習者の視点からの数学科の教科内容の考察，将来的な展望に立った数学科の目標の設定，そして最後に生徒の実情についての詳細な分析である。これらの３つの視点，言い換えれば，数学の「構造」，教育の「目標」，生徒という「環境」の考察を通して，生徒たちにとってバランスのよい最適な数学科の授業及びカリキュラムを創造し実践することが我々の不断の課題である。

（山本信也）

第２章　参考文献

小倉金之助・鍋島信太郎（1957）『現代数学教育史』大日本図書.

國本景亀（1980）「発達と数学教育」中国四国数学教育学会『数学教育学研究紀要』第６号.

國本景亀（1998）「機械論的・原子論的数学教育から活動的・創造的数学教育へ」全国数学教育学会『数学教育学研究』第４巻，pp. 1-9.

國本景亀（2000）「ドイツの数学教育学の課題Ⅲ」全国数学教育学会『数学教育学研究』第６巻.

國本景亀（2001）「算数・数学教育における全体論的アプローチ」日本数学教育学会『第34回数学教育論文発表会論文集』pp. 7-12.

國本景亀（2007）「生命論に立つ授業設計論（Ⅰ）」全国数学教育学会『数学教育学研究』第13巻，pp. 15-22.

国元東九郎（1925）『直観幾何教授の理論と実際』培風館.

黒田稔（1916）『幾何学教科書〔平面〕』培風館.
ゲッティング／ベーレントゼン，森外三郎訳（1915）『新主義数学』（上巻），文部省.
国立教育研究所内フォール報告書検討委員会（代表　平塚益徳）訳（1975）『未来の学習』ユニセフ・ハラップ（ロンドン）共同発行.
高橋史朗（1996）『感性を生かすホリスティック教育』広池学園出版.
デブリン，キース，山下純一訳（2004）『興奮する数学』岩波書店.
トロイトライン，P.，北川久五郎訳（1920）『小学校並び中等学校初年級に於ける直観的空間教授』南光社.
長崎栄三・滝井章編著（2007）『算数の力　数学的考え方を乗り越えて』東洋館出版社.
永野芳夫（1953）『親稿　デューイ教育学総論』春秋社.
新村出編（1998）『広辞苑』岩波書店.
ハーディー，G. H.，柳生孝昭訳（1975）『一数学者の弁明』みすず書房.
林鶴一・武邊松衛（1921）『独逸二於ケル数学教育』大日本図書.
平林一榮（1987）『数学教育の活動主義的展開』東洋館出版社.
平林一榮（1997）「数学教育の新しいパラダイムを求めて――Wittmann の『教授単元（Unterrichtsbeispiel）』に関連して」全国数学教育学会（第8回発表資料）.
ブラウン，S. I.／ワルター，M. I，平林一榮監訳（1990）『いかにして問題をつくるか　問題設定の技術』　東洋館出版社.
ヴィゴツキー，L. S.，福井研介訳（1974）『子どもの想像力と創造』新読書社
プリゴジン，イリヤ他（1993）『生命論パラダイムの時代』ダイヤモンド社.
ヘルバルト，J. F.，是常正美監訳（1982）『ペスタロッチの直観の ABC の理念』玉川大学出版部.
山本信也（1999）「旧制中学校数学教育制度史研究：明治 19 年から昭和 20 年間での期間」『熊本大学教育学部紀要』（人文科学編），第 48 号，pp. 195-220.
山本信也（1999）「戦前小学校算術教育史研究：明治 19 年から昭和 20 年間での期間」『熊本大学教育学部紀要』（人文科学編），第 48 号，pp. 221-233.
山本信也（2000）「大正初期に於ける「メランの要目」（1905）の受容：黒田稔の幾何学教科書に於ける「函数的思想」の養成」全国数学教育学会『数学教育学研究』，第 6 号，pp. 25-33.
Ernest, P.（1991）*The Philosophy of Mathematics Education*, Falmer Press.
Mueller, G. N./H. Steinbring/E. Ch. Wittmann,（1997）*10 Jahre“ mathe 2000 : Bilanz und Perspektiven*, Klett.
Radatz/Schipper/Droege/Ebeling,（1998）*Handbuch fuer den Mathematik-unterricht*, 2. Sch., Schroedel.
Treutlein, Peter（1911）, *DieGeometerische Anschauungsunterricht als Unterstufe eines zweistufigen goemetrischen Unterrichtes an hoheren Sculen*. Leipzig und Berlin, B. G. Teubner, 19-22.
V. Ulm,（2005）*Mathematikunterricht fuer individuelle Lernwege oeffenen*, Kallmeyer.
Weber,Hellmar,（1980）*Grundlagen einer Didaktik des Mathemasierens* Verlag Peter D. Lang.

第3章
世界の数学教育

第2章ではわが国における数学教育の歴史的展開が概観された。それはいわば時間軸に沿った数学教育の比較であり，本章ではそれを受けて，空間を軸に数学教育の比較を行う。対象とする国は，アメリカ合衆国，イギリス，フランス，ドイツ，そしてアジアから中華人民共和国と大韓民国を選びたい。教育は社会と時代に規定される営為であるため，あえて国の外に目を向ける必要はないのかもしれない。教科によってそれでよい場合もあろうが，数学は国境のない教科といってもよく，実際に数学教育の改革のうねりは世界的な規模で波及し，第1章でみたようにわが国もその例外ではない。今日では「授業研究」のように，逆にわが国から情報が発信される場合もある。その速度も高度に情報化されそしてグローバライズされた現代では，TIMSS 等の国際調査にみられるように，速まりこそすれ遅れることなどない。

このように日本の数学教育は国内の問題であると同時に，広く国際化された問題でもあり，代表的な国々の数学教育の動向を知ることは，数学教師にとって不可欠の知識といえよう。

第１節　諸外国の教育制度と教育課程

すでに述べたように，教育は社会と時代に規定される営為である。しかも近代国民国家の基盤である以上，国家により，地域により，時代により，その教育課程の編成，各教科の教育課程編成原理，学校制度，教員養成システム等々が異なることはいうまでもない。ここでは，各国の前期中等教育及び後期中等教育の教育制度と教育課程について概観する。なお，義務教育と中等教育の教育制度の一覧は表３－１に，教育課程の一覧は表３－２に，わが国の内容とともに示している。さらに，各国の後期中等教育における数学科の教育課程について概観する。

１．日本の場合

日本の中等教育は，中学校と高等学校に分かれ，前者３年（中学１，２，３年）後者３年（高校１，２，３年），合計６年の構成である。なお，1999（平成11）年４月より，中高一貫教育校の設置が可能になっている。

教育課程には国家基準があり，文部科学省が「学習指導要領」を策定する。現在まで，およそ10年ごとに改訂されており，最新の改訂年次は，幼稚園・小学校・中学校の教育要領･学習指導要領は2008年,高等学校は2009年である。

高等学校の数学は，「数学Ⅰ」「数学Ⅱ」「数学Ⅲ」「数学Ａ」「数学Ｂ」「数学活用」の６科目で編成されており，そのうち「数学Ⅰ」は全員が履修する。また，「数学Ⅰ」「数学Ⅱ」「数学Ⅲ」「数学活用」は，その内容のすべてを履修する科目で,「数学Ａ」「数学Ｂ」は生徒の実態や単位数などに応じて内容を選択して履修する科目である。

大学の自然系あるいは工学系に進学する生徒は，「数学Ⅰ」「数学Ⅱ」「数学Ⅲ」の３科目に加えて，「数学Ａ」「数学Ｂ」を選択する場合が多いと考えられる。詳細は，第７章を参照いただきたい。

表3－1　義務教育と中等教育の教育制度の特徴

		日　本	アメリカ合衆国	イギリス	フランス
義務教育	規定のレベル	国	州	国	国
	開始年齢	6歳	6歳，7歳	5歳	6歳
	教育年限	9年	9～12年	11年	10年
前期中等教育	名　称	中学校	ミドルスクール，下級ハイスクール，など	総合制中等学校，グラマー・スクール，など	コレージュ
	教育年限	3年	3年や4年など	5年	4年
	開始年齢	12歳	10歳や12歳など	通常11歳	11歳
	学年（複数の形態がある場合は代表例）	7，8，9	6，7，8	7，8，9，10，11	6，7，8，9
	カリキュラムの根拠	国家基準	州による基準	国家基準	国家基準
後期中等教育	名　称	高等学校，高等専門学校，など	ハイスクール，上級ハイスクール，など	シックスフォーム	リセ，職業リセ
	教育年限	3年	3年や4年など	2年	3年（リセ），2年（職業リセ）
	開始年齢	15歳	14歳や15歳など	16歳	15歳
	学年（複数の形態がある場合は代表例）	10，11，12	9，10，11，12	12，13	10，11，12
	カリキュラムの根拠	国家基準	州による基準	一般教育証明書の試験細目	国家基準
	備考（本章で参照する教育課程の出典）		NCTM スタンダード	一般教育証明書	

表３－１　義務教育と中等教育の教育制度の特徴（つづき）

		ドイツ	中華人民共和国	大韓民国
義務教育	規定のレベル	州	国	国
	開始年齢	６歳	６歳（従来の７歳から移行中）	６歳
	教育年限	９年（一部の州は10年）	９年	９年
前期中等教育	名称	ギムナジウム，実科学校，ハウプトシューレ，総合制学校	初級中学	中学校
	教育年限	９年（ギムナジウム），６年（実科学校），５年（ハウプトシューレ）	３年，４年	３年
	開始年齢	10歳	12歳，13歳	12歳
	学年（複数の形態がある場合は代表例）	５，６，７，８，９	７，８，９	７，８，９
	カリキュラムの根拠	州による基準	国家基準	国家基準
後期中等教育	名称	ギムナジウム，上級専門学校，職業専門学校，など	高級中学，中等専門学校，技術労働者学校，職業中学，など	普通高等学校，職業高等学校，など
	教育年限	９年（ギムナジウム），３年（職業専門学校），など	２年（職業中学の一部），３年（高級中学など）	３年
	開始年齢	15歳	15歳，16歳	15歳
	学年（複数の形態がある場合は代表例）	10，11，12，13	10，11，12	10，11，12
	カリキュラムの根拠	州による基準	国家基準	国家基準
	備考（本章で参照する教育課程の出典）	ノルトライン・ベストファーレン州		

表３－２　教育課程の基準（学習指導要領）

	日　本	アメリカ合衆国	イギリス	フランス
策定のレベル	国	州（拘束力なし）	国	国
策定機関と策定の手続き	文部科学省	州教育委員会	資格カリキュラム開発機構	国民教育省
教育課程の基準の範囲	教科等の種類，授業時数，総則，各教科等の目標・内容等	州により異なる	教育課程の目的・目標，教科内容，到達目標等	教科等の種類，授業時数，総則，教科等の目標・内容等
総授業時数の規定の有無	有	多くの州で規定	無	有
各教科等の配当授業時数の規定の有無	有	主要教科では規定する州が多い	無	有
学年配当の授業時数の規定の有無	有	無	無	有
改訂の周期	概ね10年	無	概ね５年	概ね５年
最新の改訂年次	幼稚園・小学校・中学校2008年，高校2009年	州により異なる	初等1999年，中等2007年	2007，2008年に改訂

	ドイツ	中華人民共和国	大韓民国
策定のレベル	州	国	国
策定機関と策定の手続き	州文部省	教育部	教育科学技術部
教育課程の基準の範囲	州により異なる	教育課程の枠組等，授業時数，総則，各教科等の目標・内容等	教科等の種類，授業時数，総則，各教科等の目標・内容等
総授業時数の規定の有無	有（週当たり時数）	有	有
各教科等の配当授業時数の規定の有無	有	有	有
学年配当の授業時数の規定の有無	有	有	有
改訂の周期	無	概ね10年	概ね５～10年
最新の改訂年次	州により異なる	2001年	2007年

2．アメリカ合衆国の場合

アメリカ合衆国では，初等・中等教育は合計12年であるが，その形態は，6-3-3年制，6-2-4年制，8-4年制，6-6年制に大別される。このほか，5-3-4年制，4-4-4年制などが行われている。前期中等教育を担う学校は，ミドルスクールや下級ハイスクールと呼ばれ，後期中等教育を担う学校は，ハイスクルールや上級ハイスクールと呼ばれる。上級・下級併設ハイスクール（通常6年）もある。

教育課程に国家基準はなく，州教育委員会が教育課程を策定するが拘束力はない。現在，1万5000を超えるDistricts（学区）で独自の教育課程を有する。なお，PISA調査などの結果を受けた課題に起因して，2009年4月現在，全国統一教育課程の作成の動きがある。そうした中，全米数学教師協議会（NCTM）は，ここ数年，数学科の「スタンダード」を公表しており，本章では，その内容を考察対象とする。全米数学教師協議会は，1989年に「学校数学におけるカリキュラムと評価スタンダード」，1991年に「数学教授の専門職スタンダード」，1995年には「学校数学の評価スタンダード」を公刊し，2000年には先行する3つのスタンダードを統合する形で「学校数学の原理とスタンダード」（以下「スタンダード2000」と略記する）を発表し，次代10年間に向けた数学教育の改善の方向性を提案している。スタンダード2000が従来と異なる特徴は，次の3点である。

1）特定の数学内容を参照しない6つの「原理」の明示：公正さ・カリキュラム・教授・学習・評価・テクノロジー

2）幼稚園入園前から第12学年までのスタンダードの統一性

3）内容スタンダードとプロセススタンダードによる2段構成

スタンダード2000では，第9学年から12学年のためのスタンダードが以下のように14項目に分けて述べられている。

スタンダード1：問題解決としての数学
スタンダード2：コミュニケーションとしての数学

スタンダード３：推論としての数学
スタンダード４：数学的なつながり
スタンダード５：代　数
スタンダード６：関　数
スタンダード７：総合的な視点からの幾何学
スタンダード８：代数的な視点からの幾何学
スタンダード９：三角法
スタンダード10：統　計
スタンダード11：確　率
スタンダード12：離散数学
スタンダード13：微分積分学の概念的理解
スタンダード14：数学的構造

これを参照しながら，後期中等段階の数学教育を，目標と内容の視点から表化したものが，表３－３と表３－４のアメリカ合衆国の欄である。

３．イギリスの場合

イギリスの中等教育は通常第７学年から始まる。前期中等教育の総合制中等学校（コンプリヘンシブスクール）やグラマー・スクールなどが５年，後期中等教育のシックスフォームなどが２年の構成である。第11学年で中等教育修了証書（GCSE）試験を受けて，この成績の良いものがシックス・フォームに進み，そこでは大学進学への準備教育がなされる。

教育課程に関して，前期中等教育には国家基準があるが，後期中等教育には国家基準がない。そのため本章では，一般教育証明書（GCE）の試験細目を参照し，後期中等段階の数学教育を，目標と内容の視点からまとめていく。その結果が，表３－３と表３－４のイギリスの欄である。

４．フランスの場合

フランスの中等教育は中学校（コレージュ）と高等学校（リセ，職業リセ）に分かれ，前者は４年（第６・５・４・３級）後者は通常３年（第２・１・最

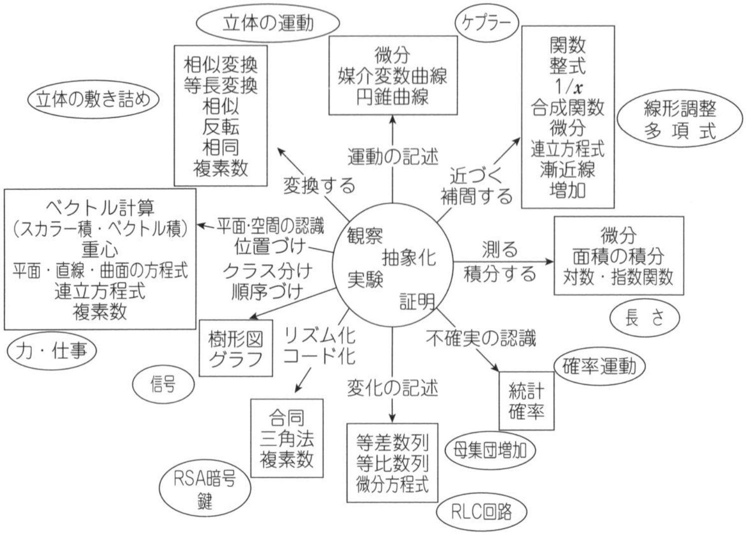

図3－1　科学系コースの数学：核心・活動・内容

終級）の構成である。リセは日本の高校同様，３年間の課程であり，第１学年（10学年）を第２級，第２学年（11学年）を第１級，第３学年（12学年）を最終級と呼ぶが，以下では便宜的に通年の学年呼称をとる。

教育課程には国家基準があり，国民教育省が「プログラム」を策定する。第10学年では共通の数学を履修するが，第11学年より，科学系コース・経済社会コース・文学コースの３種の数学カリキュラムに分岐する。本章では科学系コースの数学を取り上げて，その目標・内容を表3－3と表3－4に収めた。

科学系コースの数学は観察，抽象化，実験，証明を４つの本質的構成要素として，図3－1のように展開する。教育課程は図3－1を下絵にデザインされるため，この図について若干の説明を加えておきたい。中央の円から４つの本質的構成要素を具体化する９つの数学的活動が，矢印によって導かれている。こうした活動の実際を把握することは生徒の学習指導や生徒の家族に数学を伝える上で重要な意味をもつ。また他教科との連携や総合を考える上でも本質的である。

図3－1の長方形の内部には今日の科学教育にとって不可欠の内容の一覧が

示されている。また楕円は図3－1を取り囲むように外側におかれているが，それは他教科との関係を示唆するためである。したがってそこでは，さまざまな総合的課題を開発することができる（宮川，2003：58-61）。

5．ドイツの場合

ドイツの前期中等教育は，生徒の能力や適性に応じてハウプトシューレ・実科学校・ギムナジウム・総合制学校の4つに分岐する。ギムナジウムは後期中等教育まで継続しており，卒業後大学進学希望者が主として進む9年制（第5学年より第13学年）の学校組織である。ハウプトシューレは，卒業後に就職して職業訓練を受ける者が主として進む5年制の教育機関であり，実科学校は，卒業後に職業教育学校に進む者や中級の職につく者が主として進む6年制の教育機関，総合制学校は，若干の州を除き，学校数，生徒数とも少ない。

教育課程は州ごとに異なり，州文部省が策定するが，現在，一部共通化の動きもある。本章ではノルトライン・ベストファーレン州のギムナジウム上級段階の第11学年から第13学年の数学カリキュラムを対象に検討する。検討結果は，表3－3と表3－4のドイツの欄である。

なお，上級段階の教科教育は，学問への準備と生徒一人ひとりの知的発達支援のためにある。この上位目標を実現するため，数学教育の目標は次のように記されている。

・数学的資質や能力を育成し，研究や職業生活に必要なことを準備する。
・数学の歴史的発生や文明の発展に対する数学の意義を範例的に理解する。
・数学文化と数学外の文化との関連をつける。
・数学がどのように成立し，複雑な問題の記述や解決のために，どのように利用されているかを明らかにする。
・数学との能動的な取り組みの中で，数学が批判的に理性を使用する手段として，どのように利用されているかを経験させる。
・個人の主体的学習やグループの協働学習に生徒を導く。
・発見的・実験的研究を可能にする。
・教科学習と社会的学習を相互に関連づける。　（國本，2003：90-91）

表3-3　各国の陶冶に関連する目標と社会に関連する目標

	陶冶に関連する目標	アメリカ合衆国	イギリス	フランス	ドイツ
知識・理解	初等的な数学の基礎概念や成果や方法を知ること	○	○	○	○
	経験的知識			○	
	同じ概念の同値な表現を認識すること	○	○		
	数学の歴史的発展と今日的な意義を知ること			○	○
	発見的，帰納的，演繹的方法を知ること	○	○	○	○
表現・処理	数学的対象と関係を認識し，関係付けることができる	○	○	○	○
	数学的な表現力(口頭，記述)	○	○	○	○
	数学をコミュニケーションの手段として使えること	○	○		○
	数学的なモデルを他の教科に関連付けられること	○	○	○	○
	数学コース内で他の教科の「課題学習」に適用できること				○
	幾何学的な状況を把握し，表現・構成し，変換できること	○			
	初等的な証明方法を使えること	○	○	○	○
	いろいろな問題解決の方法を習得すること	○	○	○	○
	数学的な議論や応用に関する論文などを読んで理解すること	○	○		
	情報機器の処理方法と専門書を目的に合わせて使用できること				
数学的な考え方	抽象化の可能性	○		○	○
	類推の意味と意義を理解すること	○	○	○	○
	論理的議論をフォローできること	○			
	単純で妥当な議論を構成できること	○	○		
	問題を把握し数学化する，数学的なモデルを作り，その適切性を判断できること	○	○	○	○
	数学の諸分野の関連付けができること	○	○	○	
	高次の数学問題を解決できること		○	○	
関心・態度	数学に積極的に取り組み，その威力とその限界を知ること	○	○		
	反例の可能性を見つけること	○		○	
	歴史的文脈で数学をする学習活動			○	
	歴史的概念の発展を知る学習			○	
	数学的文化と非数学文化との結びつきを作り出すこと				○

	数学的活動の面白さ，美しさを受け入れる感覚を持つこと				
	発見の喜びを感じること			○	
	自信を高めること		○		
	楽しみを育てること		○		
	一人でも集団活動でも，自発的に学習できること			○	○
	数学的な概念や方法を他教科の理解に適用できること	○	○		
	自己評価	○	○		○
	数学的な問題を見出し，その解決のために自分の能力を十分発揮し，そのためいろいろな方法を使いこなすこと		○		○
	社会に関連する目標	アメリカ合衆国	イギリス	フランス	ドイツ
知識・理解	数学的モデル（例えば面積や加速度など）などに含まれる基本概念を明確にし，それがさらなる問題場面に応用できること	○	○	○	○
	数学的なコンピュータソフトを理解し，その使い方を知ること	○	○	○	○
	自然科学及び工学で数学の応用領域を例に基づいて知ること		○		
表現・処理	現実的な状況と結びつけて問題を理解し，数学化できること	○	○	○	○
	立体幾何を応用し立体の模写・作図と一連の計算ができること				
	数学に関連する職業に就く能力の形成				○
	データや回答を収集し，整理し，分析できること	○	○	○	○
	ダイナミックな体系と過程を理解し，処理ができること				
	シミュレーションモデルを作成し，利用できること				
	情報機器が利用できること	○	○	○	○
	情報機器を批判的に用いることの可能性	○	○	○	○
	個人研究，グループ研究ができること		○	○	
数学的な考え方	変化に富んだ現象の観察	○		○	
	数学的なモデルを作り，評価し，可能性と限界を理解すること	○	○	○	○
	色々な問題解決方法に習熟していること		○		

表３－３　各国の陶冶に関連する目標と社会に関連する目標（つづき）

	社会に関連する目標	アメリカ合衆国	イギリス	フランス	ドイツ
数学的な考え方	応用問題の解決の困難さに立ち向かう意志を持つ，同時に批判を受け入れる心構えを持つこと		○		
関心・態度	モデルを使った学習の準備				
	学問的探求に対する基本的な態度の育成				○
	現実的な解決方法を求め，その有効性を明らかにできること		○		
	学校外の家庭や課外活動での学習			○	
	自然，社会，数学の現象をモデル化し解釈し表現すること	○			
	数学が仕事の世界，社会一般に関連しているという意識を伸ばすこと		○		
	教科学習と社会的学習の相互の関連づけ				○
	他教科の領域で数学を応用し，また逆に他領域の学習から得られた事柄を数学に応用できること	○			
公　正	個人差，ジェンダー，社会的出身の上下などにかかわらず，全ての生徒に高い学力水準を保証すること	○			

６．中華人民共和国の場合

中華人民共和国の中等教育は，初級中学と高級中学などに分かれ，前者は３～４年，後者は３年の構成である。後期中等教育機関としては，普通教育を行う高級中学の他に，職業教育を行う中等専門学校（一般に４年）や技術労働者学校（一般に３年），職業中学（２～３年）などがある。

教育課程に関しては，国が策定した内容を基に，省・自治区・直轄市が地域内の基準を策定する。高等学校の数学は，必修と選択とがある。必修は10単位分（１単位は18時間）であり，２単位分（36時間）の５つの内容（数学①～数学⑤）から構成される。選択の系列は４つあり，系列１は人文系に進む者，系列２は理工系に進む者，系列３，４は数学に更なる興味をもつ者のために設置されるものである。そのため，必修の10単位分と選択系列２の６単位分について表３-４にまとめた。

７．大韓民国の場合

大韓民国の中等教育は中学校と普通高等学校，職業高等学校に分かれ，前者が３年，後者が３年である。普通高等学校は，普通教育を中心とする教育課程を提供するもので，各分野の英才を対象とした高等学校（芸術高等学校，体育高等学校，科学高等学校，外国語高等学校）も含まれる。職業高等学校は，職業教育を提供するもので，農業高等学校，工業高等学校，商業高等学校，水産・海洋高等学校などがある。

教育課程に関しては，国家基準がある。高等学校の数学は，１年次では「国民共通基本教育課程」の数学を全員で履修し，２・３年次では一転して，次のように「選択中心教育課程」が編成される。

・一般選択科目：実用数学（４単位）
・深化選択科目：数学Ⅰ（８単位）
・数学Ⅱ（８単位），微分と積分（４単位）
・確率と統計（４単位），離散数学（４単位）　　（＊１単位＝50分授業×17週）

大学の自然系あるいは工学系に進学する生徒は，数学Ⅰ，数学Ⅱ，微分・積分を選択するため，その内容について表３-４にまとめた。

表３-４　各国における高校数学の内容領域

各国のカリキュラム	内容領域
アメリカ合衆国：学校数学の原理とスタンダード：第９学年から12学年のためのスタンダード	１．問題解決としての数学 ２．コミュニケーションとしての数学 ３．推論としての数学 ４．数学的なつながり ５．代数 ６．関数 ７．総合的な視点からの幾何学 ８．代数的な視点からの幾何学 ９．三角法 10．統計 11．確率 12．離散数学 13．微分積分学の概念的理解 14．数学的構造
イギリス：一般教育証明書（ＧＣＥ）の前期上級段階と上級段階	証明，代数と関数，$x-y$座標での解析幾何，数列と級数，三角法，指数と対数，微分，積分，数値的方法，ベクトル 注：なお，2001年９月から，GCE を受ける生徒を増やす目的で，前期上級段階に，「数学の利用」（Use of mathematics）が加わっている。
フランス：数学プログラム科学系コース最終級	必修科目 １．解析（数列と関数の極限，連続の言語と増減表，微分，指数関数の導入，対数関数と指数関数の学習，数列と帰納，積分，積分と微分，微分方程式$y'=ax+b$） ２．幾何（平面図形:複素数，空間におけるスカラー積，空間における直線と平面） ３．確率と統計（条件付と独立，確率法則） 必修選択科目 数論，平面の相似変換，曲面の切断面
ドイツ：ギムナジウム上級段階の数学科の学習指導要領：12，13学年	解　析 基礎コースの解析：微分の継続，積分 重点コースの解析：微分の継続，積分 線形代数/幾何 基礎コースの線形代数/幾何：連立１次方程式とベクトル幾何，行列 重点コースの線形代数/幾何：連立１次方程式とベクトル幾何，行列 統　計 基礎コースの統計：確率，記述統計 重点コースの統計：確率，推測統計，統計と解析または線形代数との結びつき

中華人民共和国：高級中学数学教育課程	必　修 数学①：集合，関数の概念，基本的な初等関数Ⅰ（指数・対数・冪関数） 数学②：立体幾何入門，平面解析幾何入門 数学③：アルゴリズム入門，統計，確率 数学④：基本的な初等関数Ⅱ（三角関数），平面ベクトル，加法定理 数学⑤：加法定理等の応用（解三角形），数列，不等式 選択系列２ 選修２－１：常用論理用語，円錐曲線とその方程式，空間ベクトルと立体幾何 選修２－２：導関数とその応用，推理と証明，数の拡張と複素数 選修２－３：計数原理，統計案例，確率
大韓民国：高等学校数学教育課程：第２，３学年選択中心教育課程	一般選択科目 実用数学：計算機とコンピュータ，経済生活，生活問題解決 深化選択科目 数学Ⅰ：代数，解析，確率と統計 数学Ⅱ：代数，解析，幾何 微分と積分：解析 確率と統計：資料の整理とまとめ，確率，確率変数と確率分布，統計的推定 離散数学：選択と配列，グラフ，アルゴリズム，意思決定の最適化

第２節　数学教育の目標

ここでは，各国の中等教育段階における数学教育の目標を略述し，広く世界を見渡して，欧米地域とアジア地域の数学科の教育目標を比較する。最後には目標を分析して項目を立て，表の形式で各国の目標を整理する。

１．共通する目標と相違する目標

教育目標は，教科内容と異なり，文化的要因や社会的成分を抜きにして語ることはできない。市民社会に参加する能力形成は暗黙の了解事項であり，そのための陶冶的目標と実用的目標が，各国のカリキュラムに記されている。前者はいわば個に応ずる資質形成をめざし，後者は社会に応ずる能力形成と分けて考えることがでるが，産業構造が複雑化し社会の要求水準も多岐にわたれば，一概に「実用」で括れるものではない。アメリカ合衆国やイギリスのカリキュラムは，数学なしに今日の科学技術の維持と進展のありえないことを伝えているが，この事実認識の下に，米国の「公正（equity）」という原理的目標は成立する。しかし同時に，「社会の数学化の増大は，個々のメンバーの非数学化によって補完される」（Gellert et al, 2001 : 58）という皮肉な指摘は，数学教育関係者への警句となっているはずである。

以上のことから表３－３では，数学教育の目標を陶冶に関連するものと社会に関連するものとに二分し，さらに日本の指導要録にある観点別評価の項目を条件に加え，各国の目標を整理した。表３－３に基づいて各国に共通する目標を抜き出し，まとめたものが表３－５である。

また共通しない目標とは，その国の中等段階数学教育の特徴を示すものであり，参考までにそのうちのいくつかを以下に列記する。

・数学的な議論や応用に関する論文などを読んで理解すること（アメリカ合衆国，イギリス）

表3－5　各国共通の数学の目標

陶冶に関連する目標	・初等的な数学の基礎概念や成果や方法を知ること ・発見的，帰納的，演繹的方法を知ること ・数学的対象と関係を認識し，関係付けられること ・数学的な表現力(口頭と記述) ・数学的なモデルを他の教科に関連付けられること ・初等的な証明方法を使えること ・いろいろな問題解決の方法を習得すること ・類推の意味と意義を理解すること ・問題を把握し数学化し，数学的なモデルを作り，その適切性を判断できること
社会に関連する目標	・数学的なモデルを作る際の数学的な基本概念，その結果，方法及びアルゴリズムを利用できること，またその視覚化の可能性を知ること ・数学的なコンピュータソフトを理解し，その使い方を知ること ・現実的な状況と結びつけて問題を理解し，同時に数学化することができること ・データや回答を収集・整理・分析できること ・情報機器が利用できること ・数学的なモデルを作り，それを評価し，その可能性と限界を理解できること

・高次の数学問題を解決できること（イギリス，フランス）
・学問的研究への基本的態度（ドイツ）
・歴史的文脈で数学をする学習活動，歴史的概念の発展を知る学習（フランス）
・公正（Equity）（アメリカ合衆国）
・数学的文化と非数学文化との結びつきを作り出すこと（ドイツ）
・発見の喜びを感じること（フランス）
・自信を高めること（イギリス）
・楽しみを育てること（イギリス）

2．わが国の数学教育への示唆

わが国や韓国（徐，1995：237）の目標が総括的であるのに較べ，欧米諸国の目標記述は詳細である。そのせいか前者は数学的思考や問題解決能力や創造性など陶冶的目標に限定されるが，後者は陶冶的目標よりはむしろ市民社会の形成や国造りに必要な人材といった社会的目標が充実している。個々の生徒の興味や関心に応じた，陶冶に関係する目標の設定は，東アジア的な教育風土を反映しているのかもしれない。

これ以外にも，各国の数学科の教育課程や目標の概観を通じて得られる，日本のカリキュラムへの示唆を列挙していくと次のようになる。

1）欧米のカリキュラムには，数学の行動的期待が具体的に記されている。たとえば「データを分析するために，適切な統計的方法を選択し利用する」（アメリカ合衆国），「数学を効果的なコミュニケーションの手段として使う」（イギリス）等がある。

2）わが国の後期中等段階の学習指導要領は「要目」に近く，内容が列記されているだけである。一方欧米では，内容と目標が合わせて記述されている。

3）わが国の場合，社会的有用性に言及しないが，欧米では教育課程の基準にこの点が明記されている。

4）アメリカ合衆国やイギリスでは「数学の応用・利用」は一つの領域として設定されるが，日本にはない。

5） 欧米諸国ではICT（四則電卓，グラフ電卓，コンピュータなど）の利用が重視されているだけではなく，大学入学資格試験の数学でも利用されている。わが国の場合「要目」という性格を反映してか，その記載はきわめて簡潔で，その量も少ない。

6）わが国には，非理数系生徒のための数学があるかどうか判断に迷うが，イギリスでは，実世界での数学応用に関するモジュールを多数準備し，そこから選択できるようにしている。またフランスでも，非理数系の生徒に応用に結びついた高い程度の数学を与えようとしている。

7）諸外国は数学の応用に関連して，グラフ理論などの離散数学が見られるが，わが国ではこうした内容に対して，明確な位置づけがない。

第３章　参考文献

岩崎秀樹，長崎榮三，モー・モー・ニェン（2004）「後期中等段階の数学カリキュラムの国際比較」『日本数学教育学会誌』86(9), pp. 2-12.
國本景亀（2003）「ドイツのギムナジウム上級段階の数学科の学習指導要領」『世界の高等学校の数学教育Ⅰ』pp. 90-150.
徐恵淑（1995）「韓国」『CRECER 第17巻数学教育の動向』ニチブン，pp. 226-239.

中央教育審議会・初等中等教育分科会・教育課程部会・児童生徒の学習評価のあり方に関するワーキンググループ（第４回，平成 21 年７月 13 日開催）配付資料２—１（国立教育政策研究所，2009 年７月作成）.

辻宏子・清水静海（2003）「NCTM『Principles and Standards for School Mathematics』」『世界の高等学校の数学教育Ｉ』pp. 21-34.

杜威（2009）「算数・数学の教科書：中国」『第３期科学技術基本計画のフォローアップ「理数教育部分」に係る調査研究［理数教科書に関する国際比較調査結果報告]』国立教育政策研究所，pp. 173-184.

長崎榮三 訳（2003）「数学の教科規準　一般教育証明書（GCE）の前期上級段階と上級段階」『世界の高等学校の数学教育Ｉ』pp. 37-45.

任在薫・清水静海（2003）「韓国の高等学校数学教育課程について」『世界の高等学校の数学教育Ｉ』pp. 170-177.

藤村和男（2009）「教科書制度と教育事情：中国」『第３期科学技術基本計画のフォローアップ「理数教育部分」に係る調査研究［理数教科書に関する国際比較調査結果報告]』国立教育政策研究所，pp. 58-63.

宮川健（2003）「フランス高等学校数学プログラム」『世界の高等学校の数学教育Ｉ』pp. 46-89.

文部省（2000）『Education in Japan2000』ぎょうせい.

文部科学省（2008）『諸外国の教育動向 2007』明石書店.

Nebres, B. F.（1988）School Mathematics in the 1990s : Recent Trends and Challenge to the Developing Countries', *Proceedings of the Sixth International Congress on Mathematics Education*, pp. 13-27.

QCA（Qualification and Curriculum Authority）(2004), Introduction to AS Use of Mathematics.
http: //www. qca. org. uk/ages14-19/downloads/Introduction_to_AS_Use_of_Mathematics.pdf.

Gellert, U., Jablonka, E. & Keitel, C.（2001）, "Mathematical Literacy and Common Sense in Mathematics Education", Atweh, B., Forgasz, H. & Nebres, B.（ed）, *Sociocultural research on mathematics education : An international perspective,* Lawrence Erlbaum Association, pp. 57-73.

（岩崎秀樹・銀島　文）

第4章

中学・高校数学の構造

「教科としての数学の構造」というとき，それは，そこで扱われる基本的な原理とその系統性・関連性を強調する意味において用いられることが多い。本章では，先ず「構造」の観点から生徒の知的発達を捉えようとしたピアジェや1960年代に「教科の構造」を強調したブルーナーの論に触れる。次いで，現行の学習指導要領で扱われている中学校と高等学校数学の内容の概要を示す。最後に，数学的活動に関して，記号の使用，無限概念，数学的帰納法を取り上げ，数学史の観点と授業事例を交えて紹介する。

第１節　教科の構造

１．数学とは何か

数学者のリチャード・クーラント（Courant, Richard）らは，「数学とは何か」と題する文章を「人間精神の表現としての数学は，積極的な意志，瞑想する理性，および美的完全性への欲望を反映する」との一文で書き始めている（クーラント／ロビンズ，1966：xvii）。「数学とは何か」という問に対しては，「量と図形の科学」「無限の科学」「構造の科学」「パターンの科学」など，これまでにもさまざまな答が提案されてきた。特に「数学は構造の科学である」とは，要素よりも要素間の関係のあり方を研究対象とする数学の特徴を言い表したものである。本章では「構造」の語に着目し，教科としての数学をマクロとミクロの観点からみていくことにする。

ソーンダース・マックレーン（Saunders MacLane）は，数学の発展を次のような図式で表している（図４－１）。

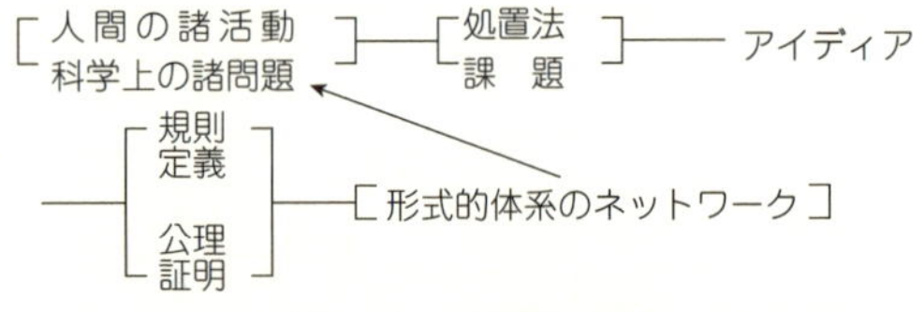

図４－１　数学の発展

（マックレーン，1992：532）

この図式は，数学は［人間の諸活動・科学上の諸問題］をその源として発展したものであることを示している。数学の構造を論じる場合，それは専ら図式の［規則・定義・公理・証明］から［形式的体系のネットワーク］に至る部分に関わってなされるが，教科としての数学の構造は［人間の諸活動］の組織化から［形式的体系のネットワーク］の入り口にまで関わるものである。

2.「教科の構造」論

1960年前後のアメリカでは数学教育や自然科学教育を中心に，その内容などを時代に即応するものに改革しようとする「教育の現代化運動」が進展しつつあり，そのキーワードの一つが「教科の構造」であった。

人間の知能の操作的構造に着目し，幼児から成人にかけての思考の発達段階を提唱したことで知られるスイスの心理学者ジャン・ピアジェ（Piaget, Jean）は，当時，数や量の保存概念をはじめ広範囲にわたり児童の認知発達について「構造」の観点から精力的に研究を推し進めていた。またピアジェは，「全体性」と「変換」と「自己制御」によって構造を特徴づけ，数学や物理学，心理学などの諸学についても構造の観点から検討を加えた（ピアジェ，1970）。ピアジェが特に数学に注目したのは，フランスの数学者集団ブルバキ（Bourbaki）が数学における構造主義を掲げ数学の再構成を試みたことによる。たとえば群や環や体は代数構造と呼ばれるが，これらは空でない集合とその要素に関する演算によって定義される。他に，集合とその部分集合族から定められる位相構造や，集合とその要素の２項関係から定められる順序構造がある。ブルバキは，これら３つの構造を基礎とし，それらの構造の複合によって数学の体系が組み立てられるとした（ブルバキ，2006）。ピアジェは数や量，図形などについての児童の認知発達を研究する中で，そこに，ブルバキが現代数学の基礎的構造とした代数，順序，位相の各構造と類似した認知の構造が見いだされると指摘した。こうした数学や心理学などにおける構造への着目と研究成果が教育の分野にも影響を与え，1960年代には構造の観点からの教科内容の検討や教育過程の構築へと向かわせたのである。

アメリカの心理学者ジェローム・ブルーナー（Bruner, Jerome S.）は1960年，著書『教育の過程』において教科学習における「構造」の重要性を主張した。その中で，「簡単にいえば，構造を学習するということは，どのようにものごとが関連しているかを学習することである」とし，例として方程式の解法で用いられる「交換性，配分性，結合性」の「三つの原理」を挙げて，これらを把握すれば方程式の学習も既知のテーマの変形にすぎないことがわかる，と述べた（ブルーナー，1963：9-10）。つまり，「方程式の解法」はより一般的な「三つの原理」に基づくものであるから，この原理を把握することによって方程式の学習は容易になり，より広い範囲への転移も生じると考えたのである。

ブルーナーは，教科学習における構造の重要性を強調すると同時に，その学習を実現するために発見法やスパイラル学習を提唱し，レディネスや動機づけ，教育における教師の役割の重要性をあげた。ブルーナーにあっては，教科構造の教育や学習は，それを実現する条件や方法と一体のものとして構想されていた。その後，アメリカでの教育の現代化運動は学問の構造を過度に強調したことなどによって「失敗に終わった」といわれるようになり，1960年代末には終焉を迎えるに至った（クライン，1976）。しかし，教科としての数学を構想する際，数学的素材に含まれる主要な概念や考え方とその系統性，関連性を明確化することや，それにふさわしい教授法を開発することの重要性は現在も変わらない。また，キーとなる原理や概念などの関連性や系統性を強調する際には，今も「教科の構造」の語が用いられている。

3．数学の教科構造

先に見た「構造」の語は，「数学的構造」，「教科としての数学の構造」，「数学に関する学習者の認知構造」の3つの意味で用いられていた。ここで数学的構造とは，たとえば群，環，体などの代数構造のような，学問としての数学の構造のことである。教科としての数学の構造は，適切な数学的素材を選択し，中学校，高校などの学校種，各学年に応じて系統的に配置したカリキュラムから，授業において数学的素材の学習が最適になされるように加工し組織化した一連の教材に至るまでの幅広い観点から検討する必要がある。また，数学に関する学習者の認知構造は，生徒は数学の知識をどのように関連づけ保持しているか，新たに学習した数学的内容を既有の数学的知識とどのように関連づけ理解していくかなど，数学を学習する個々の生徒の数学的知識に関する心理的な知識の組織化のありようをいう。

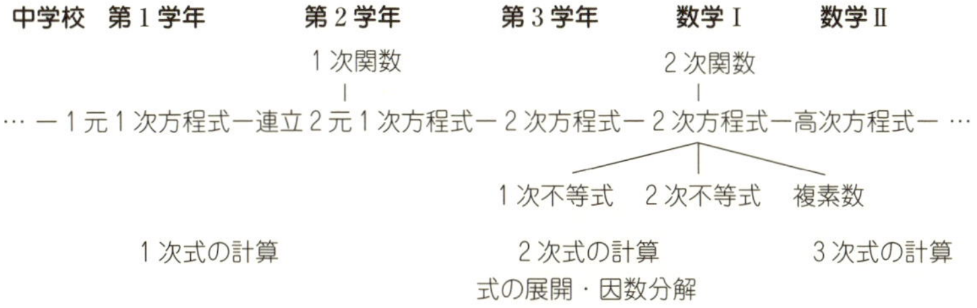

図４－２　方程式の扱い

教科としての数学の構造を考えるには，数学的構造と学習者の認知構造に留意し，マクロからミクロまでのさまざまな観点から検討することが重要である。このことを，方程式の扱いを例としてみてみよう。図４－２は，中学校，高等学校数学で方程式がどのように扱われているかを概観したものである。関連する事項も示しているが，示されたものが関連する事項の全てではない。

マクロの観点から方程式の系統的な扱いを考えようとすれば，小学校算数での式の扱いや□や△などを用いた式表現も含め，中学校数学，高校数学での整式の計算や関数の扱い，方程式を考える数の範囲などとの関連のもとで検討する必要がある。また，「２次方程式」は，中学校第３学年では因数分解や解の公式を用いた解法を学習し，高校の数学Ⅰでは２次関数との関連のもとで扱われる。数学Ⅱでは，数の範囲を複素数にまで拡張し，解の判別などを考える。

数学Ⅰでの２次方程式，２次不等式の扱いをみてみよう。数学Ⅰでは，２次関数のグラフと関連させて２次方程式の解の図形的な意味を考えたり２次不等式を解いたりする。一方，２次不等式の解法を２次関数から切り離し，２次方程式を扱った後，２つの１次式の積の正負を１次式である各因数の正負をもとに考えることで２次不等式を解くように指導するなど，方程式や不等式の指導について上に示したものとは異なった系統も構想できる。どちらを採用するかは，式と図形の関連をどこでどのように生徒に捉えさせようとするか，どの方法が生徒にとって最も適切かなどを踏まえて検討しなければならない。数学的素材をどのように教科として構造化するかは，カリキュラムを検討する際の重要な観点となる。

方程式を例にとったが，他の素材についても同様である。さらに，中学校や高校数学ではどのような数学的素材を取り上げるかなど，より大きな視点から検討することも必要である。このように，全体を鳥瞰的に捉え内容の関連性を考えようとするのが，マクロの観点からの教科構造の検討に該当する。

それではミクロの観点については，どうか。中学校第2学年で扱われる連立2元1次方程式の解法である加減法と代入法について，考えてみよう。授業では両者の解法を同時に扱うことはできない。では，どちらを先に扱うか，それはなぜかを考えなければならない。中学校第1学年で学習した1元1次方程式への帰着を強調するのであれば，代入法を先に扱うことが考えられる。その場合，代入法では解決が困難な連立方程式が出てきた段階で加減法を扱うことになろう。一方，より一般的な解法を先に扱うようにしようとすれば，加減法を最初に扱うことが考えられる。その場合，代入法は特別な方法として扱われることになろう。ここでは学習者の既有知識や認知構造を勘案し，それぞれの素材の扱い方，その関連と系統性を考えることが重要になる。このように1つの単元や，そこで扱われる内容の関連を考慮し，その上で授業で扱う問題場面や教材を構成することが，ミクロの観点からの構造化の課題となる。

教科としての数学の構造は，学問や文化としての数学と学習者の間にあって，学習者である生徒に数学を伝えるために組織化されたものである。同時に，生徒が数学的活動をもとに数学の知識や技能を習得し，習得した数学を活用して問題を解決し，さらにさまざまな現象に対して数学を用いて探究的に取り組むことができるように組織化されたものとして，独自の領域を形成している。

第2節　中学・高校数学の構造

ここではマクロの観点から数学の教科構造をみるため，学習指導要領に示された中学校数学，高等学校数学の内容を概観する。それに先だって，小学校算数にも触れる。学習指導要領では，小学校算数，中学校数学で扱われる事項は，内容のまとまりからなる「領域」によって示されている。

1．小学校算数の内容

現在，算数の内容は４つの領域から構成されている。表４－１はそれぞれの領域で扱われる内容を要約して示したものである。

表４－１　小学校算数の領域と内容

A 数と計算	・十進位取り記数法，小数，分数，偶数，奇数，約数，倍数などの数に関する事項 ・四則計算などの計算に関する事項
B 量と測定	・長さ，かさ，重さ，時間，角度，面積，体積の量の単位 ・量の測定，面積や体積の求め方，平均，単位量当たりの大きさなど
C 図　形	・四角形，長方形，円，球，直方体，角柱，円柱などの平面図形，立体図形 ・直線，頂点，辺，半径，直径，対角線などの図形の構成要素 ・展開図，平行や垂直，合同，円周率，対称，縮図などの図形の見方や調べ方
D 数量関係	・九九の性質や比例関係などの関数の考え ・□や文字 a などを用いた式，四則演算の性質などの式の表現と読み ・棒グラフ，折れ線グラフ，百分率，比，比例などの資料の整理と読み

算数では，具体的な対象への操作活動を通して，数や図形の基礎的概念を取り出すとともに，具体的な対象にそくした概念の操作ができるようになることに主眼が置かれている。

2．中学校数学の内容

中学校数学の内容も，４つの領域から構成されている。表４－２は，各領域で扱われる主な内容を学年別に示したものである。

中学校数学では，数の計算を文字式の計算として一般化して扱うようになる。たとえば，「２桁の整数と，その十の位の数字と一の位の数字を入れ替えてできる２桁の整数の差は，９の倍数である」という命題を考えてみよう。これに対して，85－58，92－29 などを計算してみることによって，差が９の倍数であることはわかる。しかし，具体例を計算してみるだけでは，その仕組みを見て取ることはできない。文字式を学習することによって，なぜそのような命題が成り立つのかを明らかにすることができるようになるのである。

表4－2　中学校数学の領域と内容

	第1学年	第2学年	第3学年
A 数と式	・正負の数とその四則計算 ・一次式とその加減法 ・一元一次方程式	・整式の加減法，単項式の乗除法 ・連立二元一次方程式	・平方根，平方根を含んだ計算 ・式の展開と因数分解 ・自然数の素因数分解 ・二次方程式と解の公式
B 図　形	・基本的な作図 ・図形の移動 ・空間図形 ・扇形の弧の長さと面積 ・柱体や錐体や球の表面積と体積	・平行線や角の性質 ・多角形の内角や外角の和 ・証明の意義，三角形の合同条件	・円周角と中心角の関係 ・三平方の定理 ・三角形の相似条件，平行線と線分の比，立体の相似，相似比と面積比，体
C 関　数	・関数関係の意味，座標，比例と反比例	・一次関数	・関数 $y=ax^2$
D 資料の活用	・ヒストグラム，平均値や中央値などの代表値	・確率	・標本調査

中学校数学の内容を大局的にみれば，16世紀頃にあみ出された数学のことばとしての記号代数，古代ギリシャにおいて集大成がなされた図形の性質の探求と論証，20世紀初頭の数学教育の改造運動の中で主張された関数概念の育成（小倉・鍋島，1957）を柱として構成されている。また，現行の中学校数学を学年進行からみれば，中学校第1学年と第2学年では，1次方程式や直線図形，1次関数のような「1次の世界」に関する内容が扱われるが，第3学年では二次方程式，三平方の定理，関数 $y=ax^2$ など「2次の世界」に関する内容が扱われる。「比例」は，小学校算数の到達点の1つであり中学校数学の出発点の1つである。同様に，「関数 $y=ax^2$」は中学校数学の到達点の1つであり高校数学の出発点の1つとなっている。

一方，文字式や図形の論証，関数は，生徒のつまづきが多くみられるところとして知られている。それらは中学校数学の柱でもあるので，特にこれらの箇所では，学習者の認知構造に十分配慮した教材研究や教材開発が求められる。

3．高等学校数学の内容

学習指導要領では，小学校算数や中学校数学の内容は領域によって示されているが，高校数学では科目とその内容として示されている。表4－3は，現行の学習指導要領における高校数学の各科目と内容の概要を表したものである。

表4－3　高等学校数学の科目編成と内容

科　目	内　容
数学Ⅰ	(1)数と式：実数や集合，式の展開や因数分解，一次不等式 (2)図形と計量：三角比，正弦定理・余弦定理，三角比の活用など (3)二次関数：二次関数のグラフ，二次方程式・二次不等式 (4)データの分析：データの散らばりや相関
数学Ⅱ	(1)いろいろな式：整式の乗除法や分数式の計算，等式・不等式の証明，複素数と二次方程式，因数定理や高次方程式など (2)図形と方程式：２点間の距離，円の方程式，軌跡と領域など (3)指数関数・対数関数 (4)三角関数：三角関数の性質，加法定理など (5)微分・積分の考え
数学Ⅲ	(1)平面上の曲線と複素数平面：放物線・楕円・双曲線，媒介変数表示，極座標表示，ド・モアブルの定理など (2)極限：数列の極限，無限等比級数の和，分数関数・無理関数，合成関数，逆関数，関数の極限など (3)微分法：関数の和・差・積・商の導関数，合成関数の微分，三角関数・指数関数・対数関数の微分など (4)積分法：置換積分法，部分積分法など
数学A	(1)場合の数と確率：順列・組合せ，確率の基本法則，独立試行，条件付き確率 (2)整数の性質：約数・倍数，ユークリッドの互除法など (3)図形の性質：三角形に関する基本的性質，円の性質，作図，空間図形
数学B	(1)確率分布と統計的な推測：確率変数，二項分布，正規分布，母集団と標本 (2)数列：等差数列・等比数列，数列の和，漸化式，数学的帰納法 (3)ベクトル：平面ベクトル，空間ベクトル，内積など
数学活用	(1)数学と人間の活動：数や図形と人間の活動，遊びの中の数学 (2)社会生活における数理的な考察：社会生活と数学，数学的な表現，データの分析など

学習指導要領では，これらの科目の内，「数学Ⅰ」が必履修科目とされ，「数学Ⅰ」「数学Ⅱ」「数学Ⅲ」を履修させる場合はこの順に履修させる，「数学A」は「数学Ⅰ」と並行してあるいは「数学Ⅰ」を履修した後に履修させる，

「数学B」は「数学Ⅰ」を履修後に履修させることが原則とされている。また,「数学活用」は他の数学の科目とは異なり，その内容は数学的な素材のまとまりではなく数学的活動を中心として組織されている。

「数学活用」以外の科目では，中学校第3学年で扱われた「2次の世界」をさらに発展させる方向で内容が扱われている。数学Ⅱでは微分が扱われるが，そこでは2次，3次の曲線上の点での接線（1次の世界）を考えることによって，それに反映される曲線の局所的な性質を読み取ろうとする。微分は，2次や3次の世界と1次の世界が出会う結節点としての重要な役割を担っている。

また，2次方程式の解法から複素数を考えるなど数を方程式との関連で捉えたり，関数や方程式と図形と関連づけ統合して捉えるなど，高校数学では数学の言葉としての式を中心として数学が組織化されていく。

高校数学の科目編成も時代とともに変遷を重ねており，たとえば1956年告示の学習指導要領では，「数学Ⅰ」「数学Ⅱ」「数学Ⅲ」「応用数学」から構成されていたが，1978年の学習指導要領では「数学Ⅰ」「数学Ⅱ」「代数・幾何」「基礎解析」「微分・積分」「確率・統計」と，内容のまとまりをもとにした科目編成がなされた。その後，1989年の学習指導要領の改訂では履修科目の選択に幅をもたせ，「数学Ⅰ」「数学Ⅱ」「数学Ⅲ」「数学A」「数学B」「数学C」から構成されるようになった。準義務教育化したといわれる高等学校において，どのような内容から高校数学を構想し構造化するかは，これからも重要な検討課題である。

教科としての数学をマクロの観点から再構成するには，それまでに蓄積されたミクロの観点を十分に検討することが求められる。逆に，ミクロの観点からの教材などの構造化は，マクロの教科構造に依拠している。現在では，小学校教育と中学校教育，中学校教育と高校教育の連携の重要性が指摘されている。これらのことから，各学校種の特質を踏まえつつ，マクロとミクロの両者の観点から教科構造の検討を重ねる必要がある。

第 3 節　数学的活動

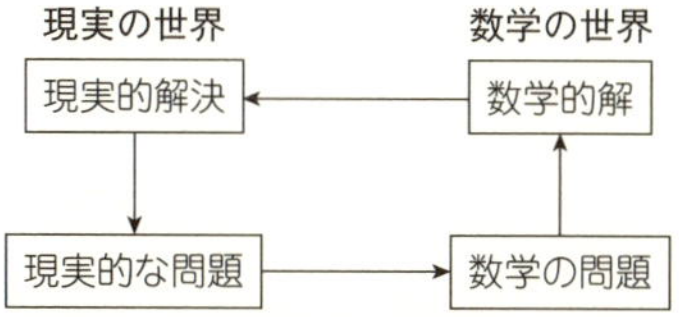

図 4－3　数学的問題解決の図式

図 4－3 は，数学的な問題解決のプロセスを示したものである。数学的問題解決は，「現実的な問題」を数学的観点から検討し「数学の問題」として再構成する。そのようにして得られた数学の問題に対して数学的手法を用いて「数学的解」を得る。それを現実の世界の中に引き戻して解釈を加えることで，「現実的解決」が得られるのである。このような図式は「数学化サイクル」(OECD, 2007：91)，「数学的活動」(文部省，1999：10)，「数学的問題解決の図式」(銀林，1982：174)，などと呼ばれている。

解決しなければならない問題が「数学の問題」であったとしても，それに必要な数学的手法を加えることができるように原問題を再定式化する場合もある。単純な計算問題でなければ，数学の問題全般について，この図式に示された過程を経て問題解決がなされるといってよい。最近では，身のまわりの事象や自然現象，社会現象を素材とし，それらを数学的に検討することによって数学の有効性や有用性を実感させようとする授業も行われている。その重要性はいうまでもないが，「現実的な問題」にしても数学的な問題にしても，生徒がそれを現実感をもって受け止められるようにすることが大切である。

数学的な問題解決ができるには，適切な数学的知識を保持しているだけではなく，「下位目標を立てる」「図や表に表す」などの発見法が使用できることや，問題解決の途中でその過程を振り返るなどのモニタリングやメタ認知を働かせることができること，さらに適切な数学観を保持していることが重要である(Schoenfeld, 1985)。生徒にとっての「数学の世界」は，数学的構造のみからなるのではなく，それが形成される途上で得られたさまざまな要因から成り立っているのである。また，生徒は数学の授業を通して「数学の知識」とともに「数学についての知識」を学んでいる (Lampert, 1990)。ここで「数学の知識」

とは概念や計算方法など数学の内容に相当し，「数学についての知識」とはたとえば「数学は仲間との議論を通して作り上げるものである」などの学習観や数学観を指す。これらの指摘からも，数学的構造と学習者の認知構造を架橋する教科としての数学の構造や，それを具体化する数学の授業の重要性が見てとれる。

以下では，中学校や高校数学で生徒が討議や教具の操作などの数学的活動を通して数学的世界を構成し整理していった「記号を用いること」「無限との出会い」「数学的帰納法」に関する事例を紹介する。前2者は，専ら「数学の世界」に関わるものである。3番目はゲームであるが，そのゲーム自体がよく構造化されており，条件さえ理解できれば数学化する際に大きく困難になる点はほとんどない。これらは本章の筆者が実施した授業に基づくものであり，数学史の観点も交えつつ報告する。またこれらは，ミクロの観点から教科としての数学の構造をみるものでもある。自分自身の授業プランを構想しながら，以下の事例を読み進めてほしい。

1．記号を用いること

（1）数学史の観点から

古代ギリシャ数学の輝かしい成果の一つであるユークリッド原論（中村他訳・解説，1996）をみると，定理の証明などは，現在の中学校数学で通常使われている三角形（△ABC）や合同（≡）などの記号を用いずに記述されており，記号表現に慣れた我々にとっては大変読みづらい。ギリシャ数学の業績を引き継ぎさらに発展させた中世アラビアの数学では2次方程式の解法などが研究されたが，それは我々のいう面積図を用いたものであり，代数記号は用いられなかった（カジョリ，1970；鈴木，1987）。記号代数学は，16世紀後半に活躍したフランソワ・ヴィエト（Viète, François）によるという（佐々木，2005）。

また，a，b をそれぞれ線分（の長さ）とすると，ab は長方形の面積を意味することになる。そのため，古代ギリシャの数学では，たとえば $a+ab$ は「(線分)＋(長方形)」となり意味をなさないとされた。一方，図4－4に示したように，線分上に1の長さを取ることで比を利用しabを線分の長さとして作図できる。このようにしてabを線分の長さとして意味づけたのは，17世紀前半に活躍したルネ・デカルト（Descartes, René）であった（デカルト，1973：3)。それによって，図形的な意味を脱して諸量の計算ができるようになった。

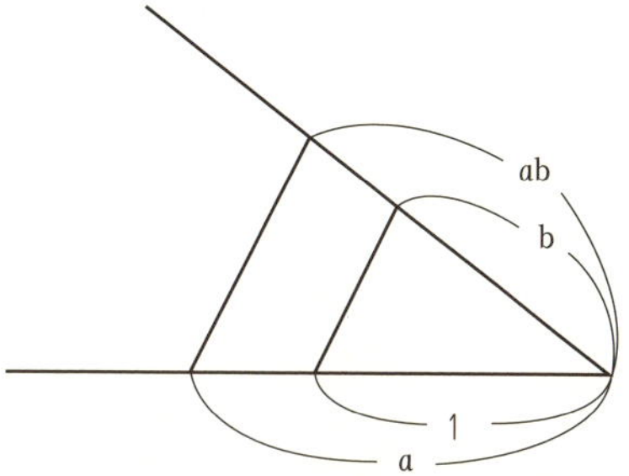

図4－4　abの作図

数学史家のマイケル・マホーニィ（Mahoney, Michael S.）はバビロニアから近代までの数学を俯瞰する中で，代数的思考様式の特性として，①問題構造を抽象するために記号法を用いる，②数学的関係を扱う，③存在論的拘束から自由である，の3点をあげている（マホーニィ，1982)。これらを数学教育の観点からみると，どうだろうか。現在，文字式は中学校第1学年で扱われている。このときにはたとえば，2×3+1，2×4+1，2×5+1，…，は一般に2×n+1と表せるなどのようにして文字式が導入される。その後，文字式の計算規則が扱われ，ついで1元1次方程式が扱われることになる。それによって初等的な段階ではあるが，マホーニィのいう問題場面の抽象的表現や関係の表現，計算規則に基づいた処理ができるよう指導がなされていく。記号によって表現し規則に従って処理をして数学的解を得るという代数的思考は，数学的思考の中心をなすものである。

新たな記号が導入されると，それに伴ってさまざまなつまずきが発生する。たとえば，「$2x-x=2$」とする間違いはよく知られている。中学校第1学年の授業で文字式の計算を扱う際に，$2x-x$であれば，「x」と書かれた2枚のカードから1枚を取り去るとして$2x-x$の計算が扱われることがある。上記のつまずきは文字自体を物的対象とみなし，それに対して「取り去る（引き算をする)」という操作が適用されていると考えられる。そのような場合は，カードの操作といった基本にもどり，文字の操作の意味を確認する必要がある。

（2）事　例：根号の計算

中学校第3学年で平方根の学習後，特に$\sqrt{2}\times\sqrt{3}=\sqrt{2\times3}$であることを学習すると，$\sqrt{2}+\sqrt{3}=\sqrt{5}$（＊）とするものがみられる。これに対しては，$\sqrt{2}$などの意味を思い出しつつ（＊）の両辺を2乗して等号が成立するかを確かめたり$\sqrt{2}$や$\sqrt{3}$，$\sqrt{5}$の近似値を用いて（＊）が成り立つかを確かめたり，（＊）が成立するとすれば$\sqrt{9}+\sqrt{16}=\sqrt{25}$となるはずだがどうかを考えるなど，いくつかの観点から生徒に検討させることが重要である。

高校数学の例をあげよう。虚数単位$\boldsymbol{i}$を扱った後，次の式を板書した。

$$1=\sqrt{1}=\sqrt{(-1)^2}=\sqrt{(-1)\times(-1)}=\sqrt{-1}\times\sqrt{-1}=\boldsymbol{i}\times\boldsymbol{i}=\boldsymbol{i}^2=-1$$

「この式は正しいか」と問うと，いうまでもなく「間違っている」との答が返ってきた。そこで，等号が成立していないと思うところで挙手するよう生徒に求めた。すると，左端の等号や右端近くを除くほぼ全ての箇所で何人かの手があがったのである。そこで，挙手の少なかった箇所から一つひとつ取り上げ，正誤の判断を行う根拠は何かなどを確かめながら全員で検討していった――。

平方根を含む計算は中学校第3学年で扱われるが，平方根の計算ができるからといって，その意味を十分把握しているとは必ずしもいえない。たとえば，「平方根」の単元の学習後であっても，「2の平方根」と「$\sqrt{2}$」の異同を十分に説明できない生徒も少なくない。さまざまな機会を通して，よく用いられる数学記号の意味を捉え直すことが必要である。

（3）2次方程式の解の公式：具体化の例として

記号化とは逆に，代数的な式表現を具体化して示すことも重要である。その例として中学校第3学年，高校第1学年の生徒を対象とし，2次方程式の解の公式への導入を扱った授業事例を示そう。授業冒頭，生徒にB4の用紙を配布し，長方形であるB4用紙の短辺を1辺とする正方形を切り取るよう指示した。その正方形をもとに，「この正方形の面積が$36\,\mathrm{cm}^2$だとすると正方形の1辺の長さは何cmか」と発問した。生徒からは「6cm」との発言があり，全員に確認後，「正方形の面積が$50\,\mathrm{cm}^2$ならどうか」と発問した。「$\sqrt{50}$ cm」，「$5\sqrt{2}$ cm」との発言があり，「これらのことから正方形の面積がわかれば，そ

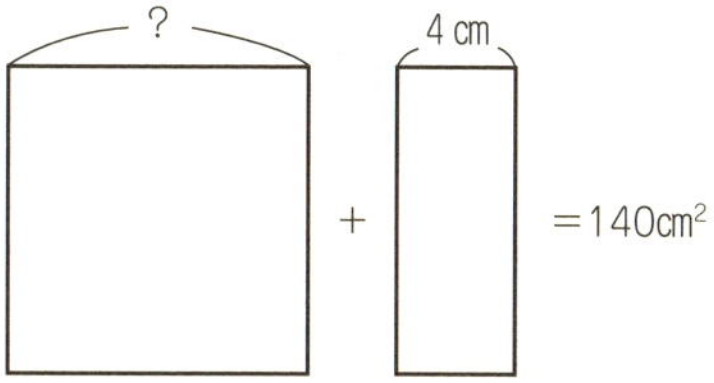

図4-5　正方形の辺長を求める

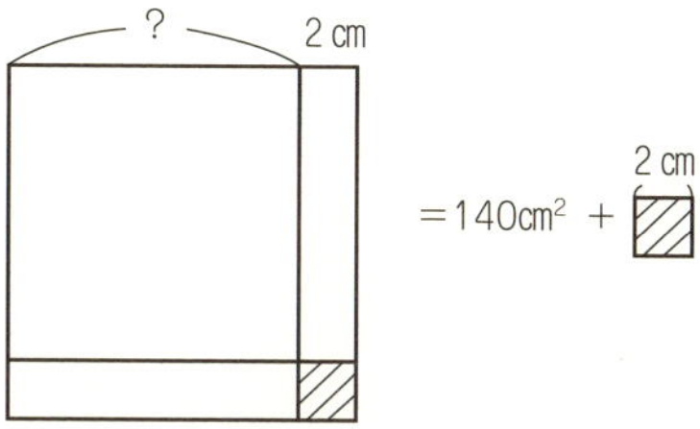

図4-6　面積図による平方完成

の1辺の長さがわかる」とまとめた。

ついで，B4用紙から正方形を切り取った残りの長方形も同時に示し，「正方形と長方形を合わせた面積が140 cm² のとき，正方形の1辺の長さ」を問い，「長方形の短辺の長さは4cm だ」と付け加えた（図4-5；このように長さを設定したのは，B4用紙の2辺の比がおおよそ1：1.4だからである）。多くの生徒が方程式を立て始めたので，「小学校6年生にもわかる方法を考えてほしい」と発言した。生徒からは「長方形の4cm のところを4つ折りにし物差しにして測る」「直観でわかる」などの発言があったが，それらに対しては「わかりやすいように4 cm や140 cm² としている，数値が変わっても使える方法を考えてほしい」と対応した。活動に必要な時間を十分とった後，発言を求めると，図4-6に示した面積図による平方完成が発表されたのである。

この教材に対する生徒の反応は，中学生も高校生もほぼ同じであったことは大変興味深かった。その後，正方形の1辺の長さを x cm とし，平方完成の過程を式で表すようにした。また，正方形の「枚数」が a 枚の場合などを考えることから，解の公式を導き出していった。この事例のB4用紙を用いての平方完成は，数学が得意かどうかにかかわらず，全員がいわば同一のスタートラインに立って取り組むという意味においても興味深いものである。代数的表現の具体化もまた，記号を用いることに関連した教材研究の重要な観点である。

2．無限との出会い

（1）数学史の観点から

無限概念に関するトピックスというと，エレア派のゼノンが唱えたという「アキレスと亀」や，「自然数全体の個数とその真部分集合である非負の偶数全体の個数は等しい」などが思い出される。このようなパラドックスの故か，古代ギリシャの数学では無限概念は避けるべきものと考えられ積極的な考察の対象とはならなかった。但し，「エウレカ（見つけた）！」の言葉で知られるアルキメデス（Archimedes）は，放物線と直線によって囲まれた部分の面積などを考察する際に発見法として無限小の概念を用いていた（佐藤，1990）。

微積分学が創始されたのは17世紀後半のアイザック・ニュートン（Newton, Isaac），ゴットフリート・ライプニッツ（Leibniz, Gottfried W.）によってであり，19世紀後半になってゲオルク・カントール（Cantor, Georg）によって無限集合の濃度などの概念が作りだされた。長い年月を経て，「無限」は数学の表舞台に登場するとともに数学の重要な基礎となっていった。「数学は無限の科学である」といわれるゆえんである。

小学校算数では，「無限」が考察の直接の対象となることはない。しかし，自然数の系列は無限に続くことや，1÷3の計算にみられる循環小数，円の面積を考える背景には無限概念が潜んでいることなど，小学校算数の中にも「無限」を垣間見ることができる。

（2）事　例：「0.999…＝1」か？

「平方根」の学習を終えた中学校3年生を対象とし，「『0.999…＝1』か？」を取り上げた事例を紹介しよう。先ず「0.2727…」を板書し，これを分数で表す方法を考えることが今日の課題であると説明した。その上で，$x=0.2727\cdots$とおき$100x-x$を計算することから，$0.2727\cdots=\frac{3}{11}$が得られることを生徒との問答から引き出した。その後，「分数に直す練習問題」として，(1)

$x=0.333\cdots$ を示した。これについては「$100x-x$」と「$10x-x$」の両方の計算方法を発表させ，どちらも $x=\frac{1}{3}$ となること，「$10x-x$」の方が簡単であることを確認した。ついで，(2) $x=0.666\cdots$ を取り上げた。これに対しては全員が「$10x-x$」を計算した。さらに「もう一つ練習」として，(3) $x=0.999\cdots$ はどうかと尋ねた。生徒達は計算を始めたが，少しして教室内に「あっ」という声が上がった。どうしたのかと尋ねると，「これはおかしい」「0.999…は1より小さいのだから，イコールにはならない」などの声が返ってきた。

生徒が意見を出しあう中で，$\frac{1}{3}=0.333\cdots$「の両辺に3をかけたら $1=0.999\cdots$ になる」，「(1)や(2)を分数に直した結果は正しいから，計算方法も正しいはずだ。だから(3)も正しい」，「もし $0.999\cdots<1$ なら，$1-(0.999\cdots)$ はいくらか，差があったとしても，それを越えて『999…』を延ばしていくことができる」といった発言がなされた――。

本事例は，「あっという声が上がるような結果」をめぐって生徒が討論を行うことを目指したものであった。但し，それを通して「$0.999\cdots=1$ である」などの結論を得ることを目標としたものではなく，見慣れた数字の中にも興味深い「数学」が隠されているなどに気づくことを目指したものであった。この問題については，「$0.999\cdots<1$ なら，その差はいくらか，両辺の『数』の『まん中の数』は何か」などの具体物によらない論理的思考に基づく問いが重要になる。生徒から，「『0.999…』の『…』とは何か」といった問いが出されるかもしれない。このような問いを取り出す素材としても，本素材は興味深い。

3．数学的帰納法

（1）数学史の観点から

数学的帰納法を明確かつ有効に使った最初の人は，17世紀に活躍したブレーズ・パスカル（Pascal, Blaise）である（中村，1981）。また19世紀から20世紀初頭にかけて活躍した数学者アンリ・ポアンカレ（Poincare, Henri）は，数学的帰納法を「有限から無限に渡りをつける道具」とし，それによる判断を明白なものとして受け入れることは，「一つの作用が一度可能だと認められさえすれば，その作用を際限なく繰り返して考えることができると信ずる理知の能力を肯定することにほかならないからである」と述べている（ポアンカレ，1989：35）。数学的帰納法もまた，無限に関連する数学独自の思考方法である。

（２）事　例：「ハノイの塔」

「ハノイの塔」は，数学ゲームとしてよく知られている。これは，台に垂直に立てられた３本の棒の１本に，中央に穴のあいた何枚かの円盤が半径が大きいものから小さいものへと順にさしてあり，(a)１回の移動で１枚の円盤しか動かせない，(b)半径の小さな円盤の上に大きな円盤をのせてはいけない，の条件に従って円盤を他の棒に移動させるとき，最小の移動回数を考えようというものである。授業では，「円盤の数は64枚であり，それらを全て移しかえたとき世界は滅亡するといわれている。１枚の円盤を移すのに１秒かかるとして，世界が滅亡するまでにどれだけの時間があるか」が課題とされることもある。図４−７は，円盤が３枚の場合の移動の様子を表したものである。

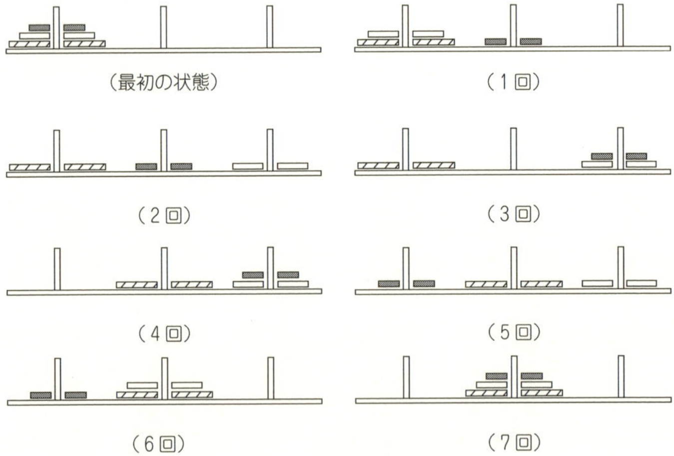

図４−７　ハノイの塔（円盤が３枚の場合）

中学校２年生を対象とした授業では，生徒一人ひとりが色画用紙を円盤状に切り抜き重ねたものを用いて円盤を移しかえ，その結果を表にまとめた（表４－４）。

表４－４　円盤の枚数と移動に要する回数

円盤の枚数（n）	1	2	3	4	･･･
回　数　（a_n）	1	3	7	15	･･･

また表をもとに，円盤の枚数を n，そのときの移しかえに要する回数の最小値を a_n とするとき，漸化式 $a_{n+1}=2a_n+1$ や一般項 $a_n=2^n-1$ に相当する関係を帰納的に見出していった。

この素材は，中学校数学だけでなく小学校算数や高校数学の素材としても用いられることがある。それは，教具を用いた活動をもとに展開できること，表から規則性を帰納することがそれほど困難ではないこと，移動の方法を振り返ってみることから漸化式 $a_{n+1}=2a_n+1$ の成り立つ理由が読み取れること，$n=64$ を扱った場合の結果の意外性などによる。特に高校数学では，表４－４から帰納された関係式 $a_n=2^n-1$ を数学的帰納法を用いて証明するなど，本素材をもとにした数学的帰納法の授業が構想される。

本事例では，図４－７に示した操作を振り返ってみることによって，小学生であっても漸化式 $a_{n+1}=2a_n+1$ が成り立つ理由を説明できることは重要である。円盤が何枚であっても同じ関係式が成立することを認めることも，ポアンカレのいう「理知」によるものであろう。本事例のように，表から規則性を帰納するだけでなく，規則性が成立する理由を問題場面にそくして考えることができるような素材を開発していきたいものである。

４．おわりに

数学的活動の構造化は，教科としての数学の構造を考える際の重要な要素である。本節では，数学史の観点を交えつつ授業事例を紹介した。その内，無限概念に関連する教材は数学的・論理的思考をもって捉え得るものであり，それを通して生徒の数学的思考や論理的思考の様相を明らかにすることができる。またそれは，生徒の数学的・論理的思考の育成にもつながるものである。さらに，数学史と関連づけて扱うことによって，数学の広がりや文化としての数学を学ぶこともできる。ここに取り上げた事例は，そのような素材のごく一部分である。こういった素材の系統化・構造化もまた，教科としての数学の構造を検討する際の重要な課題である。

生徒が興味をもって活動を展開することができる教材や生徒の数学的・論理的思考をさらに伸張させる教材の開発，それを用いた指導方法の開発が数学教育研究の重要な課題であることは，いつの時代にあっても変わることはない。

第４章　参考文献

小倉金之助・鍋島信太郎（1957）『現代数学教育史』大日本図書.

カジョリ，F.，小倉金之助補訳，（1970）『カジョリ初等数学史（上)』共立出版.

銀林浩（1982）『人間行動からみた数学』明治図書.

クライン，M.，柴田録治監訳（1976）『数学教育現代化の失敗――ジョニーはなぜたし算ができないか』黎明書房.

クーラント，R./H. ロビンズ，森口繁一他訳（1966）『数学とは何か』岩波書店.

佐々木力（2005）『数学史入門――微分積分学の成立』筑摩書房.

佐藤徹訳・解説（1990）『アルキメデス 方法』東海大学出版会.

鈴木孝典（1987）「アラビアの代数学」伊藤俊太郎編著『数学の歴史２　中世の数学』共立出版.

デカルト，R.，原亨吉訳（1973）『幾何学』（『デカルト著作集１』），白水社.

中村幸四郎（1981）『数学史――形成の立場から』共立出版.

中村幸四郎他訳・解説（1996）『ユークリッド原論』 共立出版.

ブルーナー，J. S.，鈴木祥蔵・佐藤三郎訳（1963）『教育の過程』岩波書店.

ブルバキ，N.，村田全・清水達雄・杉浦光夫訳（2006）『ブルバキ 数学史』ちくま学芸文庫.

ピアジェ，J.，滝沢武久・佐々木明訳（1970）『構造主義』白水社クセジュ文庫.

ポアンカレ，H.，河野伊三郎訳（1989）『科学と仮説』岩波文庫.

マホーニィ，M.，佐々木力編訳（1982）『歴史における数学』勁草書房.

マックレーン，S.，彌永昌吉監修，赤尾和男・岡本周一訳（1992）『数学――その形式と機能』森北出版.

文部省（1999）『高等学校学習指導要領解説 数学編・理数編』実教出版.

Lampert, M. (1990) “When the problem is not the question and the solution is not the answer: mathematical knowledge and teaching.” *American Educational Research Journal,* 27 (1).

OECD，国立教育政策研究所監訳（2007）『PISA2006 調査　評価の枠組み』ぎょうせい.

Schoenfeld, A. L. (1985) “Mathematical problem solving” Academic Press.

（長谷川順一）

第5章
数学科の授業構成

本章では，20 世紀後半から生じた情報革命を中心とした社会的変化に応じるために，数学科教師は授業に対する基本的な考え方を変えていく必要があることを指摘した。非常に多くの情報が日々生み出され，さらにその速度が加速されているこの社会は知識基盤社会と呼ばれる。そこでは，情報を多くもつことから，もつ情報の質を高めることへ，その力点が移り変わりつつある。つまり情報を自在に使いこなすためにはその本質を理解し多角的に検討することで，質の高い判断や行動につなげることが求められている。ここでいう情報は，背景でシステム全体を支える技術と表面でグラフィックや計算など表現処理する技術という２つの点で，数学と密接に関わる。このような力点の変化は，日々行われる数学授業の見直しも促している。本章では，それを具体化するために，情報を収集する力，情報を自ら生み出したり処理したりする力，新たな情報形式——動的情報——を読み解く力という意味で，数学科授業における３つの方向性を示した。本書における他の章とも関連させ，新しい授業のあり方や構成について考えられたい。

第1節　授業構成の基礎

――日本の授業のもつ文化性――

1．「授業」の歴史

授業は，それについて考えるといっても日々の営みとなっていて，何から考えればよいのかと立ち止まってしまう。ところが歴史を振り返ってみると，この当然は必ずしもそうではなかった。教育を行う上での時間的な区切りを表すのか？　それとも教師や子どもの居る空間を表すのか？　それとも教育の内容を表すのか？　いずれにせよ，教育活動の中核を荷なうものであることは間違いなさそうである。

江戸時代，江村北海という儒学者によって著された『授業編』においては，「授業」はほとんど子育てと同義に扱われていた。まだ学校教育が導入される以前のことで，自然発生的な働きかけを意味していた。他方で，明治時代に入り，政府は近代的な学校教育制度を導入し，意図的で体系的な働きかけを企図するようになった。当初「授業」は授業時数や授業料という言葉に表れ，後に現在のように特定の時間における意識的な働きかけを表すようになってきた。

この明治期に導入された近代教育における「授業」の最大の特徴は，現在では当然となった「一斉授業」であり，その全体的な構造は「学年制」である。一旦自明化されてしまえば，それがあたかもずっと自然に存在してきたと思えるが，手習いと呼ばれた習字やそろばんのような教育活動と比べれば，近代的な授業には明らかに多くの生徒を体系的に扱おうという意図がうかがえる。

この当時，従来の個別指導から一斉指導への転換は，かつての寺子屋教師を悩ませたであろう。この転換は個の違いに対処する新しい方法を求めることになり，同時に近代的な効率の概念を，無意識の内に持ち込んだともいえるだろう。このような根本的な変化に対応すべく，東京に師範学校が設立され，その教師スコットによる実演を記録した『小学教師必携』（諸葛信澄，1873）や『改正教授術』（若林虎三郎・白井毅，1883）などによって，授業は次第に広まっていった。

明治の中期に入り，近代教育が普及する過程で，均一で良質な教授を確保するために，定型の教授法が求められるようになってきた。いわゆるヘルバルトの流れを汲むラインの五段階教授法（予備―提示―比較―統括―応用）である。それは授業の方法を定型化するものであったがゆえに，教師は比較的容易に取り入れる事ができ，その後の授業の型となっていった。

このような型の完成は，皮肉だがその破局を内包していたのかもしれない。大正期に入って，民主主義的な思潮とともに，教育運動が大きなうねりとなってくると，新しい教育の方法が次々と提案された。その一つとして明石附属小学校訓導であった及川平治が提案した動的教授法がある。それは明治初期の個別指導から一斉授業への変化に匹敵するような変化をもたらす教授理論として登場してきた。一斉教授の枠組みの中で，能力の異なる子どもたちのより積極的な授業への参加を求めるために，班活動（分団）を取り入れた授業のあり方を模索したのである（及川，1972）。

戦後になって，民間教育運動が起こり，各地で盛んに授業のあり方をめぐって授業研究が実施されるようになってきた。後述するが，その頃数学的な考え方が学習指導要領の算数・数学科の目標に取り入れられたことを契機に，授業におけるその実現が進められてきた。課題学習もその発展系であるが，日本的な問題解決型授業が授業研究という方法によって研ぎ澄まされて，共有されていった。

このような歴史を経て，形成されてきた授業は近年の比較研究によって，次のような段階からなるとされる（Stigler & Hiebert, 1999）。

前時の振り返り
本時問題の提示
個別活動による問題づくり
問題に関するグループ活動
要点のまとめ

授業の冒頭で提示された問題が個別解決や班活動による共同解決を通して，

最後にはクラス全員が参加する討議にてより高いレベルの数学に練り上げられていくさまは，日本の数学科授業の特徴的な形式である。このように授業が一貫した形で展開し，ドラマチックに終幕に突き進んでいくさまを，吉田稔（1992：209）は演劇性と表現している。そこには，概念の明確化と一般化という数学教育の本来的な意図に加えて，その意図を際立たせる展開，認識のドラマ性といったものが存在するとしている。

２．新たな授業観が求められる社会的背景

さて100年以上も前に，封建的な社会からの脱皮を目指して導入された近代教育であるが，今また工業社会から情報社会へ移行するにつれて，さらにその取り巻く国際環境が変わるにつれて，教育の根本が大きく変わろうとしている。

まず国際的に見て，物・人・情報の移動が大きくなっている。たとえば，国際貿易協会によれば，輸出入の総額が年々非常な勢いで増加している。また国際観光協会によれば人々による国境をまたいだ移動が1990年代後半より年率４％で増えている。これらは物や人の移動を示しているが，それ以上にコンピュータと情報技術によって支えられて，世界中に張り巡らされた情報網を大量の情報が日々，そして毎秒行き来している。このような社会では，時間や物理的制約はほとんど意味がない。さらに国内でも少子高齢化や低経済成長などが問題の複雑さに拍車をかけている。

少ない労働人口，少ない経済資源で問題解決を図っていくには，これまでの手法のみでは限界がある。これらの社会的変化は，教育に対して従来にも増して高度なことを求めている。つまり，単純に知識や情報を理解し，覚えればよいのではなく，むしろ知識や情報が大量に生産される中で，問題を整理したり傾向を分析したり，時には批判的に読み解きながら，未来を形成していく力が求められるのである。この未来はもちろん現在の延長にあるのだが，同時に上に表現した新たな局面に対応することも必要とされている。

これらは，学び方について学んだり，学ぶ態度を形成したりすることと表現できるだろう。このような学びの変化は，教育活動の中核を占める授業自体の

変容を求めている。明治初期や戦後の混乱期を除き，かつて教師は，自分が教えられたものの中で良質のものをイメージしながら研鑽に努めればよかった。ところが，ここで述べてきたような変容は授業の在り方を根本から揺らし，授業に対する考え方，つまり授業観の変容を求めている。

そのためには授業を固定化したものとして捉えるのではなく，むしろ社会的文化的所産として作り上げられてきた過程を再認識することが重要であろう。つまり明治以来営々と築き上げてきた歴史的演劇的一貫性をもった授業の特性を十分に意識した上で，新しい授業形態を作っていく心構えが求められているのだろう。

3．授業の新たな視点

新しい授業の核を，今回改定された学習指導要領では「数学的活動」という言葉で表現している。ここではその際に注意すべき点を，授業の基本的な3つの要素——学ぶ内容，子ども，教師——のそれぞれについて，求められる変容の内実を見て行きたい。

（1）学ぶ内容

1960年代に世界を席巻した「教育の現代化」の最大の成果は，皮肉な言い方をすれば失敗に終わったこと，といえるかもしれない。計算できない子どもが，失敗の象徴として語られ，「基礎基本へ戻れ」が時代の標語となった。そこでは2つのことが問題となった。90％以上が進学する高校を含めて，そもそもほぼ全員が学ぶべきものは何なのか，さらに何のためにそれを学ぶのか，である。

前者の問い「算数・数学教育において万人が学ぶべきものは何なのか？」に，上記の現代化後の課題が集約されている。だからこそ，数学教育国際会議(ICME) 第5回大会（1984）における「万人のための数学」，第6回大会（1988）における「数学・教育・社会」が設定されたのである。たとえば，ブラジルの街路におけるあめ売りは，「学校で学んでいない数学を用いることができる」

ことを示したし，その街路における数学と「同等の」数学を，教室において教師に提示された時，全く見たこともないという反応を示した。そこでは，学校で学ぶ数学とは異なる数学の存在を指摘するとともに，学校数学の現状に異議を唱えた。このような数学の存在は，後者の問，つまり学校数学の目的を問うている。

世界的動向に対して，この時期の日本では国際調査における成績が一貫して良かったので，全般的には満足しつつ比較的改善の余地がある高次の考え方の育成に努力を傾注してきた。課題学習はそのような産物である。1990年代以降実施されてきた国際調査では，関心・意欲・態度や数学と社会とのつながりに関する意識の低さが問題として取り上げられるようになってきた。その意味で，ようやく日本においても上記の数学教育の内容と目的が切実に捉えられるようになってきた，といえるだろう。

折しも，現実世界と数学世界を橋渡しする力としてOECDの数学的リテラシーは「数学が世界で果たす役割を見つけ，理解し，現在及び将来の個人の生活，職業生活，友人や家族や親族との社会生活，建設的で関心をもった思慮深い市民としての生活において確実な数学的根拠に基づき判断を行い，数学に携わる能力」を規定する。日本でも総合的な学習などで少しずつ，従来の教科の枠組を越えた取り組みがなされているが，今後数学を社会との関係で捉える内容の開発が益々求められている。

（2）子どもの学び方

社会における情報の量的拡大と質的変化に伴い，子どもたちは2つの意味で学び方について学ぶ必要が求められている。前者においては情報量が無尽蔵に増えてしまった社会では，それを全て網羅することは不可能である。したがってむしろどのように調べればよいのか，調べた情報の中から自分にとって有用な情報をどのように取捨選択，加工すればよいのかについて学ぶ必要がある。また後者の情報の質的変化に関しては，さらに難しい。その変化は文字から画像・動画へ，個別の情報から多層に相互に関連付けられた情報へ，身近な情報から世界的な情報へなどの変化である。このような変化に対して，さまざまな種類の情報を扱うのみならず，さまざまな状況を想定した学び方が求められるのである。

さてこれらを，どのように数学科の中で実現して行けばよいのだろうか。それは数学の本質にも関わってくる。数学は，生活の中に見られる活動からある種の規則性を抜き出し，それを記号によって表したものである。したがってその中には，活動を行うことと同時に活動の中にある規則性を見出すことが含まれている。つまり，数学そのものの中に学び方を学ぶ活動――学びの複層性――が凝縮されているといってよい。

また子どもたちがより主体的に取り組めるようにするには，問題が与えられるのを待っているだけではいけないだろう。これまでの授業は，難しい問題を解くことに終始していないだろうか。問題場面からまさに数学が現れてくる過程，そして自ら問題を作成する過程を学びの場面に取り入れていく事が求められている。後述するように数学的な活動において，子どもが主体的に学習に取り組めるように，このような問題つくりの設定が大きな鍵を握っている。

（3）教師のあり方

このような問題場面から数学が現れてくる過程――数学化――を，授業で取り上げるときに，教師の役割はどこにあるのだろうか。良質の題材選択が第一である。子どもたちの環境，能力，興味や関心などに合わせ，同時に数学的な意味をしっかりとこめて，題材を選ぶ必要がある。第二に，子どもたちの主体的な学びを確保するために，予め用意された一方的な授業ではなく，子どもたちの考えの展開に応じて，その学習の軌道に応じて常に調整する教師のあり方が求められる。つまり子どもたちの意見を聞きながら，時には深くうなずいたり，時には反論したり，他の子どもの意見を促して，より深い思考をすることができるように，促進する役割（Facilitation）である。

その関わりは過多であっても，過少であってもいけない。そのためには教師はいつも代替の軌道を一方で想定しながら，絶妙な調整を行っていく必要がある。その調整は，先に挙げた学ぶ内容と生徒の経験や理解との間を行き来することを意味する。そこで，生徒の主体的な学習を生起させることができるのか，教師自身が問い直す必要があるだろう。

第２節　数学的活動を生かした授業づくり

１．授業における数学的活動の意義

ここからは，具体的な授業づくりについて検討したい。今回改訂された中学校および高等学校の学習指導要領は，前回の改訂と比較して，数学的活動の重要性が強調されたものとなっている。とりわけ，中学校の指導要領においては，より踏み込んで数学的活動が学習内容化された。ここでは，数学的活動を生かした授業はいかにあるべきかということと，そのような授業をどのように構成するのかという視点から解説する。

教師が，１時間の授業あるいは１つの単元の授業を構成する視点は，その授業や単元の中で生徒に何を理解させたいのか，どのような方法で理解を深めるのかということにおかれる。これは学習指導案でいう単元目標に該当し，授業を構成するにあたって単元目標や授業目標をたてることは不可欠である。目標がなければ評価もありえない。生徒が理解を深めるにあたっては「数学的活動」が重要な位置を占める。それは，生徒が１つの単元内容に取り組むにあたり，個別の具体的な題材を用いた数学的活動のなかで考えることを通して一般化・抽象化をし，数学的関係や構造を明らかにしていくことが，生徒の数学的理解を深めていく過程として最も自然だと考えるからである。しかし，その個別で具体的な数学的対象から一般的・抽象的数学的内容の理解への道筋は決して直線的ではない。行きつ戻りつしながら，既習の数学的知識や数学的方法を振り返ることを通して，より深い数学的理解を得ていくことが大切である。

教師にとって重要なことは，そのような授業をどのように構成するのかということであろう。その基本は，授業とは単なる知識伝達の場ではなく，考えるのは生徒であるというごく当たり前のことである。教科書に書かれていること

はすでに整理されているのに対して，生徒の思考は必ずしもそうではない。授業の場では必要に応じて試行錯誤をさせながら目標に到達することもありうる。つまり具体的な数値や図形の操作・活動から帰納的に考えることを通して一般的な定理や公式に到達する場合である。目標到達に向けた道標をどのようにつくるのかを考慮に入れて，授業構成上の基本事項に触れる。

２．学習指導案への具体化

（1）授業事例

ここでは，中学校３年生における三平方の定理の導入の授業を例として取り上げる。

教科書（岡本ほか，2005 検定）における記述はまず，図５－１(ア)のようないくつかの具体的な図を用いて３つの正方形の面積Ｐ，Ｑ，Ｒを求めさせて表をつくり，そのことを通してＰ＋Ｑ＝Ｒを予想させる。その後，より一般的な図５－１(イ)のような直角をはさむ辺の長さが a，b で斜辺が c の直角三角形の図を用いて三平方の定理を証明する。

まずいくつかの具体的な図形を観察し，補助線（格子線）を利用し面積の関係を調べるという活動を行い，次に，一般化された図形について考察を行うことにより証明に至ることを意図した記述である。

数学的活動を生かした授業における教師の役割は，生徒が取り組む具体的な個々の図形の先には数学的表現によって表される一般的な法則性があることを理解させ，生徒がその法則性を明確に把握するための道すじをつくることである。

（2）授業内容の展開

授業をいくつかの部分に分けて考えると，その展開は次のようになろう。

ここで，生徒が格子線を利用して正方形の面積を求めることができることは，授業の前提とする。

① 生徒は，図のような格子線の中におかれたいくつかの具体的な図において，

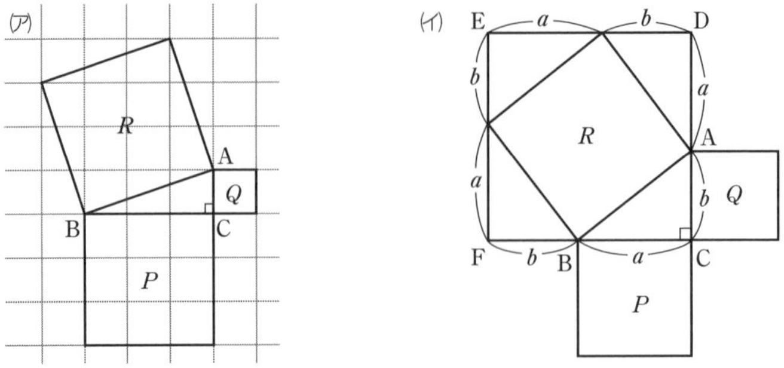

図５−１　三平方の定理

（岡本ほか，2005検定）

３つの正方形の面積 P，Q，R を調べる。

② いくつかの直角三角形についてその関係を調べるうちに，しだいに P＋Q＝R の関係を予想し，いくつかの直角三角形において P＋Q＝R が成り立つことをみることにより，その関係を確信する。

③ これらの数学的活動をふまえて，生徒たちは一般化された直角三角形の考察を行い，三平方の定理の証明に至る。

（３）生徒の理解過程の予想に基づく授業構成の考え方

これは生徒がこのようにして三平方の定理の理解を深めるだろうと教師が予測する流れである。しかし生徒の理解は①から③に向けてまっすぐに進行するとは限らない。数学授業において「理解は直線的ではなく再帰的現象であり，再帰は思考が知識水準間を移行するときにみられる」（Pirie & Kieren, 1989）ことは，日常的といってよい。特にこの単元における授業設計上の中心は，「P＋Q＝R の関係を確信すること」からいかに「三平方の定理を証明すること」につなげられるかにおかれる。それは，生徒が具体的な図形における数学的活動を考察し直し，証明につなげていく過程である。教科書にはそのことを前提とした記述がなされているが，その意図を読み取れるかどうかが授業設計において重要であり，教師の「力量」とされる。「P＋Q＝R の関係を確信すること」と「三平方の定理を証明すること」を単純につなげようとすると，具体的に数値が与えられた直角三角形での活動と定理の証明が分離し，生徒が証明の方法を見つけるのではなく，教師がその方法を提示するような授業となってしまう。それを避けるためには，一度具体的な図形に立ち戻り，その中に一般的図形にも適用できる性質があることを反省的に捉えるという思考が重要となる。このような思考方法は「折り返し（fold back）」と呼ばれ，生徒が数学的理解を深める過程でしばしば生じる。折り返しをうながすような発問を通じて，個別の具体的な直角三角形から始め，一般的な直角三角形における三平方の定理を理解することができるような授業を，教師は構成すべきであろう。

（4）発問の意義と方法

生徒が数学的活動において折り返すためには，「P＋Q＝Rの関係が成り立つこと」が一般的にいえることなのかという自問が必要である。しかしながら，自問するためには類似の経験の蓄積が必要であり，いつも生徒がそのようにできるというものではない。したがって，この折り返しを生じさせるためには，教師の発問のありようが大切になってくる。「一般的にはどうなるだろうか？」という発問によって一般化に目を向けさせることができる。また，生徒にとって「P＋Q＝Rの関係を確信すること」と「三平方の定理を証明すること」はすぐには結びつきにくい。生徒が証明で行き詰ったとき，「具体的な図形のときはどのようにして考えた？」といった折り返しをうながすような発問が考えられる。

第３節　数学的活動を生かした授業の事例

数学的活動を取り入れた授業の基本的事項を述べたが，その活動はどのようなものでもよいわけでは無い。ここでは数学的活動を取り入れていくための具体的なヒントとなる授業事例を取り上げたい。本章では特に知識基盤社会に生きる力として，情報を収集する力，情報を自ら生み出したり処理したりする力，新たな情報形式を読み解く力に注目し，それぞれ「社会・文化と数学のつなげる力」「問題作成・解決活動を通した問題を深く見る力」「数学的な現象を動的に見る力」という３つを取り上げる。

１．社会と数学のつながりを目指した授業

（１）数学化サイクル

さて第１節でも述べたが，OECDではこの情報社会で生きていくための力として，数学的リテラシーの概念を導入し，現実の世界に起きる社会的な事象を数学の世界に翻案し，数学的解決を図った後で，また現実の世界へ戻して解釈していく力を総合的に指して，そのように呼んだ。この過程は数学化サイクルと呼ばれ（図５-２），次のような段階からなる（OECD，2004：29）。

⑴ 現実に位置付けられた問題から開始すること。

⑵ 数学的概念に即して問題を構成し，関連する数学を特定すること

⑶ 仮説の設定，一般化，定式化などのプロセスを通じて，次第に現実を整理すること。それにより，状況の数学的特徴を高め，現実世界の問題をその状況を忠実に表現する数学の問題へと変化することができる。

⑷ 数学の問題を解く。

⑸ 数学的な解答を現実の状況に照らして解釈すること。これには解答に含まれる限界を明らかにすることも含む。

この過程についてもう少し説明したい。私たちの社会には多くの問題があふれており，そのまま授業に持ち込んだのでは数学の授業にはなりえない。だからといって，従来のように数学の問題として出来上がったものを取り上げるだけでは，現実世界の問題に働きかけていく力の育成には十分でない。そこで，後述するが数学的な要素を内包した状況の設定が重要になってくる。

たとえば，OECD調査では次のような問題が取り上げられる（図５-３）。この事例にみられるように，現実的な状況を設定することで，現実の問題がもつ雑多性の中から数学的要素を抜き出してくる，もしくは数学を作り上げる経験が与えられる（数学化サイクル⑴，⑵，⑶）。時には非数学的要素や条件に混乱することも有用な経験となるであろう。

次は，数学的問題を解く段階である（数学化サイクル⑷）。これまでの数学

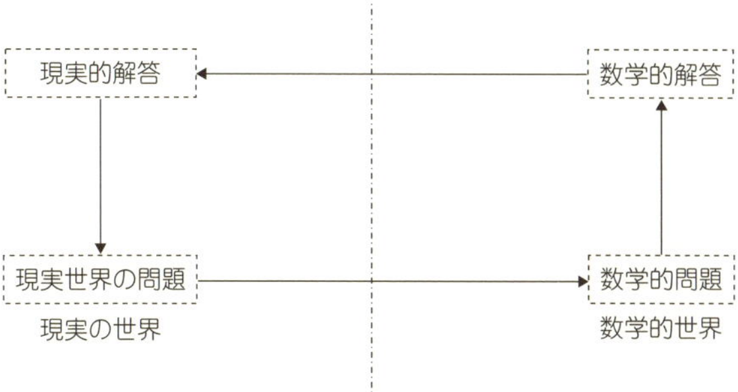

図5-2　数学化サイクル

〈ゴミに関する問題〉
環境に関する宿題として，生徒たちは，人々が捨てたゴミの分解時間について，種類ごとに情報を集めました。
ある生徒は，この結果を棒グラフで表わすことにしました。
これらのデータを表すのに棒グラフが適していない理由を一つ挙げてください。

ゴミの種類	分解時間
バナナの皮	1～3年
オレンジの皮	1～3年
ダンボール箱	0.5年
チューインガム	20～25年
新聞	数日
ポリスチレンのコップ	100年以上

図5-3　OECD 調査の公開問題(1)

授業の中で築き上げてきた蓄積が活用できる段階でもある。むしろ，多くの数学授業はこの段階に集中しすぎていたともいえる。それに対して，新しい授業では，さらに数学的な問題解決を現実の世界に戻す（数学化サイクル(5)）ことが続く。そのためには数学的問題を解く時に，生徒同士での数学的コミュニケーションを活発にし，多様な解き方を積極的に求め，そのことが現実の世界へ戻していく時の代替的な道筋を用意することにもつながる。たとえば上の例で，数日と100年以上とを一緒にグラフの中に表すことの意味を考えて，それを妥当でないと判断する場合もあれば，対数グラフにつながる萌芽的な考えが出る場合もあるかもしれない。

この事例に見られるように，社会の中から情報を収集する力は，数学的解を導き出すだけでなく，その根源的な意味について問い直すことを必要としている。そのことがより深い問いを生む可能性を秘めている。つまり，最後の段階では，現実世界の中での検証からさらなる問題を生み，そのことは一つのサイクルの完成とともに，次のサイクルの始まりをも意味する。

（２）数学的な要素を内包した状況

上述したように，生徒が数学的要素を抜き出してくるための力を形成するには，現実的状況の設定が非常に重要である。そこでは，現実の社会がもつさまざまな場面を網羅するために，私的，教育的/職業的，公共的，科学的という４つの状況が設定されている（OECD，2004：24)。スケートボードやインターネットなどの身近な私的状況に始まり，花壇やテストなどやや恣意的な教育的状況，トッピング選びなど職業や余暇に関連する職業的状況，為替レート，盗難など社会の中で見聞きする公共的状況，ごみや地震などの科学的状況に分かれている。重要なことは，全てが生徒に何らかの影響を与えていることと，上に述べた順で疎遠に，言い換えれば社会に幅広く関わるようになることである。この距離感は個人によっても感じ方が異なるであろう。

子どもの成長に積極的に関与し，ついには社会に旅立っていく準備を担うものとして，学校数学はこのようにさまざまな状況に応じる必要がある。たとえば，公共的状況に分類された次のような問題がある（図５-４）。自動車の年間優秀賞という題材は，直接経験していないかもしれないが，誰もがテレビ，新聞で見聞するような種類のものである。そこでは「点数化することで，公平に順位を決める」ことが問題にされ，私的，教育的状況の中で順位を決めた経験を想起するかもしれない。そのときの感情ややり取りは数学的な解決と深く関係したり，時には対峙したりしている。

数学を数学の世界の中だけで解くことは，ある意味では単純でわかりやすい。しかしそれだけでは，社会的道具としての数学をより良く使う能力の形成には

〈ベストカー〉
ある自動車雑誌では，ある採点評価システムを使って新型車を評価し，その総得点で一番点数が高かった車に「カーオブザイヤー」の賞を与えています。５種類の新型車を評価し，その点数を表にまとめました。

自動車	安全性 (S)	燃料効率 (F)	外観 (E)	内装 (T)
Ca	3	1	2	3
M2	2	2	2	2
Sp	3	1	3	2
N1	1	3	3	3
KK	3	2	3	2

評点の目安は以下のようになっています。

３点＝たいへんよい
２点＝よい
１点＝まあまあ

問１
各車の総得点を計算する際，この自動車雑誌では以下のようなルールを使って，特定の評価項目に重みをつけています。

合計＝(3×S)＋F＋E＋T

自動車「Ca」の総得点を計算し，あなたの答えを下の空欄に記入してください。

図５－４　OECD 調査の公開問題(2)

至らないであろう。この問題には続きがあって，問２として新しいルールを作ることを求めている。つまり，与えられた配点方法とは異なる計算式を生み出す中で，自分たちのもつ社会経験と照合したり考えを深めたりする機会が与えられている。

２．問題作成・解決活動を取り入れた授業

（１）問題作成

通常，生徒たちにとって数学授業の問題は教師から与えられるものである。少なくとも大多数の生徒はそのように考えている。したがって学習の第一歩において，待ちの姿勢が見られてしまう。もちろん，生徒に一方的に任せるというのは無責任であるし，また任された生徒もせいぜい少し変わった問題集や読み物を引っ張ってくることになってしまうだろう。ここでは授業の根底にある常識に対して，発想の転換，つまり生徒が問題をつくることを提案する。

歴史を見れば，興味深いことにこのような問題つくりの取り組みはすでに行われてきた。大正期には作問指導の名のもとに，戦後にはオープンエンドアプローチの発展形として行われていた。前者は奈良師範学校訓導の清水甚吾による取り組みである（植田，2004）。清水の狙った問題つくりは，当時の状況を反映して，生徒に自らの置かれている状況を客観的に見つめ，それを通して数理的にとらえる力を育てることを目的としていた。その後この方向での展開が十分に見られぬうちに，戦争に突入した。

次に後者の取り組みについて述べたい。戦後，生活単元学習の批判を受けて，数学的な内容や過程の充実を目論んで，学習指導要領の目標に，「数学的な考え方」が初めて取り上げられた。その具体化や成果を評価する目的で始められたのが，オープンエンドアプローチである。その後，評価から指導へと重点を移していったものの，多くの賛同を得て，日本型問題解決学習の基礎をなしていった。その取り組みは世界的に評価されているが，他方で，問題設定の難しさが克服すべき課題として残った。そこから生徒による問題作りが展開されたのである（竹内，澤田 1984）。

問題つくりといっても，もちろん手がかりが全くないところからスタートするわけではない。与えられた数学の問題を基にしながら，体系的にその変化形を作っていくという取り組みである。最初の問題は特別なものである必要はなく，教科書に見られる問題でよい。そして，「はじめの問題と似た新しい問題

をいろいろ作りなさい」と問うことによって，与えられた問題（原問題）の派生形が作られていく。当初「似た」という表現に戸惑いを感じる子どもも居るが，なれるにしたがって，色々な種類の問題を作ることができるようになってくる。

（２）発展的なものの見方と関心・意欲・態度の統合的育成

さて，問題つくりにはどのような意義があるのだろうか。その基本にあるのは，問題を与えられる存在から問題を作る存在へという生徒の役割の転換である。この転換は小さな，しかし重大なものであり，冒頭で述べた授業観の変容に対応するものである。

これまでは教科書や問題集にある問題を解くことで学習を進めていた。それはときには発展的な考えを含むものであったかもしれないが，解くことで学習は一応完結していた。ところが問題つくりでは，このような形での終わりはない。問題は限りなくつくることができるし，その内一問を解いたとしても，さらに多くの問題をつくることができる。それは果てしなく思えるし，事実かなり骨の折れる作業である。ただし進めていくうちに，幾つかの問題の間にこれまで見えなかった関係が見えたり，より深い構造について考察したりすることにつながっていく。このように問題作りを取り入れることは，生徒により継続的，自発的そして深い問題解決の態度が期待されるのである。

問題作成の意義についてまとめる。第一に，教師が設定する授業目標に関してである。問題をつくるためには一定の数学的道具が必要であるが，使わない道具をたくさん持つよりも，少数の道具でより多くの場面に対応することを求めようとしている。

次に，問題つくりは数学的な本質にかかわっている。上でも見てきたように，問題つくりは標準的な題材に新しい光を当てることで，より深く理解することを可能にするからである。多くの場面に対応する少ない道具というのは，まさに抽象化された記号の本質に関わっており，そのことを学び使えるようにすることこそが数学教育の本質である。

最後に，このような高尚なことはともすれば理想的な話で終始してしまうが，ここでは問題をつくるという具体的な作業を通して，実現可能性を提示している。もちろんカリキュラムや授業時数という現実的制約を考慮に入れることは不可欠であるが，そうであっても具体的な方向性が見えることによって，尽力すべき点が明瞭になる。

そこで具体例を挙げて，この問題つくりを説明する。

上にも述べたように，この問題つくりはオープンエンドアプローチの課題を受けて考案されたものである。最初に取り上げられる問題は幾何の内角の和であっても，代数の文章題であっても構わない。原問題がどのような条件から成立しているのか，その何を変えて，何を変えないのかについて，最初は無意識であるが，いろいろな問題が出てきた後に，クラス全員でそれらを分類したり，取り組むべき問題を決めたりする内に，徐々に意識的になっていく。

たとえば次の問題を考えよう。

ノート４冊とえんぴつ３本の代金は750円，ノート２冊とえんぴつ３本の代金は450円である。ノート１冊の値段はいくらだろうか。

ノートやえんぴつという題材，冊数や本数，代金が変数となり得る。これらを変化させながらいろいろな問題をつくることは比較的たやすい。たとえば，ノートやえんぴつをチョコレートと飴に，冊数や本数を10個と２個に，代金を重さになどとすればいくらでも問題をつくることはできる。このようにいろいろと問題をつくってみると見かけ上の変化に関わらず，これらの問題は同じ種類のものであることが容易にわかるだろう。さらには量の関係に注目すれば，この問題は２つの乗物ＡとＢの速さを求める問題，２つの蛇口で水を入れる問題などいろいろな問題と同型になり得る。与えられた問題を解くだけではわからなかったが，問題をつくる経験をもつことによってそれらの構造に目が向くようになってくる。

また，数字を変える際に，いい加減な数値を代入すると，適当な答えが見つからないことがわかるだろう。たとえば「チョコレート10個と飴２個の重さは500g，チョコレート７個と飴５個の重さは370gである。チョコレートの重さはいくらだろうか。」と問題を換えてみると，チョコレートは48.8…

(440/9) g，飴は 5.5…(50/9) g となる。この答えはきれいな数字ではないものの，とりあえず許容できる。ところが上の値を 370 g と 290 g に変えてみると，連立方程式の解は $\frac{160}{3}$ と $-\frac{50}{3}$ となり，この問題に適する解答はないことになる。このように代数的に解は求めることができるが，現実にはあり得ない場合も起きる。

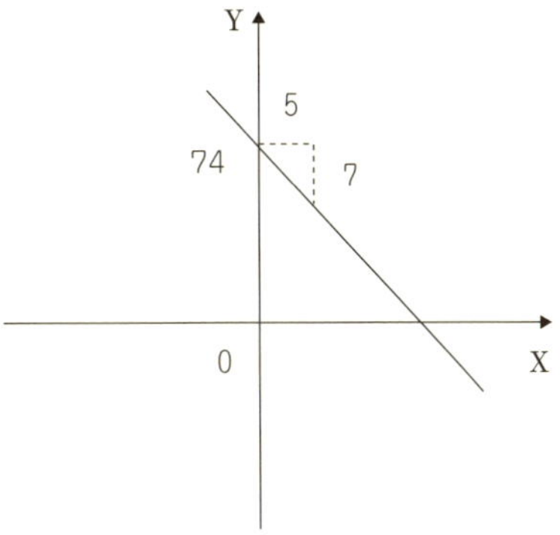

図 5－5　チョコレートと飴の重さ関係

さらにチョコレートと飴の重さをそれぞれ X g と Y g にすると，与えられた関係は $10X+2Y=500$ と $7X+5Y=370$ なり，これを解けば $Y=-5X+250$，$Y=(-7/5)X+74$ となる。後者の式は Y 切片が 74 で X の値が 5 ずつ増えれば，Y の値は 7 ずつ減ることを示している。これは一次関数で，X，Y ともに自然数の値をとる場合というのは限られていることがわかる。

このように問題つくりはどんどんと可能性を広げていくことができる。

3．動的な捉え方の育成を目指した授業

（1）授業におけるコンピュータ利用の意義

多くの情報が氾濫する現在，数学の手法を用いてさまざまな事象を的確に捉える力がますます必要とされる。今回の学習指導要領においても前回と同様に次のような記述が見られる。

> 各教科の指導に当たっては，必要に応じて，コンピュータや情報通信ネットワークなどを適切に活用し，学習の効果を高めるようにすること。
>
> （文部科学省，2009：45）

ここではコンピュータを用いた学習効果について考える。コンピュータに限らず，授業において用いられるさまざまな教材や教具にはそれぞれ特徴がある。その使い方を誤ると授業の意図は達成できない。数学授業においてコンピュー

タを用いることが有効であるのはどのような場面であろうか，また，コンピュータを用いることにより数学の授業はどのような可能性をもちうるのだろうか。コンピュータは大量データの高速処理および精細なグラフィック機能をその特性としてもつ。数学授業においてコンピュータを用いることにより，図形の動的な把握やグラフの条件を変更しながらの表示すなわちシミュレーション機能を扱うことが容易になってきた。条件を設定し瞬時に個別の具体的な図形をえがきだすことができる。これらは，従来の紙・板書や教具による方法では時間や手間を要してなかなかうまくいかなかった部分でありコンピュータの機能が最大限生かされる場面である。ここではコンピュータ利用法の細かな分類はさけて，授業において有効であると考えられる例をいくつか挙げる。

（２）数学の授業における教具としての利用例

高等学校の教材の中には図形の軌跡や微分係数の導入のように動くものを捉える見方を生徒に要求するものが多い。また，動きを見せることによって，紙と鉛筆だけでは見つけにくいような発見をもたらすこともできる。ここでは，文字を含む２次関数 $y=x^2+mx+m+3$ をとりあげる（図５-６）。この２次関数が，m の値によってどのように変化するかを考える。m にいくつかの値を代入してこの２次関数のグラフを紙にかくと，生徒はまず定点を通過するグラフ群を見つける。一方で，コンピュータのグラフ表示ソフトを利用してグラフの動きを見せたときは，頂点がある放物線上を動いていることに気づく生徒が多い。これはどちらの方法がより優っているということではなく，紙という静的な媒体に対するコンピュータ表示の動的な特徴をよく表しているといえよう。

コンピュータ教室などで，ひとり１台コンピュータを利用できる環境ではもっと積極的な活用ができる。次の例は中学校３年生で学習する相似の応用の問題で，四角形の各辺の中点を順次結んでできた四角形は平行四辺形であることの証明問題である（図５-７）。教科書の例題としてもよく取りあげられ，またさまざまな研究や実践（石山・佐々木，1984；中野，1992；清水，1994，2007ほか）もなされている。

教科書では図形の設定を与え，四角形 PQRS が平行四辺形という結論も見

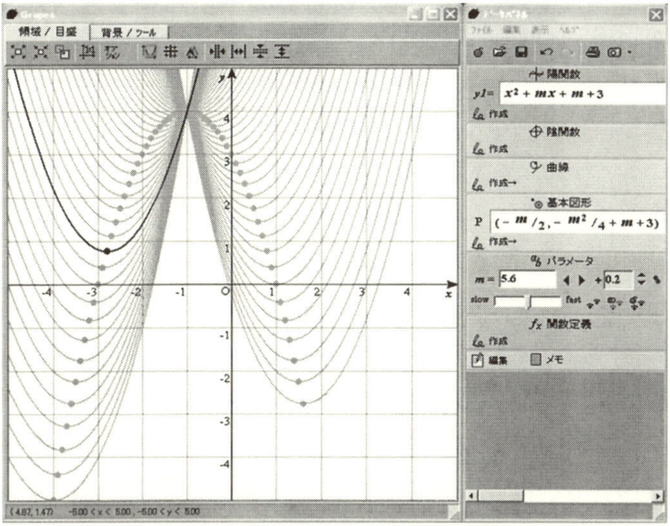

図5-6　コンピュータによるグラフ

図は grapes v6.37，友田勝久による。頂点とグラフの残像を残した。

四角形 ABCD の4辺 AB，BC，CD，DA の中点を，それぞれ，P，Q，R，S とすると，四角形 PQRS は平行四辺形であることを証明しなさい。

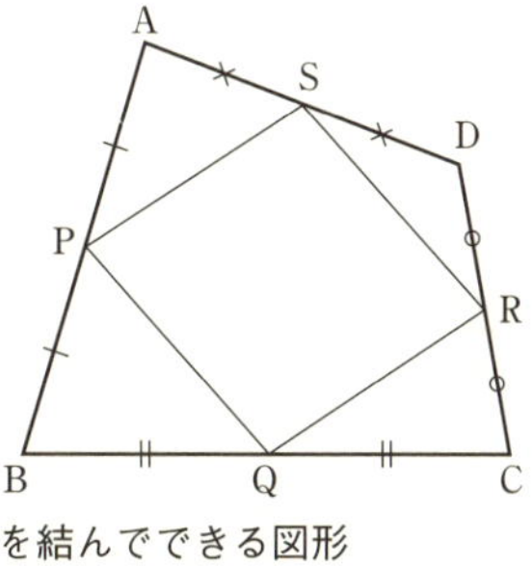

図5-7　四角形の中点を結んでできる図形

（岡本ほか，2005検定）

せた上で証明をさせる。それに対して結論を知らせずに，幾何ソフトを用いて図形を自由に動かすという活動からこの問題を始めると，授業はどのように変わるであろうか。簡単に授業の様子を描写したい。

生徒は ABCD の形をいろいろ動かすことを通して，凹四角形や，四角形にならない場合でも平行四辺形になりそうであること（一般化）を予測する。加えて，ABCD を長方形にすると PQRS はひし形となる（特殊化）ことから，平行四辺形，長方形，ひし形，正方形などを関連付けることもできる（図5-

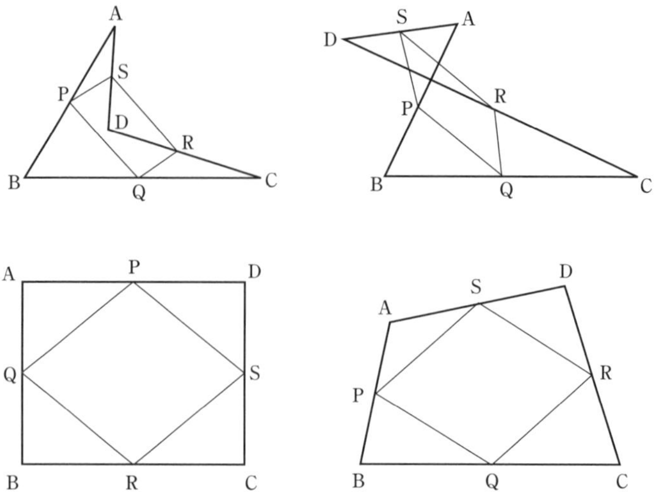

図５－８　四角形の中点を結んでできる図形

8）。これらの活動を通して，生徒は自らそれらの性質に気づくことにより，なぜそうなのだろうかと考えるようになる。自分で気づいた性質について考えようとすることと，平行四辺形であることが与えられて証明することは，学習意欲の上で大きな違いがあろう。

さらに発展させれば，四角形 PQRS がひし形となるような四角形 ABCD の形は長方形であるとは限らない。この図形は作図によってかくことは生徒にとってたいへん難しく，操作活動により生徒が見つけることができるのもコンピュータの良さである。

第４節　学習指導案作成の基本

さて数学的活動を生かした事例を説明してきたが，この章を締めくくるに当たって，それを授業という形――学習指導案――に変換していく上でのヒントになることを記したい。

１．よりよい授業をつくるための心構え

教育実習において，実習生が指導案を書くにあたり，何の工夫もなく教科書の記述をそのまま記入したり，授業において定義・定理・証明を一方的にしゃべったりしてしまうことがよくある。生徒の活動や思考が中心になっているのではなく教師中心になっている。このような授業では生徒が前向きに授業に取り組むことにはならない。その要因はいくつか考えられる。一つの要因は自分が中学校や高等学校で受けた授業の経験から授業はこのようなものだと思いこんでいることがあるかもしれない。非常に狭い体験であるがゆえに種々の方法を想起することがなかなかできない。その他の要因として大学での学問をそのままあてはめてしまうことも考えられる。生徒の発達段階を考えずに過度の厳密さを求めると生徒は理解できなくなってしまう。自分が大学の新入生であったとき大学の数学に対して抱いた違和感を考えてみればわかりやすいのではなかろうか。自己の経験のみに頼らず，広く教材研究，教育理論や背景となる数学の学習を深めることが重要である。

２．授業構成の方法

この節においては授業構成の例として高等学校数学Ⅱにおける「微分法の方程式への応用」の単元をとりあげ，１時間の授業をどのように構成し実施するのかを次の順序で説明する。

① 教材研究　資料収集と教材研究の方法

② 授業構成　数学内容，教育方法，教材観

③ 授業実施　発問計画，板書計画

④ 授業評価　生徒の評価，授業の評価

（1）教材研究

教科書の記述や授業内容の根拠となるものであるから学習指導要領の記述をまず理解しておく必要がある。

> 2　内　容
> (5) 微分・積分の考え
> 　微分・積分の考えについて理解し，それらの有用性を認識するとともに，事象の考察に活用できるようにする。　（文部科学省，2009：40 より一部抜粋）

今回の改訂において，微積分の有用性の認識とともに事象の考察に活用できることが求められていることがわかる。

教科書の内容については，指導する授業内容はいうまでもないことであるが，既習事項および関連する単元，今後の展開について把握するために他学年の学習内容についても見ておくことも大切である。この事例では，全体の流れの中での本時の位置づけを捉えるために，まず微分法の章全体に目を通す。３次方程式の解を３次関数のグラフと x 軸との共有点の x 座標と考え，共有点の個数を調べるために微分法を用いて３次関数のグラフをかくという流れを読み取ることができる。次に関連単元として，数Ⅱの高次方程式の単元を見ると，因数定理や因数分解の公式を用いて３次方程式をより次数の低い方程式に帰着して解を求めるという代数的な方法を学習していることがわかる。また，数学Ⅰの２次関数では，関数のグラフと x 軸の共有点及び方程式の解の関係について既習であることも把握できる。

さらにより深く教材研究をするために，数学的知識が重要なことはいうまでもない。この題材は方程式への解析的アプローチとしてニュートンの近似法につながる。$\sqrt{k}$ の近似解であれば，数学Ⅲにおいて数列の極限の題材として扱うことも可能である。また，数値計算法における代数方程式の逐次二分法も高校数学および教科「情報」の題材として扱いうる。

このように，１時間の授業を取り上げてみても，その授業は単独で成立するものではないことは明らかである。一般的に，教材研究には次のような視点が重要である。

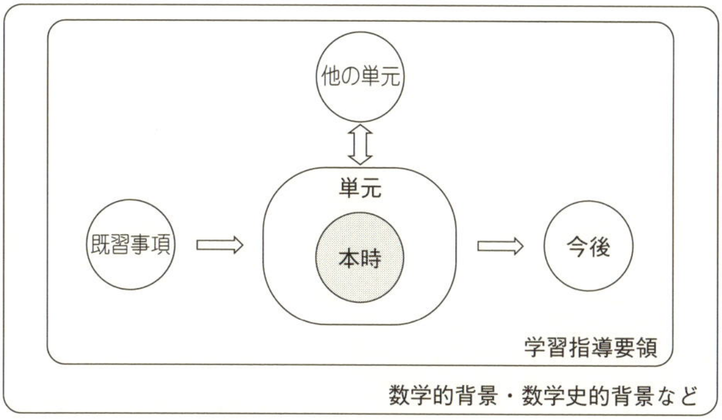

図５－９　教材研究モデル図

・その単元における位置づけを考える。
・既習事項や関連する単元内容を調べる。
・今後の学習へどのように発展するのかを考える。（図５－９）

通常使用するもの以外の教科書と比較してみることも参考になるし，教師用指導書やさまざまな指導案例も何らかのヒントを与えてくれる。最近では教育委員会や出版社等がインターネット上に多くの情報を公開しており，いろいろな事例を検討することもできるであろう。

（２）授業構成

たとえ，１時間の授業といえども，教師のもつ数学内容，教育方法，教材観がすべて問われる。教師はこの単元の目的やおもしろさをどのようにとらえていて，それをいかにして生徒にとらえさせるのかという視点をつねにもたなければならない。そしてこれら全てをもとに授業の目標を設定することになろう。

たとえば先の例においては，次のような目標の設定が考えられる。

〈授業の目標〉

① 高次方程式の解を代数的な方法で求めることができない場合においても，導関数の応用等により，解析的に方程式の実数解に迫ることができることを

理解する。

② 3次関数のグラフと3次方程式の関係を理解し，グラフを用いて方程式の解の範囲や，解の個数を調べることができるようにする。

ここでは導入として，3次方程式の解を求める方法として代数的方法もあることを確認し，その限界と新たなる方法の必要性を認識させた上で，解析的方法である微分法を用いる。その後，この方法の応用として，3次方程式の解の個数について考える。

〈授業展開〉

この授業目標を考慮して，たとえば次のような授業展開が考えられる。

1）方程式 $x^3-3x^2+2=0$ の解を考える。因数定理を用いて代数的に解く。

2）方程式 $x^3-3x^2+1=0$ の解を考える。

3）今までの知識で代数的に解けないことを確認する。

4）この方程式の解に迫る方法がないか考える。

5）x と $f(x)=x^3-3x^2+1$ の対応表から $f(x)=0$ に近い解を探る。

6）上記の結果から $y=f(x)$ のグラフをかくことに気づく。

7）微分法を用いて $y=f(x)$ のグラフをかく。

8）方程式 $x^3-3x^2+1=0$ の実数解のおよその解を考える。

9）方程式 $x^3-3x^2+a=0$ の解の個数を考える。

〈指導案作成の実際〉

以上をもとに指導案（略案）を作成する（図5-10)。

（3）授業実施

指導案（略案）のみで授業ができるわけではない。細案が必要となってくる。とりわけ発問と板書は重要であり，きちんと計画を立てて授業に臨みたい。その実際や留意点について補足したい。

〈発　問〉

発問にはさまざまな意図が込められているが，その中でも重要なものは授業の展開を図るための発問である。それは，生徒に考えさせたい場面において一定の方向付けを促す効果をもたらす。

図5-10　数学科学習指導案

<table>
<tr><td colspan="3">数 学 科 学 習 指 導 案
2年○組　　○○年○月○日（○曜日）第○時限</td><td>指導者
○ ○ ○ ○</td></tr>
<tr><td colspan="2">題目（主題）
微分法の方程式への応用

目標
(1)高次方程式の解を代数的な方法で求めることができない場合においても，導関数の応用により，解析的に方程式の実数解に迫ることができることを理解する。
(2)3次関数のグラフと3次方程式の関係を理解し，グラフを用いて方程式の解の範囲や，解の個数を調べることができるようにする。

指導計画
導関数の応用
接線の方程式……（2時間）
関数値の増加・減少……（6時間）
方程式・不等式への応用……（2時間）
練習問題……（1時間）</td><td colspan="2">本時の評価規準・評価方法
①関心・意欲・態度
数学的活動に積極的に取り組もうとしている。
②数学的な見方・考え方
$y=f(x)$ のグラフと x 軸の共有点の x 座標が方程式の実数解であることを見つけることができ，微分法の手法を用いることができる。
③表現・処理
因数定理を用いて，方程式の解を求めることができる。
微分法を用いてグラフをかくことができる。
④知識・理解
因数定理や微分法の用い方を知っている。</td></tr>
<tr><td>内容・時間</td><td>学習活動・指導過程</td><td>指導上の留意点</td><td>観点・評価</td></tr>
<tr><td>導入
(10分)</td><td>a を定数として，x の3次方程式
$x^3-3x^2+a=0$ ……(1)
を考える。生徒は，$a=2$ のときの，①の方程式を解く。</td><td>因数定理を用いて次数を下げることにより，2次方程式の解の公式を用いて解くことを確認する。</td><td>①②④</td></tr>
<tr><td>展開
(35分)</td><td>$a=1$ のとき，(1)の方程式を解くことを試みる。
式の左辺にいろいろな数を代入することを通して因数定理を用いて解けないことを確認する。
方程式(1)′ の解に迫れないか考える。
上記の結果から関数 $y=f(x)$ のグラフをかくことに気づく。
$y=f(x)$ のグラフと x 軸の共有点の x 座標が方程式の実数解であることを確認する。
導関数を利用して $y=f(x)$ のグラフをかくことを通して，方程式(1)′ の実数解の個数とおよその値を考える。
方程式(1)′ の実数解の近似解を求める。</td><td>$x^3-3x^2+1=0$ ……①′
とおく。
$f(x)=x^3-3x^2+1$ とおき，x と $f(x)$ の対応表をつくる。

必要であれば，2次関数と2次方程式の実数解の関係を想起するように発問する。

区間を細分化することにより実数解の範囲が絞り込めることに気づくように発問する。
誤差が生じることにも留意する。
簡単に扱う。</td><td>①
①

①②③④

①②
①③</td></tr>
<tr><td>まとめ
(5分)</td><td>高次方程式の解を代数的な方法で求めることができない場合においても，導関数の応用を用いてグラフをかくことにより，解析的に方程式の実数解に迫ることができることを確認する。</td><td>近似値を求める方法として二分検索があることにふれる。</td><td></td></tr>
<tr><td>備　考</td><td colspan="3">準備物
教科書，チョーク，定規</td></tr>
</table>

この単元において最大のポイントは，「方程式が代数的に解けない」という行き詰まりをいかに解析的な方法に切り替えるかというところにある。教育実習生がよくする発問は，「どうしたらいいでしょう」といった漠然とした問いか，あるいは「グラフをかいたらいいと思うんですけどどうですか」といった生徒の発言を限定してしまうような問いかの両極端な場合が多い。この間を埋めるような一連の発問を準備しておき，状況に応じて発問をかえていくことで，その後の展開をより円滑にすることができる。

代数的方法で方程式が解けないことの行き詰まりの打開は，前項授業展開４)～７)が対応する。そこでの発問は，因数定理を利用するために作成した x と $f(x)$ の対応表を参照しながら，たとえば

「方程式は解けないけど解に近い x を求める手段はないだろうか」

「数値の組を見てわかることはないだろうか」

「グラフにしたら何か情報を得られないだろうか」

のように，グラフをかくことを生徒から引き出すことを目的として行う。

〈板　書〉

板書は授業の記録であり，それを見るだけで授業が再構成できるようにしておく必要がある。生徒は授業中ずっと集中力を保つことができたり，すべてが理解できたりするとは限らない。ふと教師の発言を聞き漏らしたとき，あるいは自宅でノートを見ながら復習するとき，板書だけで何を行なっているかが読み取れるようにポイントを最後まで残すことが大切である。

また生徒からさまざまな考え方が出てきた場合，考え方の間の関係が見られるように提示の仕方を工夫することが必要である。そしてその関係がさらに新しい考えを生む可能性もあり，板書は考えを触発する側面も有するといえる。

（4）授業評価

生徒への評価は，その単元や授業の目標の達成度に対応する。したがって，指導案における目標の設定は重要である。どの段階で何を評価するのかを明確にしておきたい。たとえば「高次方程式の解を代数的な方法で求めることができない場合においても，導関数の応用により，解析的に方程式の実数解に迫る

ことができることを理解する」ことを授業の目標として挙げるのであれば，教師の発問により「グラフをかくことを生徒から引き出すこと」ができれば，生徒はその目標を達成したことになる。

このような生徒への評価は見方を変えれば，そのまま教師に対する自己評価ともなる。授業の目標は達成できたか，できなかったとすれば授業のどこに問題があったのかという反省は次時の授業に反映されなければならない。

冒頭に述べたように，現在の社会は知識基盤社会と呼ばれ，そこでは情報を多くもつことから，もつ情報の質を高めることへ，その力点が移り変わりつつある。このような社会そして時代において求められる数学授業はどのようなものか，それが本章でのテーマであった。大きく2つのことを念頭に置いて議論してきた。一つは近代教育の原点に立ち戻り歴史的営為として授業を捉えること，そして今一つは社会が求める新しい要請を実際に授業の形に構成することである。

教育をめぐる動きが激しいこのごろであるが，時には本章で掲げた根源的な問題に立ち戻り，日々の実践の中から新しい授業のあり方を考えてみたいものである。

第5章　参考文献

稲垣忠彦・佐藤学（1996）『授業研究入門』岩波書店.

石山弘・佐々木周栄（1984）「発展的な扱いによる授業の展開」竹内芳男・沢田利夫編著『問題から問題へ――問題の発展的な扱いによる算数・数学科の授業改善』東洋館出版，pp. 25-46.

植田敦三（2004）「清水甚吾の『作問中心の算術教育』における算術学習帳の位置」『数学教育学研究』第10巻，pp. 145-156.

及川平治（1972）『分団式動的教育法』明治図書.

岡本和夫ほか（2005）『楽しさひろがる数学3』（文部科学省検定済教科書 中学校数学科用）啓林館.

OECD，国立教育政策研究所監訳（2004）『PISA2003年調査――評価の枠組み（OECD生徒の学習到達度調査（PISA））』ぎょうせい.

島田功・西村圭一（2006）「算数と社会をつなげる力の育成を目指す授業に関する研究――『仮定をおく』『仮説を立てる』『検証する』に焦点を当てて」日本数学教育学会誌『算数教育』第88巻第2号，pp. 2-11.

島田茂編著（1995）『算数・数学科のオープンエンドアプローチ――授業改善への新しい

提案』東洋館出版.
清水浩士（1994）「コンピュータを利用した中点連結定理の応用」『クレセール中学校数学科教育実践講座 第 14 巻コンピュータの活用』ニチブン.
清水浩士（2007）「生徒の数学的理解過程における問題づくり」全国数学教育学会誌『数学教育学研究』第 13 巻，pp. 155-162.
友田勝久 grapes v. 6.37
長崎栄三編著（2001）『算数・数学と社会・文化のつながり――小・中・高校の算数・数学教育の改善を目指して』明治図書出版.
中野敏明（1992）「実践例７ コンピュータを活用して図形の性質を追究する授業」古藤怜ほか著『算数・数学科における Do Math の指導』東洋館出版社，pp. 138-147.
馬場卓也（1998）「民族数学を基盤とする数学教育の展開(2)――批判的数学教育と民族数学の接点より」全国数学教育学会誌『数学教育学研究』第４巻，pp. 29-35.
ブラウン，S. I.，ワルター，M. I.，平林一榮監訳（1990）『いかにして問題をつくるか』東洋館出版社.
三輪辰郎編著（1992）『日本とアメリカの数学的問題解決指導』東洋館出版.
文部科学省（2009）『高等学校学習指導要領』大蔵省印刷局.
吉田稔（1992）「日本の算数・数学の授業についての覚え書き」三輪辰郎編著『日本とアメリカの数学的問題解決指導』東洋館出版.
Pirie, S. & Kieren, T. (1989), “A Recursive Theory of Mathematical Understanding”, *For the Learning of Mathematics* 9(3), pp. 7-11.
Stigler, J. W. & Hiebert, J. *The Teaching Gap : Best Ideas from the World's Teachers for Improving Education in the Classroom, Free Press.*

（馬場卓也・清水浩士）

第6章

中学数学の指導

本章では，平成 20 年告示の中学校学習指導要領によって定められ，平成 21 年度からの移行措置により一部を前倒しで実施，そして平成 24 年度からは全面実施される中学校数学科の教育課程について，従前の教育課程との比較もしながら改訂の留意点を中心に概観し，全般的な目標やねらい，および中学校数学科を構成する 4 領域，数と式，図形，関数，資料の活用のそれぞれについて，指導のポイントを考察する。また，数学的活動の指導についても言及する。

なお，本章の教育課程に関する記述で特に断りのない場合は，平成 20 年告示の中学校学習指導要領による数学科教育課程について述べている。

第1節　中学数学の概観

1．中学校数学科の目標

2008（平成20）年告示の学習指導要領において，中学校数学科の目標は，次のように定められた。

> 数学的活動を通して，数量や図形などに関する基礎的な概念や原理・法則についての理解を深め，数学的な表現や処理の仕方を習得し，事象を数理的に考察し表現する能力を高めるとともに，数学的活動の楽しさや数学のよさを実感し，それらを活用して考えたり判断したりしようとする態度を育てる。

この目標は，教育課程実施状況調査やPISA等の国際的な学力調査の結果，ことがらや場面を数学的に解釈し，自らの考えを数学的に表現したり，数学的な見方や考え方を生かして問題を解決したりするなど，身に付けた知識・技能を活用することに課題があるとされたこと，また，数学の学習が好きであるという生徒の割合が国際的な平均より低いことや，数学を学ぶ意義や有用性，社会の中で数学が果たす役割についての認識を高めることが課題であるとされたことなどを踏まえた中央教育審議会答申* を反映している。中学校数学科の目標にはキーワードがいくつかあるが，とりわけ重要なキーワードは「数学的活動」である。

＊「幼稚園，小学校，中学校，高等学校及び特別支援学校の学習指導要領等の改善について」（平成20年1月）

比較のために，平成10年告示学習指導要領における中学校数学科の目標を次に示しておく。

> 数量，図形などに関する基礎的な概念や原理・法則の理解を深め，数学的な表現や処理の仕方を習得し，事象を数理的に考察する能力を高めるとともに，数学的活動の楽しさ，数学的な見方や考え方のよさを知り，それらを進んで活用する態度を

育てる。

比較すれば明らかなように，平成20年告示の学習指導要領の目標の冒頭には数学的活動という言葉が掲げられ，数学科の中心に据えられている。数学的活動は，平成10年告示の学習指導要領において中学校数学科の目標に加えられたものであるが，今回はその位置づけが一層強化され，前面に出されている。では，数学的活動とはどのような活動であろうか。中学校学習指導要領解説（平成20年9月）によると，数学的活動とは，新たな性質や考え方を見いだそうとしたり，具体的な課題を解決しようとしたりするなど，目的意識をもって主体的に取り組む数学にかかわるさまざまな営みであるとされ，学習指導要領には，各学年に次のように類型が示されている。なお，以下は第1学年の場合で，第2，3学年において異なる部分は（　）で示す。

ア　既習の数学を基にして，数や図形の性質などを見いだす（見いだし，発展させる）活動
イ　日常生活（や社会）で数学を利用する活動
ウ　数学的な表現を用いて，自分なりに（根拠を明らかにし筋道立てて）説明し伝え合う活動

2．中学校数学科の内容構成

平成20年の改訂にあたって，これまでの「A 数と式」「B 図形」「C 数量関係」の3領域構成から「A 数と式」「B 図形」「C 関数」「D 資料の活用」の4領域構成に改められた。これまでは授業時間数が減少の一途をたどって内容も軽減され，平成10年の改訂からは統計的な内容を扱わなくなっていた。今回は第1学年と第3学年で授業時間数増となったことにともなう復活ということだけでなく，現実の世界に直結する不確定な事象を積極的に扱い，数学科の目標に掲げられている数学的活動の充実，とりわけ活用して考えたり判断したりしようとする態度の育成に適している統計的な内容を中学校に再度位置づけ，指導の充実を図ることがねらいと考えられる。

表6-1　各学年の内容一覧

	A 数と式	B 図　形	C 関　数	D 資料の活用
第1学年	*正の数・負の数* *文字を用いた式* *一元一次方程式*	*平面図形* *空間図形*	*比例，反比例*	**資料の散らばりと代表値**
第2学年	文字を用いた式の四則計算 連立二元一次方程式	基本的な平面図形と平行線の性質 図形の合同	一次関数	**確率**
第3学年	*平方根* 式の展開と因数分解 *二次方程式*	*図形の相似* *円周角と中心角* 三平方の定理	*関数* $y=ax^2$	**標本調査**

各学年の内容一覧は表6-1の通りである。

表の太字になっている項目は新規の項目，斜字になっている項目は従前の内容に付加される内容のある項目である。ただし，その中には他の学年から移行されるものも含んでいる。付加される主なものは，第1学年では，数の集合と四則，不等式を用いた表現，比例式，図形の移動，投影図，球の表面積・体積，関数関係の意味，第3学年では，有理数・無理数，二次方程式の解の公式，相似な図形の面積比と体積比，円周角の定理の逆，いろいろな事象と関数である。第1学年と第3学年の内容が増えているのは，両学年の週あたりの授業時間数が3時間から4時間に増加していることに対応している。

ただ，必ずしも単純に内容がそれぞれ年間35時間分増えているわけではないことに注意する必要がある。中教審答申の際から学習指導要領改訂の一つのキーワードであったのは「学び直しの機会の設定」であった。小学校学習指導要領にはある程度見られるが，中学校学習指導要領では原則として同じ内容が繰り返して後の学年で示されてはいない。しかし，生徒の理解を確実にしたり，新たな内容の導入のために既習事項との関連を振り返ったりするためには，学び直しの指導が意図的になされるべきであることが強調されている。特に今回の改訂で，第1学年の内容のうち，文字を用いた式，反比例の一部は小学校第

6学年へ移行されているが，これらは引き続き中学校で詳しく学習することになるもので，繰り返して学習しながら深めていくべき題材として配慮が必要であろう。第5学年で指導される図形の合同の一部，第6学年で指導される角柱，円柱の体積，縮図や拡大図，対称な図形，度数分布などについても，同様である。単に復習の時間を増やすだけにならないよう学び直しの時間の位置づけを工夫しなければならない。そのためには，生徒の学習状況や理解の程度などを十分把握し，実態にあった指導計画を作成するとともに，それを必要に応じて修正しながら指導にあたることが必要である。

なお，授業時間の増加によって，学び直しだけではなく，数学的活動や課題学習の時間も十分確保しようとしていることはいうまでもない。数学的活動の指導については，後の節で具体的に論ずることとする。

第2節　数と式の指導

今回の学習指導要領で示された「数と式」の領域の内容は表6－2の通りである。

新しく追加された項目として，中学1年では数の集合と四則，不等式を用いた表現，比例式，中学3年では有理数・無理数，解の公式を用いて二次方程式を解くことがあるが，これらは単なる追加ではなく，数学の系統性や学びの主体性を重視するものといえるであろう。

表6－2　「数と式」の領域の内容

	第1学年	第2学年	第3学年
内　容	正の数・負の数 文字を用いた式 一元一次方程式	文字を用いた式の四則計算 連立二元一次方程式	平方根 式の展開と因数分解 二次方程式
用語・記号	自然数　符号　絶対値 項　係数　≦　≧	同類項	有理数　無理数 根号　√

１．数の指導

数については小学校以来多くのことを学習しているが，その扱いは直観的であり，必ずしも数として十分に抽象化されたものとはいいがたい。ここでは，身近な事象との関連から負の数を導入して整数の概念を周知させるとともに，３個や７本のような単位を離れて，数としての演算が自在にできることを理解させる必要がある。さらに，数の体系が自然数から整数に，さらに整数から有理数に拡張されていく様を演算との関連を踏まえて，必然性のある形で理解させることが大切である。たとえば，自然数の集合の中では加法が自由に行えるが，減法を自在に行うことはできない。そこで，減法をも自在に行おうとすれば，自然数の集合を整数まで拡張しなければならない。さらに，整数の集合で乗法は自由に行えるが，除法までも自由に行おうとすれば整数の集合を有理数まで拡張する必要がある。とくに，負の数を含む数の加減乗除の学習においては，その演算結果の必然性を理解するには困難が予想される。そのような場合の指導法として外挿法などは有効であろう。しかし，外捜法はあくまで指導法であり，$0 \cdot a = 0$ や $(-a)(-b) = ab$ を証明したことにはならない。指導する側は，一度はその代数的な証明に触れておきたい。

$$
\begin{aligned}
3 \times 2 &= 6 \\
3 \times 1 &= 3 \\
3 \times 0 &= 0 \\
3 \times (-1) &= ?
\end{aligned}
$$

（外 挿 法）

他方で，指導者にはいわゆるペアノの公理からどのように加法が定義され，交換法則や結合法則が導き出されていくのか，また，自然数の集合からどのようにして整数の集合を構成し，整数の集合からどのようにして有理数体を構成するのか，その議論の美しさを一度は体験しておくべきであろう。その構成では，同値関係やその同値関係による商集合の考えを理解する必要があるが，どのようにして自然数が整数の中に埋め込まれ，整数の集合がどのようにして有理数体の中に埋め込まれていくかを垣間見るとき，数学の素晴らしさや美しさを体験することであろう。

さらに，中学３年では平方根について学習する。それに関わって，有理数や

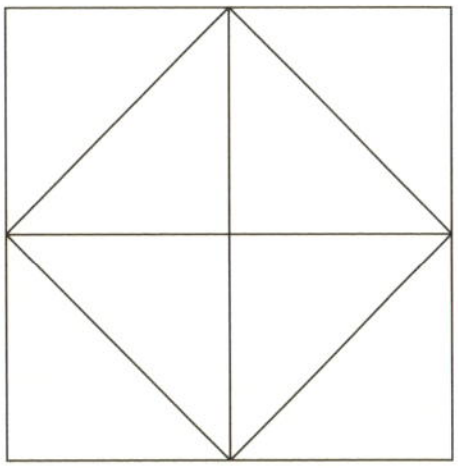

無理数についても学ぶが，なぜ無理数は循環しない無限小数になるのか，あるいは循環しない無限小数にはどんな数があるのかなどと考えれば，奥は深い。このあたりを題材として，生徒に数学的な思考を促すことも面白いだろう。特に，平方根は概念としては理解できても，それを視覚的，感覚的に実感することは難しい。右のような図を用いて $\sqrt{2}$ などを実感させたり，2分法等によって近似値を実際に計算させるのも大切であろう。

また後に，$a, b>0$ のとき，$\sqrt{a}\sqrt{b}=\sqrt{ab}$ が成り立つなど，平方根の性質を説明することも考慮して，正の数の正の平方根が唯一つであることなどをきちんと指導しておきたい。

このようにして，演算との関係を考慮しつつ数の集合を拡張し，π などをも加えて（実）数体が得られること，そしてそれらと数直線の対応関係や絶対値の意味を視覚的に理解させることが大切である。

そして，最後に整数の素因数分解に触れる必要がある。ここで，素数とは何か，約数・倍数とは何かなどを再確認しつつ，任意の1でない整数が素数の積にしかもただ一通りに表されることを実感させることが大切である。

その証明がどのようになされるか指導者は一度は触れておいてほしい。素数 p が整数の積 ab を割り切れば，p は a，b のいずれかを割り切ること，および2つの整数 a，b が互いに素であれば，$ax+by=1$ を満たす整数 x，y が存在することを知っていれば，比較的簡単に証明できる。

2．文字式の指導

次に，文字や式の扱いについて考えてみよう。

量の間の関係を△や□を用いて現したり，文字を用いて表すことは小学校でも学習するが，その積極的な活用はやはり中学以降のことになり，中学・高校での中心的学習事項といえるであろう。したがって，中学での文字式の導入においては

① 文字の表す内容；定数，未知数，変数など

② 文字式を使うことにより，数量を一般的に表すことができる，簡潔かつ明解に表現することができる，数量を形式的に処理することができるなどのよさなど

等，文字使用上の約束や文字式利用の意義などについて十分な説明を加えながら，丁寧に指導する必要がある。また，演算記号＋，－，×，÷や不等号＜，＞などは15～16世紀にかけて西欧で発明され，数を文字で表し，代数的に処理して思考を進める道を開いたのはフランスのヴィエト（Viète, F.; 1540-1603）やデカルト（Descartes, R.; 1596-1650）であり，彼らの力が大きかったことに触れるのも有意義であろう。デカルトが，未知数に x，y，z…，既知数に a，b，c…を割り当てたことや，長さを x としたときの式 x^2+4x の意味づけに苦慮した話は有名であり，言語的な代数から記号的な代数に至る道のりの長かったことが知られる。

さて，文字式の指導は中学1年から本格的に始まるが，まずは1次式を中心として上述した文字式利用の意義を踏まえながら，記号表記上のルールに従って丁寧に指導することが大切である。

その学習を終えて次の一次方程式の学習に進む段階では，まず等式とは何か，方程式とは何かを説明した上で，「等式の性質」

A＝Bのとき，	
① A＋C＝B＋C	② A－C＝B－C
③ A×C＝B×C	④ A÷C＝B÷C
が成り立つ。ただし，④ではC≠0とする。	

を学ぶが，一次方程式はこの等式の性質を使って形式的な計算で解けることを確実に理解させたい。しかし，生徒の発達段階を考慮すれば言語や記号による理解が困難な状況もあり得るため，丁寧な指導が望まれる。とくに，式 $2x-1+4+x$ を $2x-1+4+x=3x+3$ と変形するようなフレーズ型の式変形における等号と，方程式 $2x-1=4+x$ のようなセンテンス型の式の計算における等号の意味を混同しがちなので，注意したい。

式変形において $\frac{3x-1}{2}+5-x=3x-1+10-2x$ などの誤りはよく見られるものである。

等号“＝”は，等号の前にある数式と等号の後にある数式が等しいことを表すものであることを徹底させる必要があろう。

第2学年においては，まず多項式の実数倍やその加減のほか，単項式の乗除等を扱い，文字式を使った説明や等式の変形を通じて整式の扱いに習熟させるとともに，文字式のよさを知らせ活用する態度を培うことが目標となる。

そして，文字式の計算に習熟しつつ連立方程式の学習へと進むが，文字が増えて二元一次方程式となることで様相が変わることを知らせる必要がある。まず，二元一次方程式が1つであれば解は無限に多いこと，とくに二元一次方程式としての $2x-1=0$ と単独の一次方程式としての $2x-1=0$ では解の意味が異なることなどを周知させる必要があろう。

連立二元一次方程式の解法としては加減法と代入法が基本的であるが，その解法においては「等式の性質」が可逆的に働いて同値変形となっていることを周知徹底させることが大切である。また，連立方程式の解法に習熟すれば，さまざまな場面設定のもとで連立方程式を活用できるようにする必要があるが，同時に二元一次方程式を直線と捉え，連立方程式の解が2直線の交点の両座標であるとの図形的理解が概念の理解を深めることを忘れてはならない。場合によっては，次数を上げないで文字を1つ増やした三元一次方程式や，その連立方程式がどのような展開になるかと考えさせるのも面白いであろう。一方で，指導者は線形代数における連立方程式の扱いを想起し，線形空間の間の線形写像の逆像のイメージや行列の基本変形や掃き出し法による解法を思い出してほしい。

第3学年においては，まず単項式と多項式の乗法や簡単な場合の多項式と多項式の乗法を扱った上で，因数分解を扱い，その活用の一端を示すことになる。その際，整数全体も有理数体上の多項式の全体も代数的には単項イデアル整域として素因数分解できる構造になっていることを確認しておきたい。

続いて，平方根の学習をもとに二次方程式へと進むが，この展開は一元一次

図6-1　文字式に関わる内容の系統

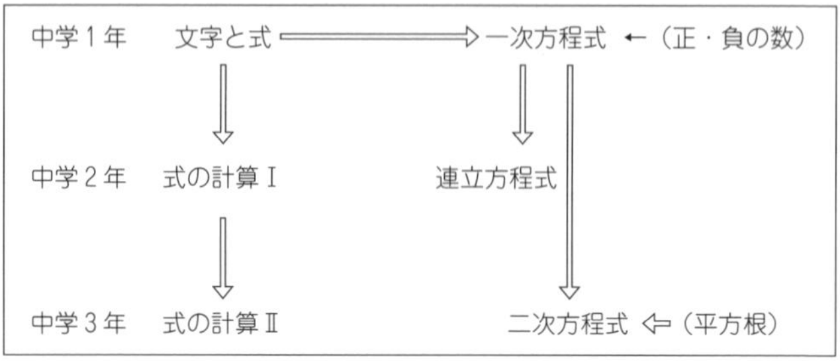

式の計算Ⅰでは，多項式の加減，単項式の乗除，式の計算Ⅱでは，多項式の加減乗と因数分解。

方程式から文字を増やすのではなく，その次数を上げる方向での一般化である。初歩的な二次方程式では，直前の学習を踏まえて，因数分解による方法，平方根による方法が登場するが，より一般的な二次方程式では後者を進めた平方完成による解法が不可欠であり，解の公式の導き方を示すものである。多くの問題演習を通して解の公式に習熟させることも大切であるが，解の公式を導く原理を理解させることも大切である。

多くの場面を通して二次方程式を活用する態度を培うことが大切であるが，3次方程式や4次方程式，5次以上の代数方程式に関わるタルタリア（伊；正しくはFontana, N.; 1506-1557），カルダーノ（伊；Cardano, H.; 1501-1576），フェラリ（伊；Ferrari, L.; 1522-1565），アーベル（ノルウェー；Abel, N. H.; 1802-1829），ガロワ（仏；Galois, E.; 1811-1832）の話を紹介したり，ガウスによる「代数学の基本定理」に触れて，解の個数に言及するのも生徒の興味や関心を高める上で有益であろう。

文字式に関わる中学校の内容の系統は，図6-1のように図示できるであろう。

大切なのは，折りに触れて考察を行い，さまざまな事項との相互関連や結びつきを図って有機的な理解を深めていくことである。

第3節　図形の指導

1．幾何学小史

周知のように，幾何学は古代エジプトにおけるナイル川の氾濫がもたらす肥沃な土地の測量・配分に源をもつといわれている。リンドパピルスに記された土地測量や土木工事のための面積・体積の近似計算や，ピラミッドが正四角錐をなし，その底辺が正確に東西南北を指すことからも当時の優れた数学的知識の存在を知ることができる。また，幾何学を意味する geometry は，土地（geo）と測る（metrize）を語源とするともいわれている。

その後，B.C. 300年頃のギリシアにユークリッドの「原論」が登場し，それまでに得られた平面幾何や空間幾何の結果を，定義，公準，公理をもとに演繹的かつ体系的に整理するとともに，比例論，無理量論を展開した。現代から見れば問題もある「原論」ではあるが，その後の学問や文化に及ぼした影響は大きく，長きにわたりさまざまな学問の規範となった。

しかし，「原論」の第5公準である平行線公理は表現も複雑であったため，後にこれを定理ではないかと考えて，他の公理，公準から証明しようとする試みがなされた。それらの試みはすべて失敗したが，その失敗は却って第5公準を否定した幾何学である非ユークリッド幾何学が存在するのではないかとの思いを抱かせることになった。

そうして，19世紀にドイツのガウス（Gauss, C. F.; 1777-1855）やロシアのロバチェフスキー（Lobachevski, N. I.; 1793-1856）およびハンガリーのボヤイ（Bolyai, J.; 1802-1860）が現れ，非ユークリッド幾何学を創出したのである。その結果，第5公準は自明な真理ではなく，単なる仮説に過ぎないことが認識されるに至った。

その後，1872年にドイツのクライン（Klein, F.; 1849-1925）が「エルランゲンプログラム」を発表し，種々の幾何学を変換群の立場から分類して見せた。それによれば，ユークリッド幾何は相似変換群で不変な性質を研究する幾何学と捉えられる。この考えは，後にリーマン幾何をも取り込む形でやや修正されたが，基本的理念は現在も生きている。

さらに，19世紀末にヒルベルト（Hilbert, D.; 1862-1943）が「幾何学基礎論」（1899年）を著し，「原論」の“実数の連続性”に関わる部分の不備を補ってユークリッド幾何を公理的かつ厳密に再構成して見せた。その際，彼は無定義用語として“点”“直線”“平面”を与え，それらの相互関係を，1）結合，2）順序，3）合同，4）平行，5）連続，の5つの公理群によって規定した上で，公理群の無矛盾性や相互独立性を示している。公理群の無矛盾性を示すには，これを実数の体系の問題として位置づけ，実数の体系に矛盾がなければこれらの公理群にも矛盾がないことを示している。この著作により，幾何における基礎概念は前もって定義あるいは意味づけされるものではなく，公理群によって関係づけられるものとなった。その立場は形式主義と呼ばれて以後の数学に大きな影響を与えたが，ブロウエルの直観主義としばしば論争を引き起こした。

2．幾何教育の流れ

明治5年から日本の中等学校での幾何教育が開始されたが，明治19年の中学校令で中等学校における幾何の内容が規定された。その扱いはイギリスにおける「原論」流の幾何を踏襲したものであり，菊池大麓やその弟子藤沢利喜太郎の考えに従ったものである。

しかし，そのような扱いは生徒の発達段階を踏まえたものとはいえず，J.ペリーの数学教育改造運動の影響もあって，次第に直観や経験を重視した幾何教育の必要性が主張されるようになった。そうして，昭和17年の中学校教授要目で「原論」流の幾何教育からの脱却が実現したのである。昭和22年の学制改革で新制中学における幾何教育の内容が示されたが，中学1年では直観的扱いを主とし，中学2年で合同，相似，論証と計量，中学3年で三平方の定理，立体図形，三角比を扱うものとなっており，中学における幾何教育の内容はそれ以後現在まで大きくは変わってはいないといえるであろう。

３．図形の指導

それでは，中学校における図形指導について，幾つかの重要事項を中心にその要点を述べていこう。

中学校での図形指導を「原論」流に行わないとすれば，何を前提にしてどう扱うかが最初の課題であろう。これについては，

「平行線の性質と三角形の合同条件，相似条件を基礎として，ユークリッド流の幾何学を展開する」

との立場を取っているといえる。すなわち，平行線の性質や三角形の合同条件，相似条件は観察や操作によってそれを確認することとし，それ以外の事柄についてはできうる限り論理の厳正を図る形である。

したがって，前提としていない事柄については，既知の知識や論理を前提にした数学的推論や論証による説明が要求されることになる。数学的推論には帰納的推論，類推，演繹的推論，総合と分析等があり，前二者は幾つかの事例に共通した性質の抽出や既知の知識体系との比較等に基づく判断であり，日常的な推測や問題解決で用いているものである。演繹的推論は，何かを前提として論理的に推論し，ある結論を導くもので，証明では不可欠のものである。

なお，証明は他者の説得術ともいうべきもので，疑問などに対して相手がわかるように筋道立てて説明すること，数学においては予想や命題を正当化したり体系化するための論法ということになろう。

以下において，中学での図形の指導について，学習指導要領を踏まえつつ具体的に述べてみたい。

中学１年では，小学校での実験や操作等を取り入れた学習に基づく直観的理解を踏まえながら，さらに今後の学習に繋がる平面図形や空間図形について，定義や基本的性質を操作的，直観的に学び深めることになる。とくに，基本的な作図，図形の移動，空間図形の多面的理解に対する習熟が求められる。

たとえば，角の二等分線の作図においては，単にその方法を身に付けるので

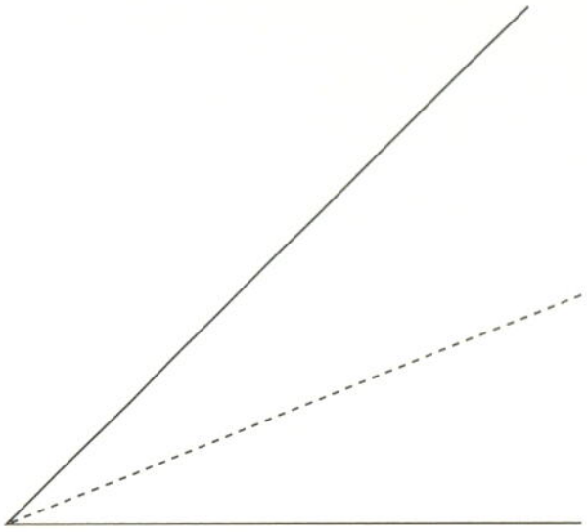

はなく，その作図法の妥当性を筋道立てて理解し，必要に応じて他者に説明できることが必要である。また，作図した後，その線に関して折り返せば角の2辺が重なり合うことを体験させ，実感を伴った理解ができるよう指導したい。あるいは，三角形の合同を学習した後で，その作図法の妥当性を再確認させるのも有益であろう。

図形の移動においては，平行移動，対称移動，回転移動について説明し，移動前の図形を移動後の図形の位置に移すにはそれらをどのように組み合わせるか分析・実行させたり，作図によって図形を指定された場所に移動させるなどして，移動の可能性を実感させることが大切である。生徒たちはそうした体験をもとに，合同の概念などをよりよく把握することができることになるのである。

また，生徒にとって，空間図形の理解は操作や実験なくしては難しい。2直線の位置関係，直線と平面の位置関係などの指導においては適切な教具を使い，体験させつつ理解を促すことが一層重要となるであろう。小学校で学習した立体図形を，点，直線および平面等の運動したものと見るとともに，見取り図や展開図あるいは投影図の扱いも交えて空間図形を多面的に考察させ，より深い理解を目指したい。柱体や錘体および球の表面積や体積についても，小学校での学習を踏まえつつ，実験や観察を取り入れながら実感させることが望ましい。

中学2年では，平行線や角の性質を使って図形の性質を確かめたり，多角形の角についての性質が見いだせることを理解させたり，三角形の合同条件をもとに三角形や平行四辺形の基本的な性質を論理的に導いたりすることが目標となる。

平行線の性質では，「平行線に直線が交わってできるときの同位角は等しい」およびその逆の命題をもとに，錯角の性質や「三角形の内角の和は180°である」こと，多角形の内角・外角の和の大きさ等を論理的に推論し，説明できるようにすることが目標になる。その際，証明が重要な役割を果たすだけに，その意義や証明の書き方の指導が大切となる。とくに，証明の意義や必要性を理解させること，何を前提として何を根拠に何を証明するのかを丁寧に指導し納得できるようにすることが大切である。

続く「三角形の合同条件」の理解とその三角形や四角形の性質のへの活用では，演繹的推論や証明の重要性がいっそう増す。与えられた条件から結論を導くためにどのように分析・推論して証明の道筋を付けるのか，実例を示しながら丁寧に指導することが大切である。

たとえば，平行四辺形の対角線は各々の中点で交わることを証明するとしよう。その際，まず平行四辺形 ABCD と対角線の図をかき，その図が一般的な場面を表すものであることを押さえる。その上で，我々は四角形が平行四辺形であるという条件（仮定）のもとで２本の対角線が互いの中点で交わること（結論）を証明すべきことであると，確認する。そして，結論を示すには何をいうべきかと考え，２つの三角形 OAB と OCD が合同であればよいと気付く（分析）。さらに，既知の知識・命題で何が使えるかと考え，平行線の性質や三角形の合同条件，あるいは平行四辺形の定義から向かい合う辺が平行であることや向かい合う辺の長さが等しいことを知っていると確認する（分析）。その上で，仮定と既知の知識から仮定→ AB＝CD，かつ AB∥CD より ∠OAB＝∠OCD，∠OBA＝∠ODC → 二角挟辺相等により ⊿OAB≡⊿OCD → OA＝OC，OB＝OD のような論理の流れを作って，証明の大筋ができ上がる。後は，三段論法を含めた論理のルールに従って演繹的にまとめればよい。

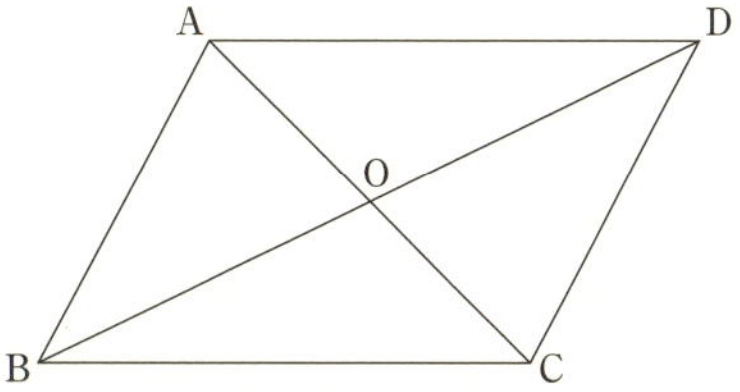

最後に，そうして調べた三角形や四角形の集まりの包含関係を整理しておきたい。

中学３年では，図形の性質を三角形の相似条件を基にして理解し考察すること，円の円周角と中心角の関係を理解してそれを活用すること，三平方の定理を理解してそれを活用することが目標となるが，同時にこれらの学習を通して数学的推論や論証能力の一応の仕上げを目指すものと考えられる。

まず，図形の相似であるが，小学校６年での縮図や拡大図の学習を踏まえつ

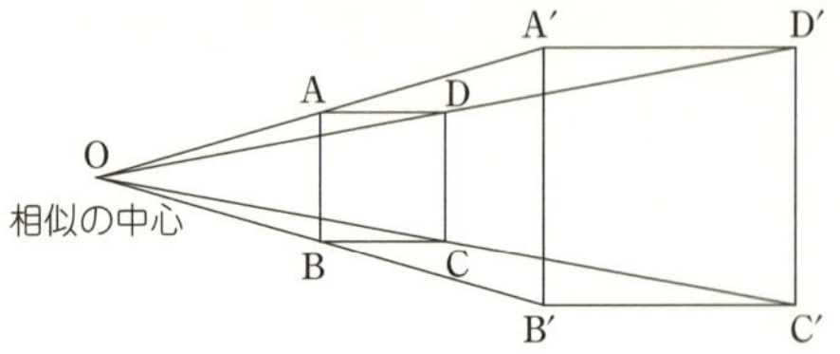

つ，与えられた点を相似の中心として相似な図形を幾つか作図させる中で相似のイメージや相似な図形の性質に気付かせるようにしたい。その上で，三角形の相似条件を示し，相似な図形の性質の理解やその活用を図ることが大切である。なお，相似な2つの図形があるとき，その一方を適当に移動させれば相似の中心が現れること，相似な図形の面積比や体積比ではそれらが微少な正方形や立方体の集まりで近似できることから，正方形や立方体の面積比および体積比の問題に帰着できることを理解させたい。

次は，円の中心角と円周角の関係の学習であるが，まずは実際に図をかき生徒自身に関係を予想させた上で，数学的推論に基づく考察に向かいたい。また，円周角の定理やその逆の理解を踏まえて，「円外の点から円に接線をひく」方法の理解や，四角形が円に内接するか否かを考察させるのも面白い。中学校の学習内容ではないが，四角形が円に内接する条件や方べきの定理，接弦定理などへの一貫した流れは生徒の図形への興味を高め，理解を深めるものとなるであろう。

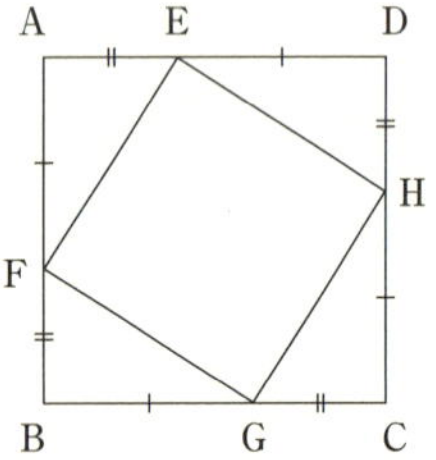

三平方の定理については，左の図などを参考にして生徒とともに証明を考えることから始めたい。その上で，定理の内容を定式化し，その意味を3辺上の相似な図形の面積との関連で説明したり，文献やインターネットで他の証明法を生徒に調べさせるのも有益であろう。三平方の定理やその逆は，線分の長さを求めたり，図形の角が90°であることを判定する際に有効であるから，その証明も含めた確実な理解と活用が望まれる。

なお，この定理は高等学校や大学の距離概念につながるものであり，解析幾何学の基礎をなすものとして重要であることを注意しておきたい。

最後に，指導要領における図形分野の学年別内容等をまとめておく（表6-3）。

表6-3　「図形」領域の内容

	第1学年	第2学年	第3学年
内　容	平面図形 空間図形	基本的な平面図形と平行線の性質 図形の合同	図形の相似 円周角と中心角 三平方の定理
用語・記号	弧　弦 //　⊥　∠　△ 回転体 ねじれの位置	対頂角　内角　外角定義　証明　逆 ≡	∽

第4節　関数の指導

我々の身のまわりには，上空の気温，音速，音の波形や電線のたわみなど多くの関数関係を見いだすことができ，関数の考え方が重要であることは論を待たない。しかし，その重要性が意識されて中等教育に取り入れられたのは古いことではない。まずは，その歴史を簡単に概観してみよう。

1．関数の歴史

数学史の本を紐解くと，関数の概念が意識されたのは，数学が自然科学と相互に影響し合いながら発達し始めたルネッサンス期以降のようである。古代においても，比や比例が考えられており，それぞれが数概念や関数概念に対応するといえなくもないが，それは後世の立場で見たものであり，当時の人達が関数概念を意識していたとは思えない。

17世紀に，フランスのデカルト（Descartes, R.; 1596-1650）が量の同次性を主張したこと，規範的な記号法が成立したことが，関数概念形成に大きな意味をもったと考えられている。量の同次性とは，たとえばxがある長さを表すとき，$4x$やx^2にも長さの意味づけが必要だということであり，それができてこそx^2-4x+2という式が意味をもつ。したがって，数という抽象概念が完成していない時代には多項式に対する意味づけすら難しく，したがって関数 $y=x^2-4x+2$ のグラフの y 座標を理解することはできなかったといえるであろう。

また，記号法の成立に向けて深く思索し，大きな影響を残したライプニッツ（Leibniz, W. G.; 1642-1716）は，ニュートンとならんで微積分の創始者として有名であるが，今日の関数概念の芽生えの形で functio という述語を幾何学的対象として導入した。その後次第に記号代数的な形に移り，諸量の関係が重視されるようになるにつれて，functio が諸量の間の関係を表すものへと変化していった。そして，1700 年頃，変量 x の関数とは，x の式のことであるとの考えが芽生えてきたのである。

ベルヌーイ兄弟の弟子であったスイスのオイラー（Euler, L.; 1707-1783）は 1748 年に『無限小解析入門』を著し，その中で

「１つの変数の関数とは，その変数といくつかの定数から作られる解析的な式のことである。」（解析的な式の例；$a+3x$，$ax-4x^2$ など）

と述べている。さらに，フランスのコーシー（Cauchy,A. L.; 1789-1857）は解析的な式との条件をはずして，「いくつかの変数の間にある関係があって，一方の値が与えられると他方の値を定めることができるとき，…」と定義して幾分一般化している。そして，フランスに学んで解析的整数論を切り開いたドイツのディリクレ（Dirichlet, P. G. L; .1805-1859）に至って，はじめて関数とは変数 x と y の対応関係であり，式で表される必要はないとの認識に到達したのである。

２．関数指導の歴史

日本の中等学校における関数指導の歴史を簡単に振り返っておこう。

関数概念は，明治時代の西洋数学移入に伴って日本にもたらされたものであるが，その中等教育への導入については小倉金之助（1884-1962）によるところが大きい。

1951（昭和 26）年の学習指導要領においては，第２学年で比例・反比例，第３学年で「一次式で表される関数」が扱われることが示されているが，「関数」

や「一次関数」といった用語はなく，指導内容の説明で「関数関係」という表現が使われているにすぎない。

1958（昭和 33）年の学習指導要領においてはじめて「関数」用語が登場し，「1つの変数 x の値をいろいろ決めると，それに応じて他の変数 y の値が決まるとき，y は x の関数であるという。」と説明されている。しかし，すべての教科書で扱われたものでもなく，一意対応との記述もない。

しかし，1969（昭和 44）年の改訂ではすべての教科書に「関数」用語が登場し，「集合 X の要素 x を 1 つ決めると，それに対して集合 Y の要素 y が 1 つだけ決まるとき，このような対応を集合 X から集合 Y への関数という。」となり，一意対応であることが明示された。

その後，現代化への反省もあり，1977（昭和 52）年の改訂では「変数 x と y において，x の値が決まればそれに伴って y の値がただ 1 つ決まるとき，y は x の関数であるという。」のように集合を使わない表現となったが，関数が一意対応であるとの押さえに変わりはない。1989（平成元）年の改訂，1998（平成 10）年の改訂あるいは 2008（平成 20）年の改訂における関数の定義の表現に多少の変化はあるが，実質的な変更はないといえるであろう。

もちろん，学習指導要領の改訂に伴って扱われる関数は多少変化しているが，1958（昭和 33）年以降では，「関数」用語と比例・反比例，一次関数，$y=ax^2$ を扱う点では共通している。なお，昭和 33 年には選択で一般の二次関数 $y=ax^2+bx+c$，1969（昭和 44）年では 3 乗に比例する関数 $y=ax^3$ と逆関数，いろいろな事象と関数，1977（昭和 52 年）では 2 乗に反比例する関数 $y=\frac{a}{x^2}$，いろいろな事象と関数，1989（平成元）年ではいろいろな事象と関数，1998（平成 10）年では追加事項はなく，2008（平成 20）年ではいろいろな事象と関数等が扱われることになっている。

3．関数の指導

新しい学習指導要領で示された中学校における関数指導についてその概要を

見てみることにしよう。

中学１年では，まず，関数がそれまでの数学の概念と異なり，変数の動的な動きを扱うものであること，しかも生徒が知っている関数の例はせいぜい小学校で学んだ比例や反比例であり，関数概念を受け入れるに十分な素地は育っていないとの前提で指導すべきである。あるいは，抽象的な数概念が定着していず，デカルトのいう“量の同次性”が了解できていない可能性があることを前提として，関数概念を理解させねばならないであろう。

そこで，文字式で学んだ式表現を用いながら，文字にいろいろな値を代入すれば式の値が得られることを実感させたり，比例あるいは反比例する２つの量についてそれらの変化や対応を調べることを通して関数の意味を徐々に理解させることになるであろう。その際，関数の２つの変量の対応表やグラフおよび式表現が一体となって理解されるよう配慮するとともに，その活用を含めて数学的な活動を意識した指導が望まれる。

中学２年では，一次関数を中心に関数の学習が行われる。中学１年での学習と結びつけて，y が x に比例する部分と定数の和で表されることを踏まえた上で，対応表やグラフとの関係を融合させて理解させることが望まれる。特に，変化の割合が一定であることとグラフの形状の関係を理解させることが大切である。

また，二元一次方程式と一次関数の関係を理解させ，連立方程式が２つの二元一次方程式の表す直線の交点の両座標であることを知ることは，連立方程式とその解の意味を図形的に理解する重要な視点を与えるものといえるであろう。そうした理解は，連立方程式の係数行列が逆行列をもたない場合の議論を納得しやすくするものであり，中学生が連立方程式に不定，あるいは不能の場合があることを了解するのを容易にするであろう。

こうした理解や技能の習熟を踏まえて，事象の中に一次関数の関係を見いだしたり，一次関数を活用したりする態度を育成していきたい。

第３学年では，二乗に比例する関数として $y=ax^2$ を扱う。比例や一次関数では変化の割合が一定であるが，変化の割合が一定でない関数として反比例のほかに $y=ax^2$ を学ぶ意義は大きいといえるであろう。対応表やグラフとの関連で関数$y=ax^2$の性質や特徴を理解することはもちろんであるが，斜面を転がる球の時間と距離の関係のように，身の回りの事象で二乗に比例する関数を見いだし，考察させる体験は貴重である。さらに，$y=ax^2$を用いて何かを探究させたり，パラボラアンテナのように関数$y=ax^2$を利用したアンテナの原理を調べて説明させることも有益であろう。

しかし，またディリクレによる関数概念では，xの関数yというときyが必ずしもxの式で表される必要はない。そのような理解を促すために，実際の郵便料金表を基にしてxグラムの小包の料金がy円とすると，xに対しyが一意に決まるからこの対応が関数であること，しかもそのグラフは連続ではないことを知らせることができる。あるいは，やや人為的ではあるがs軸，t軸が直交する座標平面において，原点を中心とする単位円と直線$s=x$の共有点の個数をyとすると，yはxの関数でありそのグラフは$x=-1,1$で不連続となる。このような事例を示したり，生徒自身に身の回りの事象から関数の事例を発見させて理解を促すことも有益であろう。

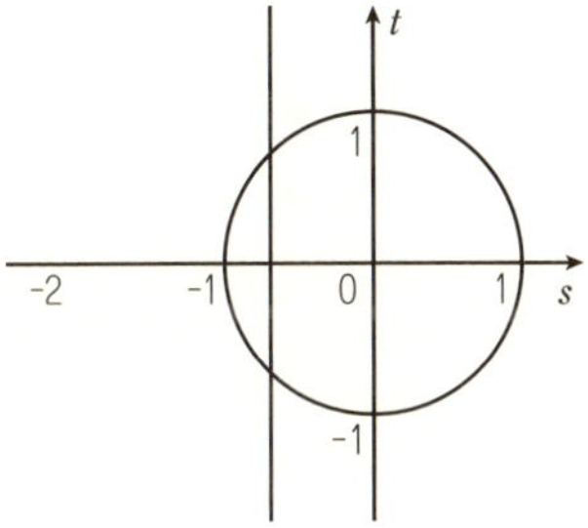

以上のように，新しい学習指導要領では，関数については，比例・反比例から一次関数，関数$y=ax^2$，いろいろな事象と関数へと，より多くの事例に触れながら，次第に一般化された関数概念の獲得へと進められていく形となっている。

最後に，中学3年間の関数指導に関わる内容をまとめておく（表6-4）。

表6-4　「関数」領域の内容

	第1学年	第2学年	第3学年
内　容	比例・反比例	一次関数	関数
用語・記号	関数　変数 変域	変化の割合 傾き	

第5節　資料の活用の指導

身の回りの事象の中には，何らかの条件の下で結果がはっきり確定する決定論的事象のほか，さいころ投げで出る目の数や天候のように偶然に支配されて結果の予想が困難な非決定論的事象がある。しかも，我々が日々生きていく上で遭遇する課題や疑問ではむしろ後者のタイプが多く，それぞれの場面での問題の解決が求められる。このような非決定論的事象を扱う分野として「確率・統計」があり，中学校ではその入門的部分を扱う。

1．確率・統計の略史

統計は紀元前からあったが，それが統計学として成立したのは，ドイツのコンリング（1606-1681）によって始められ，ゲッチンゲン大学のアッヘンワル（1719-1772）によって大成された国勢学をもって始めとする。コンリングと同時代のイギリスでも，毛織物商人 J. グラント（1620-1674）が「死亡表に基づく自然的・政治的諸観察」を著し，ロンドンの人口や男女比を追求したり，後継者 W. ペティ（1623-1687）はそれを発展させて経済，社会状態についても考察し，「政治算術」を著した。

一方，ヨーロッパの中世貴族の間には賭け事が流行ったが，先述したイタリアのカルダーノも賭博に関わって，２つのさいころを投げるとき出る目の数の和が７になる可能性が最も大きいことを説明し，有名なガリレオ・ガリレイ（Galilei, Galileo ; 1564-1642）も同様の問題を論じている。さらに，フランスのパスカル（Pascal, Blaise ; 1623-1662）は友人のメレから賭博に関するいろいろな質問を受け，それに関わってフェルマー（Fermat, Pierre de ; 1601-1665）と手紙でやりとりしつつ，これを解決した。その問題は

> 技量が同等の人物がゲームをして，先に３勝したものが賭け金を受け取るとして，

たとえば一方が2勝，他方が1勝した時点でゲームを中止した場合，賭け金の分配はどうすべきか。

といったものであったが，このような問題が発端となって組合せ論が発達し確率論が生まれたのである。その後，ホイヘンス，ベルヌーイ，ド・モワブルを経てラプラス（Laplace, Pierre Simon；1749-1827）の「確率論の解析的試論」で古典的確率論が集大成された。

そして，ドイツの国勢学，イギリスの政治算術，フランスの確率論を統合して統計学にまとめ上げたのが，ベルギーのケトレー（Quetelet, A.；1796-1874）である。その成果はイギリスのダーウィンやゴールトンの遺伝の研究に応用されたが，カール・ピアソン（Peason, Karl；1857-1936）の生物の一般的現象の数理的研究で記述統計学として結実した。代表値，散布度，相関係数などの数値化が行われている。

一方，ビール会社の技師であったゴセット（Gosset, W. S.；1876-1936）はスチューデントの筆名で1908年に論文を発表し，標本の観測値から母集団の特性を判断する方法を発明したが，農事試験場の技師であったフィッシャー（Fisher, R. A.；1890-1962）もそれを発展させて，標本のデータから全体についての判断を行う推測統計学の道を切り開いた。

記述統計学と推測統計学をまとめて数理統計学ともいうが，その主流は推測統計学にあり，標本から母集団を考察するために手段として確率論が大きく関わっている。

2．資料の活用の指導

中学校における資料の活用の指導内容は，資料の整理，簡単な確率および標本調査の考えであるが，単なる理解ではなくその活用に重点が置かれている。各学年における目標は次のようである。

第1学年…目的に応じて資料を収集して整理し，その資料の傾向を読み取る能力を培う。

第２学年…不確定な事象を調べることを通して，確率について理解し用いる能力を培う。

第３学年…母集団から標本を取り出し，その傾向を調べることで，母集団の傾向を読み取る能力を培う。

実際の指導においては，これらの目標を踏まえる必要があるが，まずはじめに高度情報化社会における溢れる情報をどう処理してどう取り込むかが国民的素養としてますます不可欠のものになっていることを知らせる必要があろう。その上で，統計学は目的に応じた資料を効率的に収集し，合理的に処理して事象の傾向を捉えたり，それから母集団への判断材料を得たりするなどきわめて実践的で有益な手法を提供するものであることを理解させる必要がある。

第１学年では，資料の活用として，グラフや表による資料の整理と代表値や資料の散らばりに着目してその資料の傾向を読み取る力を培うことをめざす。

小学校算数科でも，棒グラフ，折れ線グラフ，円グラフ等を学び，度数分布や平均について学んでいるが，中学１年では資料の効率的な集め方や合理的な処理の仕方の重要性，ヒストグラムや代表値の理解を促し，それらを基にして資料の傾向を正しく読み取れるよう指導したい。

表６－５　度数分布表

身　　長	度数	相対度数
以上　未満	人	
145～150	2	0.05
150～155	5	0.125
155～160	13	0.325
・・・・	・・	
170～175	2	0.05
計	40	1

度数分布表の作成に当たっては，資料の個数にしたがって幾つかの階級に分け，各階級に属する資料の個数を度数としてまとめるが，これを度数分布表という。

ただし，度数分布表は階級の分け方によって異なった様相を呈するので，資料の大きさによって一応の目安を示す必要があろう。場合によっては，階級数を幾つか示し，生徒自身に比較させたりして考えさせるとよい。

度数分布表をもとに作成したヒストグラムについて，さまざまな場面での活用や発表を促すとともに，各長方形の上底の中点を結んでできる度数分布多角形の面積はヒストグラム全体の面積と等しいことも理解させたい。

次に代表値であるが，一つの数値で資料全体の特徴を表すことで他の資料の集まりとの比較が容易になる反面，多くの情報が捨象されることに言及する必要がある。代表値としては，平均値，中央値（メジアン），最頻値（モード）などがあり，その特徴を踏まえた利用をさせたい。

また，資料の散らばりを表すものとして，範囲（レンジ）が与えられているが，場合によってはコンピュータを用いて平均偏差などを求めさせても良いであろう。

データの個数によっては相対度数が複雑になるから，近似値処理する場面も生ずる。そのような場面を捉えて，近似値の意味や有効数字との関連で $a\times10^{n}$ の記法について指導しておきたい。

中学２年では，確率の考えと基本的な性質を学習する。

世の中には，個々の結果についての価値判断は難しいが，多くのデータを集めると何らかの傾向を読み取ることができるものも多い。確率は，そのような偶然に左右される不確定な事象について，その事象の生起の可能性を数値として表し考察しようとする数学の一分野である。

確率を議論するには，さいころを振るような試行に対し，可能な事象のうちそれ以上細分できない事象である根元事象の全体を考えて，これを標本空間とよび，S で表す（右図も参照）。

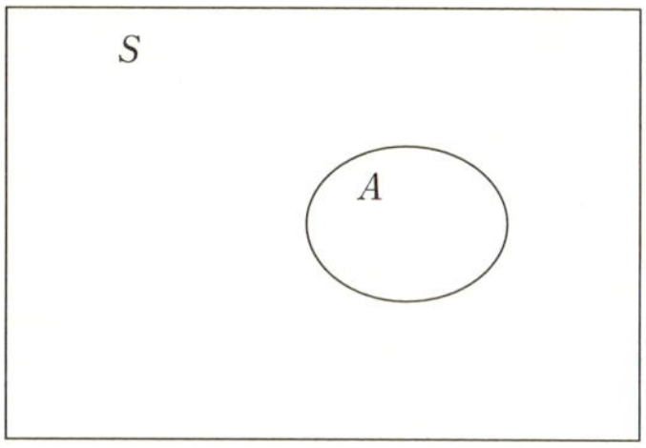

S に属する根元事象の総数が n で，どの根元事象も同様に確からしいとき，S の部分集合である事象 A の確率を，A に属する根元事象の個数 a を用いて，

$$P(A)=\frac{a}{n}$$

と定義するのである。これを数学的確率というが，各根元事象について，何を根拠に「同様に確からしい」とするのか，その根拠を説明するのは難しい。なお，これについては，「ベルトランの逆理」が興味深い。

その後，この難点を克服するために，フォン・ミーゼス（Von Mises, 1883-1953）は次のような定義を考えた。すなわち，試行を n 回繰り返したとき，事象 A が r 回起こったとして，事象 A の確率を相対度数 $\frac{r}{n}$ の極限として

$$P(A)=\lim_{n\to\infty}\frac{r}{n}$$

によって定めるのである。このような定義を統計的確率という。この定義によれば，画鋲投げのように同様に確からしくない場合をも議論できるので，好都合である。実際に，さいころを多数回投げて，さいころの1の目の出る確率が1/6に近づくことを実感させたり，画鋲の針が上を向く確率を求めさせることは有意義であろう。しかし，右辺の極限値の存在や極限値の特定が常に可能であるとはいえない恨みが残る。

いずれの確率の定義にも問題は残るが，双方に共通する性質は

1）$P(S)=1$ が成り立つ。

2）事象 A について，$0\leqq P(A)\leqq 1$ が成り立つ。

3）A，B，$\cdots C$ が互いに排反であるとき，

$$P(A\cup B\cup\cdots\cup C)=P(A)+P(B)+\cdots+P(C)$$

が成り立つ，ことである。

幾つかの簡単な場合について，数学的確率を用いて確率の計算をさせ，これらの性質を理解させるようにする。なお，確率の計算では標本空間の把握が不可欠であり，樹形図や二次元表に十分習熟させておく必要がある。2枚の硬貨を投げたときの硬貨の表と裏の出方は，（表，表），（表，裏），（裏，表），（裏，裏）の4通りであり，（表，表），（表，裏），（裏，裏）の3通りではないことを理解させるために，統計的確率の手法で確認させるのも有益であろう。

中学3年では，これまでの学習の上に立って，母集団の一部分を標本として抽出する方法や，標本の傾向を調べて母集団の傾向が読み取れることを理解できることを目標とする。

中学1年での資料の整理では，得られた資料から何らかの傾向を読み取ることをめざしたが，世論調査や製造した電球の寿命を調べる場合のように，全数調査では労力や経費がかかりすぎたり，無意味となることがありうる。このような例を示しながら，標本調査の必要性や，どのような方法で標本を採ればよいかを理解させるようにしたい。

無作為に標本を取り出すには，乱数さいやコンピュータによる擬似乱数等が

用いられることを説明するとともに，生徒自身に標本抽出をさせてその方法が適切であるかどうかを話し合わせたり，標本の傾向から母集団の傾向を予測する体験をさせることは有益である。しかし，ここで扱うのは標本調査の初歩的事項であり，その予測の適否について議論させることは難しいであろう。

以上，中学校における確率・統計の扱いについてその概要を説明したが，最後に学習指導要領で示された内容を表の形でまとめておく（表６－６）。

表６－６　「資料の活用」領域の内容

	第１学年	第２学年	第３学年
内　　容	資料の散らばりと代表値	確率	標本調査
用語・記号	平均値　中央値 最頻値　相対度数 範囲　階級		全数調査

第６節　数学的活動の指導

１．数学的活動の意味とその位置づけ

「数学的活動」は，今回の学習指導要領改訂におけるキーワードである。この数学的活動については，1998（平成10）年告示の学習指導要領の目標でもその意義に言及しているが，今回の改訂では，「数学的活動を通して」を冒頭に置き，

> 数学的活動を通して，数量や図形などに関する基礎的な概念や原理・法則についての理解を深め，数学的な表現や処理の仕方を習得し，事象を数理的に考察し表現する能力を高めるとともに，数学的活動の楽しさや数学のよさを実感し，それらを活用して考えたり判断したりしようとする態度を育てる。

のように，「数学的活動」が

① 数量や図形などに関する基礎的な概念や原理・法則についての理解を深める。
② 数学的な表現や処理の仕方を習得する。
③ 事象を数理的に考察し，表現する能力を高める。
④ 数学的活動の楽しさや数学のよさを実感し，それらを活用して考えたり判断したりしようとする態度を育てる。

のすべてに掛かる形になっている。

先述したように，学習指導要領解説（数学編）は数学的活動について，「数学的活動とは，生徒が目的意識をもって主体的に取り組む数学に関わりのある様々な営みである」と規定し，具体例として試行錯誤，資料の収集整理，観察，操作，実験などを上げているが，生徒が目的意識をもって主体的に取り組むことを条件としている。したがって，教師の説明を一方的に聞くだけの学習や，単なる計算練習は数学的活動に当たらないであろう。

このような考えから，数学的活動は問題解決的な色彩を強くもっており，課題学習や総合的な学習とも重なりをもつものといえるであろう。

その上で，中学校数学科における数学的活動では，既習の数学を基にして数や図形の性質などを見いだし発展させる活動，日常生活や社会で数学を利用する活動，数学的な表現を用いて根拠を明らかにし筋道立てて説明し伝え合う活動を重視すると述べている。しかも，生徒の学習状況や発達段階の違いへの配慮から，中学1年と中学2，3年の活動内容に違いを設けている。

数学的活動は，学習指導要領上，「A 数と式」「B 図形」「C 関数」および「D 資料の活用」の4領域を縦軸とすれば，この4領域から一端離れて，生徒が主体的に取り組む数学に関わる営みである3つの活動として，横軸に位置づけられるものである。

なお，上述のように，数学的な活動に関わって，「数学的に表現する」とか「筋道立てて説明し伝え会う」とあるように，数学教育における言語活動の充実が強調されていることにも注意する必要がある。

2．3つの活動とその指導例

〈ア　既習の数学を基にして，数や図形の性質などを見いだす活動〉

この活動は，既習の数学を固定的なものでなく柔軟な道具と捉え，新たな課題を見いだしてそれを解決したり，発展的，創造的に考える活動であり，試行錯誤や，一般化，抽象化，具体化，分析，総合などの数学的な見方や考え方を活用しながら行うことになる。

例1）同符号の整数の加法から異符号の整数の加法の計算法発見

$(+6)+(+2)$ や $(+4)+(-3)$ の計算を既知として，それらの計算を数直線上での2つの動きの連続したものと理解すれば，生徒が $(-2)+(+7)$ や $(+3)+(-6)$ の答を見いだすことができるだろう。そこで，幾つかの計算をさせて，異符号の整数同士の加法の計算法としてこれをまとめる。

例2）n 角形の内角の和，外角の和を求める活動

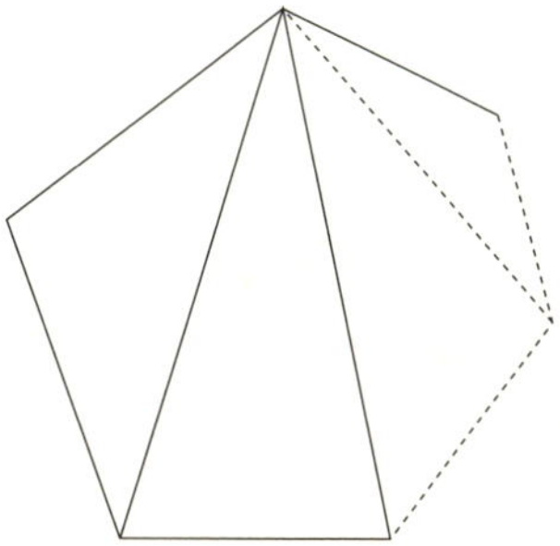

三角形の内角の和が $180°$ であることを知って，n 角形の内角の和や外角の和がどうなるかを考えさせるとき，n 角形が1つの頂点から出る対角線によって $n-2$ 個の三角形に分割されることに気付けば，内角の和，外角の和がそれぞれ

$$180° \times (n-2), \quad 360°$$

であることがわかる（右図参照）。この後，頂点以外に点を取って考えても同じ結果が得られることを体験させるとよいであろう。

さらに，凹んだ多角形ではどうか，星形5角形や星形7角形ではどうなるかと考えさせると新しい発見が生まれるであろう。

例3）ピタゴラス数について

$a^2+b^2=c^2$ を満たす3つの整数 a，b，c の組 (a, b, c) を考えると，

$3^2+4^2=5^2$ だから，$5^2-4^2=3^2$

$$5^2+12^2=13^2 \text{ だから，} 13^2-12^2=5^2$$

これらを一般化して表すと，$(n+1)^2-n^2=2n+1$ だから，$2n+1$ が平方数となるような n に注目すればピタゴラス数を見つけやすいことがわかる。上の例では，それぞれ $n=1$，12。さらに，$(n+2)^2-n^2=4n+4$ や $(n+3)^2-n^2=6n+9$ へと考察を進めたり，インターネットで関連する事柄を調べる生徒が出ることを期待したい。

〈イ　日常生活や社会で数学を利用する活動〉

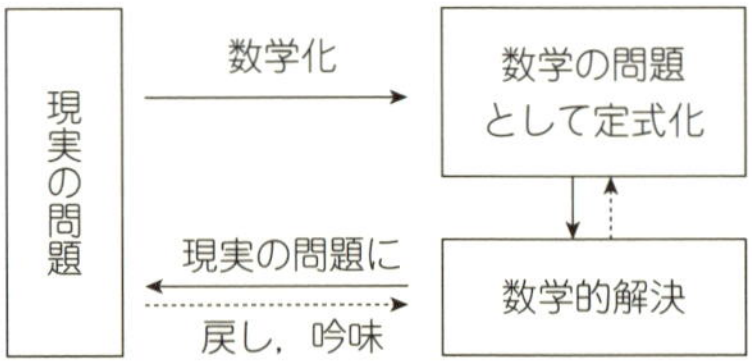

日常生活や社会における問題を理想化したり，単純化することにより，数学の問題として定式化すること（数学化）が第一である。それを数学の世界で処理し，その解の意味を日常生活や社会において解釈し直し，問題を解決する方法である。このような活動を通して，数学のよさや数学を利用することの意義を実感する機会としたい。

例 1）月の満ち欠けの周期

月は地球の周りを 27 日の周期で公転するとともに，27 日の周期で自転する。しかも，地球は太陽の周りを 365 日で公転している。そのとき，なぜ月の満ち欠けの周期が 29 日余りになるのか。

この問題を単純化して，地球が太陽の周りを 360 日で公転するとして考えると，月の満ち欠けの周期 x について，

$$360:(360+x)=27:x$$

が成り立つ。したがって，

$$360x=9720+27x$$

これより，x は 29.189…と求まる。

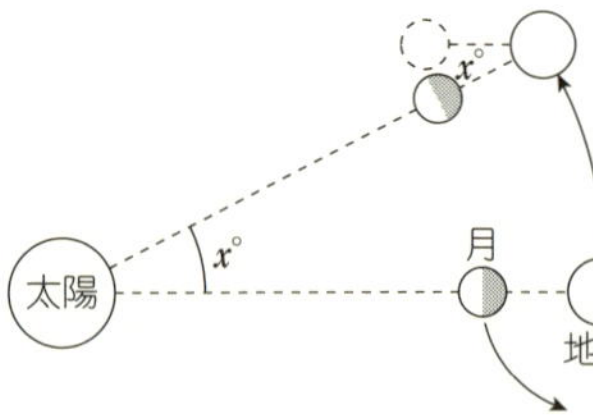

例 2）度数分布表やヒストグラムの活用

ある生徒のクラスで，一週間の自宅学習の時間数を調べた。その時間数のデータを幾つかの階級に分け，度数分布表に表したり，ヒストグラムに表すと自分のクラスにおける位置や学習時間改善への目安が得られるであろう。

例３）富士山の山頂から水平線までの距離を測る

問題を単純化して富士山の高さが3300m，地球は球体でその半径は6360kmとし，山頂から水平線までの距離を$h$kmとすると，

$$(3.3+6360)^2=6360^2+h^2$$

が成り立つ。これから，hを求めることができる。

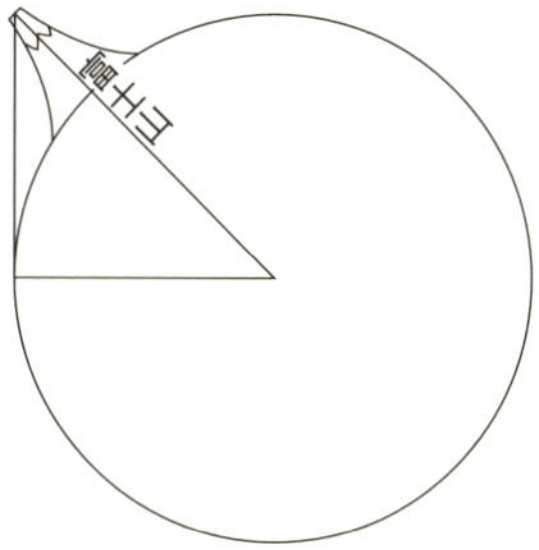

〈ウ　数学的な表現を用いて，根拠を明らかにし筋道立てて説明し伝え合う活動〉

言葉や数，式，図，表，グラフなどを適切に用いて，数量や図形などに関する事実や手続き，思考の過程や判断の根拠などについて的確に表現したり，考えたり工夫したことなどについて数学的な表現を用いて伝え合い共有したり，見い出したことや思考の過程，判断の根拠などについて，数学的に説明したりする活動である。

例１）直線l外の１点Ｐを通って，直線lに垂直な直線を引く

点Ｐを中心とする円が直線lと交わるように描き，その交点をＡ，Ｂとする。続いて，２点Ａ，Ｂを結ぶ線分の垂直二等分線を引けば，これが求める直線である。この作図法の正当性を他者に説明させる。

同様にして，直線lに平行で，点Ｐを通る直線の作図法と，その方法が正しいことを説明させる。

例２）２人でくじを引く場合，先に引くと有利になるか

５本のくじの中に１本の当たりくじが含まれているとき，Ａ，Ｂがこの順に引くものとすれば，どちらが有利か。ただし，引いたくじは元に戻さない。

Ａが当たりを引けば，もうＢがあたることはないからＢが不利のようにも見える。しかし，実際に計算すれば両者の確率は等しい。この微妙な部分をきちんと理解し説明することは案外難しい。

例３）開　平

計算機の普及で，現在はあまり使われなくなったが，その計算法の仕組みは巧妙であり，それを理解するのは面白い。たとえば，$\sqrt{2209}$で説明しよう。

まず，2209を下位から２桁ずつに区切り，平方して22を超えない整数で最

大のもの4を22の上に書く。さらに，22の下に4の2乗の16を書き，$22-16=6$を16の下に書く。続いて，この6と下位2けたの09を合わせた609を考え，$4+4=8$をもとにした2桁の数8○と掛けて609をぎりぎり越えない整数○を609の上にとる。○＝7だから，$\sqrt{2209}=47$。

ややや難しい例であるが，$(10a+h)^2=2209$であれば，$100a^2<2209$だから

$a^2<22$。よって，$a=4$。

つぎに，$20ah+h^2=(10a+10a+h)h=609$であるが，この式が$4+4=8$から8○をつくる仕組みを説明していることになる。

この後，平方根が整数にならない場合について考えさせるのも有益であろう。

（河野芳文・砂原　徹）

第6章　参考文献

伊東俊太郎ほか（1975）『数学講座18　数学史』筑摩書房.

岩合一男編（1990）『算数・数学教育学』福村出版.

河野芳文（2002）「総合学習の一教材『ケプラーの法則の数学的証明』」広島大学附属中・高等学校研究紀要，第48号，pp. 53-66.

権平健一郎ほか（1982）『関数とは何か』講談社ブルーバックス.

数学教育研究会編（2001）『新版　数学教育の理論と実際』聖文社.

杉山吉茂ほか（2008）『数学科教育』学文社.

文部科学省（2008）『中学校学習指導要領解説　数学編』教育出版.

矢野健太郎（1989）『数学史　改訂版』科学振興社.

第7章
高校数学（必修）の指導

2009（平成21）年3月に告示された高等学校学習指導要領では，従前以上に数学的活動が重視されている。数学的活動とは数学学習にかかわる目的意識をもった主体的活動ととらえることができる。学習指導要領では「指導に当たっては，各科目の特質に応じ数学的活動を重視し，数学を学習する意義などを実感できるようにするとともに，次の事項に配慮するものとする。」として配慮事項が3点述べられており，これらを踏まえた取組の充実が求められている。

今回の改訂で高等学校数学科は，数学Ⅰ，数学Ⅱ，数学Ⅲ，数学A，数学B，数学活用の6科目で編成されることとなった。数学Ⅰ，数学Ⅱ及び数学Ⅲはその内容のすべてを履修する科目で，数学A及び数学Bは生徒の実態や単位数などに応じて内容を選択して履修する科目である。また，数学活用は，数学基礎の趣旨を踏まえ，内容を発展させた科目として新たに設けられた。それぞれの科目で，その趣旨を踏まえた指導が大切である。

2002（平成14）年度及び2005（平成17）年度教育課程実施状況調査で，基本的な概念や用語・記号の意味の理解など基礎基本が十分に身に付いていないことや，数学に対する好感度や有用性の意識などがあまり高くないことが明らかになった。このような現状を改善するための指導の工夫も強く求められている。

本章では，第1節で高校数学の目標と内容について，小中学校での指導との関連性や数学史的視点，数学的発展性などのいくつかの視点を解説し，第2節では，高校数学の指導内容について，その問題点を考察する。

第1節　高校数学の概観

2009（平成21）年3月9日に高等学校学習指導要領が告示された。この学習指導要領は，数学及び理科については他教科に先駆けて平成24年度から学年進行で実施されることとなっている。

ここでは，まず新高等学校学習指導要領数学科（以下，「新数学科」と略記）の目標，科目構成及び内容について述べ，次に指導の改善について述べることとする。

1．高等学校数学科の目標

新数学科の目標は次のようになっている。

> 数学的活動を通して，数学における基本的な概念や原理・法則の体系的な理解を深め，事象を数学的に考察し表現する能力を高め，創造性の基礎を培うとともに，数学のよさを認識し，それらを積極的に活用して数学的論拠に基づいて判断する態度を育てる。
>
> （下線を付した部分は従前の目標との変更部分である。）

まず，従前（1999（平成11）年告示の高等学校学習指導要領数学科）との変更部分について順に説明する。

（1）数学的活動を通して

従前では同じ文言が目標の中ほどにあった。

数学的活動とは，数学学習に関わる目的意識をもった主体的活動のことである。今回の改訂では，この文言を文頭に出し，目標全体に関係させることで数学的活動を従前以上に重視することを示した。学習指導要領では第3款に数学的活動に関する記述を設けるとともに，数学的活動を一層重視して指導する内容として数学Ⅰ及び数学Aに課題学習を設けた。

（2）体系的な理解

従前では単に「理解」となっていた。

高等学校数学科では，以前から体系的に組み立てていく数学の考え方を重視してきた。事実，1956（昭和31）年に公表された学習指導要領の目標に「数学が体系的にできていることと，その体系を組み立てていく考え方を理解し，その意義を知る。」と述べられており，以後1978（昭和53）年告示の学習指導要領まで，表現が多少異なることもあるが「体系的に組み立てていく数学の考え方」という文言は目標に記述されている。1989（平成元）年の学習指導要領の目標からこの文言が消えたのは，「数学的な見方や考え方のよさ」という文言が導入されその中に含まれることになったからである。今回の改訂では「数学的な見方や考え方のよさ」を「数学のよさ」に変更したため「体系的に組み立てていく数学の考え方」がやや捉えにくくなったこと，さまざまな場面で数学の知識や技能を活用するためにはそれらを体系的に理解しておくことが大切であることから「理解」を「体系的な理解」に変更した。

（3）考察し表現する能力

従前では「考察し処理する能力」となっていた。

今回の改訂では，各教科等を通して思考力・判断力・表現力等の育成を重視しており，この部分は従前の表現をそれに沿った表現に変更したものである。

「考察し，処理し，表現する能力」とすることも考えられたが，事象を数学的に考察するときには，数学的に表現・処理しながら行う，つまり，事象を数学的に考察することと，数学的に表現・処理することは不可分のものであるので，「考察し」に数学的に表現・処理することを含めたものである。特に，「表現する」では，2008（平成20）年1月の中央教育審議会答申に記述されている次のような活動なども想定している。

・ 体験から感じ取ったことを表現する。

・ 事実を正確に理解し伝達する。

・ 概念・法則・意図などを解釈し，説明したり活用したりする。

・ 情報を分析・評価し，論述する。

・ 課題について，構想を立て実践し，評価・改善する。
・ 互いの考えを伝え合い，自らの考えや集団の考えを発展させる。

（4）数学のよさ

従前では「数学的な見方や考え方のよさ」となっていた。

「数学のよさ」とは，数学的な見方や考え方のよさを含み，数学的な概念や原理・法則のよさ，数学的な表現や処理の仕方のよさ以外に，高等学校では数学の実用性や汎用性などの特長や数学的活動や思索することの楽しさなども含まれる。

数学は，その抽象性ゆえ前提を満たすものに対しては数学的に考察した結果を適用することができる。特に，物理や工学などの科学技術に適用されることが多いが，現在では経済学などの社会科学などにも大いに適用されている。そのような数学の特長を感じ取らせることを通して，生徒の数学の学習に対する関心や意欲を高めたいものである。

また，近年，ナンバープレースなどのパズルが人気を博しているように，数学的な見方や考え方，表現などを使って問題を解決したり，探究したりすることは本来，人間にとって楽しいことであるはずである。今回，数学 A に「整数の性質」や「図形の性質」という内容を設けたが，生徒が整数や図形の性質に関心をもち，積極的にいろいろな性質を見いだしたり，どうしてそのような性質が成り立つのか考察したりして数学の世界を楽しんでもらいたいと強く思っている。

（5）数学的論拠に基づいて判断する態度

従前では単に「積極的に活用する態度」となっていた。

これは，事象を数学的に考察し，得られた結果に基づいて自分で判断することを言っている。大切なことは，数学的に正しい推論をすることであり，自分で判断することである。自律的な態度を育てると言ってもよい。

民主主義社会は自律した個人を求めており，やや大仰ではあるが，数学教育がそれに資する態度の育成を目指していることを述べている。

次に，目標に関連して，高等学校における数学教育の意義について述べる。

高等学校へは，現在，中学校を卒業した生徒の約98％が進学している。それゆえ，高等学校では多様な特性等をもった生徒が学習しており，特色のある多様な高等学校が全国に設置されている。数学についても，その学習に意義を見いだせない生徒が少なからずおり，「なぜ，数学を学ばなければならないのか」という問いは，生徒から繰り返し出されるものである。事実，社会を生きていくためには，中学校1・2年生が学ぶ程度の数学の知識や技能を身に付けておけば，さほど困ることはないだろう。

学習指導要領では，高等学校で数学を学ぶ意義を次の4点に整理している。

① 社会をよりよく生きるための知恵を育てる。

② 創造性の基礎を育てる。

③ 自律的な態度を育てる。

④ 数学文化を享受する。

①は実用的目的，②及び③は陶冶的目的，④は文化的目的ということもできる。「新数学科」の目標を読み直すと，①〜④が踏まえられていることがわかるだろう。ただし，「新数学科」の目標でも「数学的活動を通して」と文頭に書かれているように，ただ漫然と数学を学習してもこれらは実現できるものではなく，本来あるべき数学の学習をすることが大切である。たとえば，②として述べた「創造性の基礎」として，知的好奇心，豊かな感性，健全な批判力，直観力，洞察力，論理的思考力，多面的に見る力，想像力，粘り強く考え抜く力などが考えられるが，数学の問題の解き方を知るだけでは創造性の基礎はほとんど育てることができないだろう。学習と指導の質が問い直されなければならない。

なお，小学校学習指導要領算数，中学校学習指導要領数学の目標はそれぞれ次のようになっており，目標については，小学校，中学校，高等学校で整合が図られている。

【小学校算数】
算数的活動を通して，数量や図形についての基礎的な知識及び技能を身に付け，日常の事象について見通しをもち筋道を立てて考え，表現する能力を育てるとともに，算数的活動の楽しさや数理的な処理のよさに気付き，進んで生活や学習に生かそうとする態度を育てる。

【中学校数学】
数学的活動を通して，数量や図形などに関する基礎的な概念や原理・法則の理解を深め，数学的な表現や処理の仕方を習得し，事象を数理的に考察し表現する能力を高めるとともに，数学的活動の楽しさや数学のよさを実感し，それらを活用して考えたり判断したりしようとする態度を育てる。

2．高等学校数学科の科目編成及びその内容

「新数学科」の各科目，標準単位数，各科目の目標及び内容は表7－1（166-167頁参照）のとおりである。先に述べた数学科の目標を実現するため，科目編成及び各科目の内容構成は大切である。

科目編成の在り方では，従前の科目編成の在り方を踏襲しているが，いくつかの点で変更をしている。

第1の変更点は，従前では7科目で編成されていた数学科を6科目で編成したことである。従前の数学Cの内容は他科目などに移行し，内容選択の科目は数学Aと数学Bのみになった。また，数学Aと数学Bの標準単位数は従前と同じ2単位であるが，それぞれ3つの内容から生徒の実態や単位数などに応じて内容を選択し履修することになっている。従前では，数学Aは原則としてその内容のすべてを履修し，数学B及び数学Cでは4つの内容からいくつかの内容を選択し履修することになっていた。平成18年度の教科書の需要冊数からすると，従前の学習指導要領下では数学Aの履修率は80％程度，数学Bは50％程度，数学Cは20％程度であったと考えられる。また，内容の選択に関しては，数学Bで「数列」「ベクトル」，数学Cで「行列とその応用」「式

と曲線」の選択が多数であった。今回の改訂では，これらのことも踏まえ，特に履修状況の低い内容について検討を加え，より履修されやすいように変更して他科目に移行するなどされた。

第2の変更点は，数学Ⅰだけが必履修科目になったことである。従前では，数学基礎と数学Ⅰの選択必履修であった。平成20年1月の中央教育審議会答申（以下「答申」と略記）には「学習の基盤であり，広い意味での言語を活用する能力ともいうべき力を高める国語，数学，外国語については，現在選択必履修となっているが，義務教育の成果を踏まえ，共通必履修科目を置く必要がある。」と述べられている。これを受け，数学Ⅰだけが必履修科目となったのであるが，約98％の進学率を踏まえ，どのような内容にすべきかが慎重に検討された。なお，数学Ⅰの標準単位数は3単位であるが，高等学校学習指導要領第一章第3款の1の(1)に「…生徒の実態及び専門学科の特色等を考慮し，特に必要がある場合には，…「数学Ⅰ」…については2単位とすることができ」と記述されている。したがって，特に必要がある場合には数学Ⅰを2単位で履修することは可能である。ただし，その場合には，数学科及び数学Ⅰの目標の趣旨を損なわないようにしなければならない。

第3の変更点は，数学基礎の趣旨を生かし内容を発展させた科目として数学活用が設けられたことである。従前の数学基礎は，平成18年度の教科書の需要冊数からすると履修率は5％程度であったと考えられるが，第3学年での履修が増えることから必履修科目としての履修より選択科目としての履修の方が多かったと考えられる。従前，生涯学習の基礎を培う科目の一つとして設けられた数学基礎であるが，生徒の特性等の多様化を踏まえれば今回も同様の趣旨の科目は必要だと判断され数学活用が設けられた。ただし，今回の改訂では必履修科目としての扱いではないので，内容についてもそのことを踏まえた検討がなされた。

さて，ここで各科目の内容について簡単に述べておきたい。

〈数　学Ⅰ〉

今回の改訂で中学校の内容領域が，「数と式」「図形」「関数」「資料の活用」

表７－１　高等学校数学科　各科目

数学Ⅰ	３単位
	数と式，図形と計量，二次関数及びデータの分析について理解させ，基礎的な知識の習得と技能の習熟を図り，事象を数学的に考察する能力を培い，数学のよさを認識できるようにするとともに，それらを活用する態度を育てる。
	数と式　ア　数と集合(ア)実数(イ)集合 　　　　イ　式(ア)式の展開と因数分解(イ)一次不等式 図形と計量　ア　三角比(ア)鋭角の三角比(イ)鈍角の三角比(ウ)正弦定理・余弦定理 　　　　　　イ　図形の計量 二次関数　ア　二次関数とそのグラフ 　　　　　イ　二次関数の値の変化(ア)二次関数の最大・最小(イ)二次方程式・二次不等式 データの分析　ア　データの散らばり 　　　　　　　イ　データの相関
数学Ⅱ	４単位
	いろいろな式，図形と方程式，指数関数・対数関数，三角関数及び微分・積分の考えについて理解させ，基礎的な知識の習得と技能の習熟を図り，事象を数学的に考察し処理する能力を養うとともに，それらを活用する態度を育てる。
	いろいろな式　ア　式と証明(ア)整式の乗法・除法，分数式の計算(イ)等式と不等式の証明 　　　　　　　イ　高次方程式(ア)複素数と二次方程式(イ)因数定理と高次方程式 図形と方程式　ア　直線と円(ア)点と直線(イ)円の方程式 　　　　　　　イ　軌跡と領域 指数関数・対数関数　ア　指数関数(ア)指数の拡張(イ)指数関数とそのグラフ 　　　　　　　　　　イ　対数関数(ア)対数(イ)対数関数とそのグラフ 三角関数　ア　角の拡張 　　　　　イ　三角関数(ア)三角関数とそのグラフ(イ)三角関数の基本的な性質 　　　　　ウ　三角関数の加法定理 微分・積分の考え　ア　微分の考え(ア)微分係数と導関数(イ)導関数の応用 　　　　　　　　　イ　積分の考え(ア)不定積分と定積分(イ)面積
数学Ⅲ	５単位
	平面上の曲線と複素数平面，極限，微分法及び積分法についての理解を深め，知識の習得と技能の習熟を図り，事象を数学的に考察し表現する能力を伸ばすとともに，それらを積極的に活用する態度を育てる。
	平面上の曲線と複素数平面 ア　平面上の曲線(ア)直交座標による表示(イ)媒介変数による表示(ウ)極座標による表示 イ　複素数平面(ア)複素数の図表示(イ)ド・モアブルの定理 極限　ア　数列とその極限(ア)数列の極限(イ)無限等比級数の和 　　　イ　関数とその極限(ア)分数関数と無理関数(イ)合成関数と逆関数(ウ)関数値の極限 微分法　ア　導関数(ア)関数の和・差・積・商の導関数(イ)合成関数の導関数(ウ)三角関数・指数関数・対数関数の導関数 　　　　イ　導関数の応用 積分法　ア　不定積分と定積分(ア)積分とその基本的な性質(イ)置換積分法・部分積分法(ウ)いろいろな関数の積分

	イ　積分の応用
数学Ａ	２単位
	場合の数と確率，整数の性質又は図形の性質について理解させ，基礎的な知識の習得と技能の習熟を図り，事象を数学的に考察する能力を養い，数学のよさを認識できるようにするとともに，それらを活用する態度を育てる。
	場合の数と確率　ア　場合の数(ｱ)数え上げの原則(ｲ)順列・組合せ イ　確率(ｱ)確率とその基本的な法則(ｲ)独立な試行と確率(ｳ)条件付き確率 整数の性質　ア　約数と倍数 イ　ユークリッドの互除法 ウ　整数の性質の活用 図形の性質　ア　平面図形(ｱ)三角形の性質(ｲ)円の性質(ｳ)作図 イ　空間図形
数学Ｂ	２単位
	確率分布と統計的な推測，数列又はベクトルについて理解させ，基礎的な知識の習得と技能の習熟を図り，事象を数学的に考察し表現する能力を伸ばすとともに，それらを活用する態度を育てる。
	確率分布と統計的な推測　ア　確率分布(ｱ)確率変数と確率分布(ｲ)二項分布 イ　正規分布 ウ　統計的な推測(ｱ)母集団と標本(ｲ)統計的な推測の考え 数列　ア　数列とその和(ｱ)等差数列と等比数列(ｲ)いろいろな数列 イ　漸化式と数学的帰納法(ｱ)漸化式と数列(ｲ)数学的帰納法 ベクトル　ア　平面上のベクトル(ｱ)ベクトルとその演算(ｲ)ベクトルの内積 イ　空間座標とベクトル
数学活用	２単位
	数学と人間のかかわりや数学の社会的有用性についての認識を深めるとともに，事象を数理的に考察する能力を養い，数学を積極的に活用する態度を育てる。
	数学と人間の活動　ア　数や図形と人間の活動 イ　遊びの中の数学 社会生活における数理的な考察　ア　社会生活と数学 イ　数学的な表現の工夫 ウ　データの分析

の４領域になったことから，中学校との接続を考え，この科目は「数と式」「図形と計量」「二次関数」「データの分析」の４つの内容で構成された。また，数学的活動を一層重視して行う「課題学習」も位置付けられた。

「数と式」には，従前の数学Ａの内容であった「集合と論理」が含められ，必要条件や十分条件などの数学的な表現をすべての高校生が学ぶこととなった。また，乗法公式や因数分解の公式で扱われるのは２次までである。数学Ⅰは共通必履修科目として２次の世界までを扱うことになったのである。

「図形と計量」では，従前含まれていた「相似形の面積比・体積比」や「球の表面積・体積」は中学校へ移行された。

「データの分析」は，今回新たに導入された内容であり，分散や標準偏差，相関係数など記述統計の基礎的な内容を扱う。現代はさまざまなデータに基づいて判断をすべき場面に直面することが多く，基礎的な統計活用能力は必須のものとなっている。「答申」には「数学は，実社会や実生活の様々な場面で活用されていることを理解させることや論理的な思考力・表現力を養うことを重視した改善が必要」と述べられており，「データの分析」の導入は「答申」で述べられていることを踏まえたものである。

「課題学習」では，学習指導要領に「…生徒の関心や意欲を高める課題を設け，生徒の主体的な学習を促し，数学のよさを認識できるようにする。」と述べられているように，生徒が主体的に学ぶこと，つまり数学的活動を通して学ぶことを特に重視している。そのため，どのような課題を設定するかが大切であるが，それは，生徒の生活と関連付けた課題や，普段の授業の中で生徒が疑問に思うことなどから設定した課題など生徒が関心や意欲をもって取り組めるものでなければならない。

〈数　学Ⅱ〉

数学Ⅱの内容は従前の内容と大きくは変わっていない。

「いろいろな式」は従前の「式と証明・高次方程式」に対応した内容であるが，今回の改訂で３次の乗法公式や因数分解の公式が数学Ⅰで扱われなくなったためここで扱うことになる。また，それに関連して，従前の数学Ａの「場合の数と確率」で扱われていた二項定理もここで扱う。二項定理は非常に大切な定理で，ここで扱うことにより，より多くの場面で活用されることが期待される。

「指数関数・対数関数」と「三角関数」は，従前では「いろいろな関数」としてくくられていた。今回の改訂で２つに分けたのは，学校や生徒の実態により理科などとの関係から指数関数や対数関数を早めに履修していた方がよいと判断した場合には，そのような柔軟な対応も可能であることを明確にする意図からである。

〈数　学Ⅲ〉

数学Ⅲの内容は，従前の内容に「平面上の曲線と複素数平面」を付け加えたものである。ただし，この科目で平面上の曲線を扱うことから，積分の応用として曲線の長さも扱うこととなった。

今回の改訂で，数学Ⅲの標準単位数が５単位になったため，従前の「極限」「微分法」「積分法」以外に何を数学Ⅲとするかは慎重に検討された。数学Ⅲは，従前と同様，数学に強い興味や関心をもち，さらに深く学習しようとする生徒や将来，数学が必要な専門分野に進もうとする生徒が履修する。そのような生徒には，二次曲線やいろいろな曲線の表し方を指導しておくべきである，また，複素数は数学Ⅱで履修するだけではそのよさを十分に学ばせることができないので，特に将来，数学が必要な専門分野に進もうとする生徒には複素数の図表示は指導しておくべきである，との判断から「平面上の曲線と複素数平面」が数学Ⅲの内容とされたのである。

〈数　学A〉

数学Ａの内容は，「場合の数と確率」「整数の性質」「図形の性質」で構成されおり，数学Ⅰと同様に「課題学習」も位置付けられている。

「場合の数と確率」は，従前の内容に「数え上げの原則」と「条件付き確率」を加え，従前の内容であった「期待値」を数学Ｂの「確率分布と統計的な推測」に移行した。「期待値」は大切な内容であるが，平成14年度高等学校教育課程実施状況調査（平成元年告示の学習指導要領についての調査）で通過率が低く，同時に「その学習内容が好きだった」と回答した生徒が最も少なかった内容であり，数学Ｂで確率分布と合わせて扱う方が理解は進むと考えた。

「整数の性質」は，従前の数学Ｂの「数値計算とコンピュータ」で扱っていたユークリッドの互除法を中心に，一次不定方程式なども扱うものである。小中学校で学習している内容と重なる部分もあるが，ここで改めて整数の性質についてまとめ，発展させて扱う。いたずらに多くの事柄を教え込むより，生徒に整数の性質の面白さを味わわせることが大切である。

「図形の性質」は，ほぼ従前の数学Ａの「平面図形」に，作図と空間図形を付け加えたものである。作図は，中学校で学習したものをまとめ，さらに与えられた線分を等分したり，正五角形を作図したりする。どのように作図すればよいかを十分考えた上で作図し，作図の後はその方法が正しいことを証明することや，その図形のすべての点が条件を満たしていることを確認することも大切である。空間図形は，三垂線の定理や空間図形の計量，正多面体が５種類しかないことなどを扱う。空間図形の計量では，数学Ⅰが共通必履修科目となったことも踏まえ，数学Ⅰの「図形と計量」と関連付けて扱うことも考えられる。また，高校生の空間認識能力を育てることは以前から課題になっており，離散数学の「詰め込み問題」を扱うなど，生徒が興味や関心をもって学習できるよう生徒の実態に応じた指導の工夫が望まれる。

〈数　学Ｂ〉

数学Ｂの内容は，「確率分布と統計的な推測」「数列」「ベクトル」で構成されており，「数列」と「ベクトル」は従前の扱いとほぼ同じである。この科目も数学Ａと同様，標準単位数は２単位で生徒の実態や単位数に応じていくつかの内容を選択して履修する科目である。

「確率分布と統計的な推測」は，従前の数学Ｃの「確率分布」と「統計処理」をほぼ合わせたものである。数学Ｂを３つの内容で構成しようとしたことも理由の一つであるが，「確率分布」と「統計処理」を合わせた方がまとまりのある内容となり，学習しやすいと考えた。なお，従前の数学Ｂや数学Ｃを基に推測すれば，「数列」と「ベクトル」を選択する学校が多いと思われるが，統計活用能力の必要性などを考慮すれば「確率分布と統計的な推測」はより多くの学校で選択されてよい内容である。

〈数学活用〉

数学活用の内容は，「数学と人間の活動」「社会生活における数理的な考察」で構成されており，大項目名は数学基礎を引き継いでいる。ただし，数学基礎の「身近な統計」は「社会生活における数理的な考察」に「データの分析」として含められている。

「数学と人間の活動」のうち「数や図形と人間の活動」は，ほぼ従前の内容と同じである。ただ，現代はコンピュータを用いて数学の学習や研究がなされることも多いので，コンピュータを用いた数学的な問題の解決も扱うこととしている。「遊びの中の数学」は，身の回りにあるゲームやパズルなどを取り上げ，その構造や解決への戦略などを考えさせることにより，数学的な考え方の面白さを感じ取らせたり，数学のよさを認識させたりするものである。“遊び”は，ある意味で人間の本性に根差したものであり，そこに数学的な考え方が用いられていることを考察し，数学学習の意義を考えさせることもできる。

「社会生活における数理的な考察」のうち，「社会生活と数学」は社会生活や職業生活などの場面で事象を数学化し，数学的に処理し，結果をもとに戻してその意味を解釈することを扱う。そのような活動を通して数学の有用性や実用性を認識させることもできると考えているが，その際，理科や家庭科，情報などの内容を踏まえることも必要であろう。「数学的な表現の工夫」は，数学化された事象を数学的な表現を工夫することで，よりよく問題を解決するものである。問題の解決において，よりよい数学的な表現はその問題の解決を容易にするので，どのように表現するかは非常に大切である。ここでは，式や図，表，グラフ以外に，行列や離散グラフも扱う。行列は，従前では数学Ｃで扱われていたが，ここではあくまで数学的な表現の工夫として，その表し方や演算のよさを認識させる。また，離散グラフとは，頂点と辺から構成される図形のことで，いくつかのものの関係を単純化して表現し，考察するのに大変有用である。

数学基礎の履修状況から考えれば，数学活用は多くの生徒の履修が期待できないかもしれないが，数学の面白さを認識させるためにもぜひ多くの生徒に履修してもらいたいと考えている。

３．指導の改善

「新数学科」では，数学的活動を従前以上に重視している。数学の知識や技能は教え込まれただけではいろいろな場面で活用できるものとはならず，大切なのは生徒が主体的な活動を通して学び取ることだとの考えに基づいている。

新高等学校学習指導要領では，数学的活動にかかわって第３款の３で次のように規定している。

> ３　指導に当たっては，各科目の特質に応じ数学的活動を重視し，数学を学習する意義などを実感できるようにするとともに，次の事項に配慮するものとする。
> （１）自ら課題を見いだし，解決するための構想を立て，考察・処理し，その過程を振り返って得られた結果の意義を考えたり，それを発展させたりすること。
> （２）学習した内容を生活と関連付け，具体的な事象の考察に活用すること。
> （３）自らの考えを数学的に表現し根拠を明らかにして説明したり，議論したりすること。

これに基づいて指導の改善について述べることにする。

（１）数学学習の意義や必要性を実感できるようにする

表７－２は平成17年度高等学校教育課程実施状況調査数学Ⅰの質問紙調査の結果である。この結果からも高校生の数学に対する好感度や有用性の意識が高くないことがわかる。特に，数学Ⅰの各内容に対して「普段の生活や社会生活の中で役立つと思った」に肯定的な回答をした生徒の割合は軒並み低くなっている。この他，「数学を勉強すれば，私は，論理的に考えることができるようになる」に肯定的な回答は30.1％，否定的な回答は56.9％であった。これらのことから「数学は何のために学んでいるのだろう」と疑問を感じている高校生は少なくないと思われる。したがって，生徒が数学を学ぶ意義や必要性を感じることができるような授業展開を工夫することはとりわけ大切なことである。

工夫の視点としては次のようなことが考えられる。

㋐ 解決すべき課題を明示し，その課題を解決することを目指した授業を展開

表７-２　平成17年度高等学校教育課程実施状況調査　数学

（%）

数学Ⅰの内容	よくわかった	よくわからなかった	好きだった	嫌いだった	役に立つと思った	役に立つと思わなかった
実数の性質や簡単な無理数の計算	47.0	25.8	27.5	34.6	20.0	46.4
式の展開や因数分解	59.4	17.2	42.2	26.7	9.8	56.9
不等式の性質と一次不等式	42.4	30.4	25.2	39.5	11.3	55.0
二次方程式	51.3	22.5	34.6	31.8	9.5	56.4
二次関数のグラフ	33.1	39.1	19.3	49.5	7.0	60.2
二次関数の最大・最小	34.3	37.6	20.5	46.9	7.2	59.7
二次関数と二次方程式や二次不等式との関係	26.6	43.3	15.3	50.3	5.8	60.3
三角比の意味や三角比の相互関係	32.8	37.8	23.3	44.9	11.4	55.3
正弦定理と余弦定理の意味とその応用	29.3	42.2	20.7	47.5	8.4	58.6
相似形の面積比・体積比および球の表面積・体積	24.1	45.9	15.3	52.6	15.4	51.0

[注]「役に立つと思った（思わなかった）」は「普段の生活や社会生活の中で役に立つと思った（思わなかった）」である。

すること

(イ) 生徒の疑問や誤りを生かしながら授業を展開すること

(ウ) 実生活の話題を適宜取り入れながら授業を展開すること

(ア)及び(イ)は数学的活動の（１）に関連したものである。

（１）では，「自ら課題を見いだし」となっているが，授業ではやはり教師の適切な指導が必要である。教師が課題を提示する場合でも，それを生徒が「解決すべき課題」として捉えられるようにすることが大切である。(イ)にあるように生徒の疑問や誤りを課題とすることも可能である。

課題を設定した後，解決のための構想を立て考察・処理をすることになるが，必ずしも１時間の授業で結果が得られなくてもよい。その課題を解決するためにどのような知識や技能などが必要かがわかれば，その知識や技能を身に付けることが生徒にとって意味をもつものになる。

たとえば，次は2次関数の問題としてよく教科書に取り上げられている問題であるが，それを基に考えてみよう。

幅20cmの金属板を，両側から$x$cmだけ折り曲げて，切り口が長方形状のといを作る。 このとき，その断面積$y\mathrm{cm}^2$を最大にするxの値はいくらか。

この問題を2次関数の学習のはじめに提示する。その際，生徒の「解決すべき課題」となるよう「なぜ，といの断面積が最大になるようにするのか」を説明することなどが必要である。

生徒にこの問題を考えさせ，「yをxの式で表しその変化を捉えることが必要だ」との考えを全体で確認できれば，2次関数のグラフや2次関数の最大・最小について学習することが生徒にとって意味のあることになる。また，このような展開をすると，中学校で学習した関数$y=ax^2$の復習を適宜することも生徒の興味を高めることにつながる。結局，上記の問題の解決は何時間か授業を行った後になるが，それでも構わないのである。

なお，生徒の疑問や誤りを課題とする場合には，配慮も必要である。生徒の疑問が必ずしも高等学校の範囲で収まるとは限らないし，生徒の誤りが必ずしもよりよい考えを引き出すとは限らない。そこには，当然，教師の適切な判断が必要である。ただ，うまく課題として生かすことができれば，生徒の学習に対する意欲を高めることができ，数学学習の望ましい態度を育てることにもつながるだろう。

(ウ)は数学的活動の（2）に関連したものである。

実生活における具体的な事象を課題として取り上げることができれば，生徒の関心や意欲を高めることができる。ただ，高等学校数学の内容との関連を考えた場合，かなり解決の難しい課題になったり，逆に陳腐で生徒が興味のもちにくい課題になったりすることもあり得る。教師は，日頃から適切な題材を見つけるよう心構えをしておくことが大切である。なお，実生活における具体的な課題を取り上げる場合，複雑な計算をしたりすることも少なくないので，積極的にコンピュータやグラフ電卓などを活用することを考えた方がよい。

（2）言語活動を充実させる

数学科で言語活動を充実させることに関連し，次のような視点が考えられる。

(ア) 概念や用語・記号の意味を確実に理解させる

(イ) 事象を数学的に表現したり，数学的に表現されたことを解釈したりする

(ウ) 自分の考えを根拠を明らかにして表現したり，議論したりする

高等学校では，多くの概念や用語・記号が出てくるが，とかく普段の授業では，問題を解くことができるようにすることに力点が置かれ，概念を理解することや用語・記号の意味を理解することはおろそかになりやすい。しかし，概念や用語・記号の意味が確実に身に付いていなければ，さまざまな場面で数学を活用して問題を解決できるようにはならない。つまり，数学を言語として適切に使うことができないのである。これらを確実に身に付けさせるためには，「なぜ，そのように考えるのか」「なぜ，このように定義するのか」「なぜ，このような記号を使うのか」「このような対象の具体的な例は何か」，など一つ一つを批判的に学ぶことが大切である。それは，そのように学ぶことが数学を自分で再構成することになるからである。また，学んだ用語や記号を用いて事象を数学的に表現したり，数学的に表現されたことを自分の言葉に直し解釈したりすることも大切である。このような双方向の活動を通して，概念や用語・記号の意味の理解を深め，それらを定着させることになるのである。

数学の証明は，本来，自分自身が納得し，周りを納得させるためのものである。自分自身が納得するためには，自分の考えを表現しそれを吟味してみなければならない。それには，自分の考えを記述するのがよい。数学の問題の解答を読んで「わかった」という生徒に，その問題を解かせてみるとできないことがよくある。結局，記述することが自分の理解を吟味することにつながるのであるが，それをスキップしているので理解が不十分な点に気付かないのである。さらに，周りに納得させるためには，自分の考えを記述して説明し，質問を受けたり議論をしたりすることが必要である。よく，「他人（ひと）に教えると理解が深

まる」といわれるが，結果的にこのような活動をせざるを得ないからである。当然，質問に応えようとしたり，議論したりすることは，生徒の学習意欲を高めることにもつながる。

（3）評価を指導に生かす

評価の機能と役割は，2000（平成12）年12月に教育課程審議会（当時）から出された答申にあるように，それぞれの学校の教育目標を実現するための教育の実践に役立つようにすること，生徒一人一人の豊かな自己実現に役立つようにすることである。特に，後者に関連して述べれば，評価を通して生徒の「ランク付け」や「学習の強制」などが行われ，これまで生徒の豊かな自己実現に役立つことからはほど遠い現実もあったのではないだろうか。

評価の基本は，ていねいに生徒の状況をみることである。ある内容を指導する場合，適宜生徒の状況をみて計画に修正を加えたり，必要があれば補充的な指導なども行ったりしなければならない。毎時間の授業でも，それぞれの時間の目標に照らし生徒の状況をみて，適宜指導に修正を加えなければならない。一人一人の生徒に適切な指導となるためには，評価を指導に生かす意識が大切である。

（長尾篤志）

第2節　高校数学の指導内容とその問題点

1．数の拡張

数は，小学校では，事物の個数や順序を表すものとして，自然数と0が，まず導入され，その加減乗除の演算が事物の数量関係によって意味づけされる。そして，長さや重さや嵩（かさ）といった連続量の端数を表す数として，小数，分数が導入される。また，小数，分数は，２量の商で表現される速さや濃さや混み具合などの割合や比として意味づけされる。

中学校では，反対方向への移動や零下の温度や会計の赤字などのような具体的事象の反対性に意味づけたり，四則演算の一貫性を保つ必要性から，負の数が導入される。これにより，数は有理数まで拡張され，すべての有理数係数の１次方程式が解をもつようになる。そして，第３学年になると，２次方程式の解の存在の必要性およびピタゴラスの定理を成立させる非通約量に対応する数として，平方根の無理数が導入される。無理数となる平方根は，自然数の比で表せないが，このことは，小数・分数が存在を確信している自然数の演算操作によって定義されていたことと決定的に異なるところである。たとえば，$\sqrt{3}$は，自然数の直接の計算では得られない数であり，２乗して３になるという理想的なものの存在を認めなければならないのである。また，整数も小数も分数も，一組の数字で表現されていたが，無理数は，新しい記号（根号）とともに＋－などの演算記号を伴って表現されることになる。たとえば，$2-\frac{\sqrt{3}}{5}$を，計算過程ではなくその結果の数として認識しなくてはならない。ある数を表現するための同値な記号表現は無数にあり，数表記は，そのうち，最もシンプルと考えられる表現の一つなのである。これらの表現に慣れるためには，高校段階にわたる時間を必要とするであろう。

高等学校数学Ⅰでは，中学校までのこのような実数までの数概念の拡張を反省し，自然数，整数，有理数，実数の包含関係を整理する。現行の学習指導要領では，「有理数」「無理数」「実数」の用語は，数学Ⅰで初めて正式に導入される。まず，小数と分数の関係が見直される。有限小数は，分母が10の累乗となる特殊な分数と考えられ，整数は分母が１の分数とも考えられることから，いずれも既約分数で表現できるという特徴を抽出し，有理数を整数を含めた既約分数と定義する。一方，既約分数を小数にすると，有限小数か循環する無限小数になること，また，逆に，循環小数が，既約分数の形に表現できることを，具体的数値から帰納的に，一般性をもった説明によって確かめる。こうして，有理数が，有限小数または循環小数と同値であることが確証されている。

一方，無理数は，既約分数で表すことはできず，循環しない無限小数と定義される。たとえば，$\sqrt{2}$ が既約分数で表せないことの背理法による証明は，可能であるが，π が無理数であることの証明は高等学校では困難である。

以上を踏まえ，次のように整理されている。

- 実数
  - 有理数
    - 有限小数
    - 循環小数
  - 無理数 ……　循環しない無限小数

さて，ここで，いくつかの点について補足的に解説しておきたい。

まず，循環しない無限小数は，$\sqrt{2}=1.41421356\cdots$ や $\pi=3.14159265358979\cdots$ など数字がランダムに並ぶものだけであると思われやすいが，実際は，たとえば，0.101001000100001…のように規則的に並ぶものも比較的容易に作ることができる。このことを生徒に示せば，循環しない無限小数も数多く作れることが示唆されるので，無理数が無限に存在することを感覚的に納得させることにつながるであろう。

つぎに，既約分数を小数にしたとき，有限小数となる必要十分条件は，分母に2，5以外の素因数を含まないことである。この証明は比較的容易なので，生徒に発展課題として与えることもできよう。

また，$1=0.9999\cdots$ のように，有限小数は循環小数でも表現でき，また，0.78を5進数で表すと0.34222…と循環小数となる。実は，小数は，すべて無限小数に表すことができるのであり，有理数と無理数の違いは，究極的には循環するかしないかの違いのみであることになる。このことは生徒に無限についての関心をもたせる絶好の話題となるであろう。

ところで，集合の濃度の観点からすると，有理数は可算であり，実数は連続である。実数が非可算であることは，いわゆる「対角線論法」で示すことができる。それは，次のような論法である。まず，開区間（0，1）にある実数を可算と仮定すると，（0，1）の実数は全て順に並べることができることになる。そこで（0，1）の実数を全て無限小数で表し，小数の位を揃えて縦に並べたとする。ここで，小数点以下の対角線上の数字を異なる数字に変えた小数を考えると，その無限小数は (0, 1) に属し，しかも，縦に並べたどの小数とも対角線上の数字が異なる新たな実数となる。これは開区間 (0, 1) の実数を全て順に並べることができたことに矛盾する。したがって，背理法によって，開区間 (0, 1) にある実数の集合は可算でなく非可算である。したがって，開区間 (0, 1) を含む実数全体の集合も非可算となる。このアイデアは，任意の集合のベキ集合の濃度が，もとの集合の濃度より真に大きいことの証明に応用され，「連続体仮説」や「ラッセルのパラドックス」の問題を生じさせ，「ゲーデルの不完全性定理」の証明に発展することになる。

さて，有理数に根号で表される無理数を加えて拡大しても，濃度はまだ可算である。$3+\sqrt{2}$ のような数は，代数方程式の解となる数で，「代数的数」といわれ，その集合も可算である。非可算なのは，π や e のような，それを解とする代数方程式が存在しない数の集合で，「超越数」といわれる。

また，有理数からの実数の構成は，デデキントの切断と，コーシーの基本列による構成が有名である。いずれも，有理数の部分集合に数を対応させている点で，同値である。これらの話題を，数学的能力の秀でた高校生にどの程度どのように提供し，数学的興味・関心をさらに鼓舞することができるかは，今後の課題といえよう。

ところで，複素数への実数の拡張は，数学Ⅱにおいて，すべての２次方程式に解を存在させるために行われる。虚数は，２乗して負になる点や，大小関係が成立しない，数直線で表現できないなどの点において，実数まで成立していた性質が崩される。

ここで，大小関係が成立しないとは，順序関係が設定できないことではない。複素数でも，関係を適切に定めれば，たとえば，実数部の大小関係のみによって虚数の大小関係を定めれば，順序関係に関する次の２つの法則は，成立する。

(三一律) 任意の２つの虚数 α, β に対し，$\alpha<\beta$, $\alpha=\beta$, $\alpha>\beta$ のいずれかが成り立つ。

(推移律) $\alpha<\beta$, $\beta<\gamma$　ならば，$\alpha<\gamma$

したがって，複素数も順序集合である。

しかし，これに演算を含めた次の２つの法則を同時に成立させることはできないのである。

・$\alpha<\beta$ ならば，$\alpha+\gamma<\beta+\gamma$

・$\alpha<\beta$，$0<\gamma$ ならば，$\alpha\gamma<\beta\gamma$

そこで，そのようなものを「数」として認める根拠は何かということが，改めて問い返されることになる。そして，複素数は，四則演算と結合・分配・交換の演算法則が成り立つことのみで，数と認めることになる。つまり，数の根拠を可換体であることのみに求めようとしているのである。ここでは，数学的発展に重大な逆転的発想が示されることになる。従来は，存在の疑いようのない自然数を元に整数，有理数，実数へと拡張していったが，拡張される数は元の数の性質を保存するように行ったし，また拡張された数の新たな性質を調べることが数学的探究の目的であった。しかし，複素数では，演算可能性という特定の性質の成立のみを存在根拠とし，他の不都合な性質は積極的に無視することによって，数と見なす対象を拡張しようとしているわけである。

歴史的には，複素数は，カール・フリードリッヒ・ガウス（Gauss, Carl Friedrich）による複素数平面の本格的導入と共に，変換幾何的解釈や物理的解釈が可能となって初めてその存在意義が認識されるようになった。複素数と変換幾何は，高校数学で取り扱われたときもあるが，新しい学習指導要領では複素数の複素数平面上の表示とド・モアブルの定理を示すことに留まっている。複素数と変換幾何の題材をどの程度高校教材として組み入れるかは，今後とも議論の余地のあるところであろう。

対象を演算可能性から数として取り入れる教材は，高校数学では他に，ベクトルがある。これは，演算可能性を改めて考えさせる教材となっている。ベクトルでは，乗法に相当するものに，実数倍（スカラー倍）と内積（スカラー積）と外積（ベクトル積）がある。このうち，高校数学で扱っているのは，実数倍と内積である。実数倍はベクトル同士の乗法ではないこと，内積は積がベクトルではないことなど，これらは，これまでの乗法とは性質の異なる部分があり，乗法，さらには演算とは何かを改めて考えさせるものとなる。

数学教育の現代化以降，従前の学習指導要領までは，高校数学で行列が扱われていたが，新しい学習指導要領では数学活用に移行された。行列の演算は，とりわけ，乗法について，零因子の存在や，一般に交換法則が成り立たないこと，乗法の逆演算を考えることからの単位元（単位行列）や逆元（逆行列）の存在といった代数的構造を考えさせるのに格好の教材であった。今回の改訂による数学教育的影響について，今後も慎重に見極めるべきであろう。

２．式の形式的捉え方

式は，小学校低学年では，現実的事象の具体的操作に意味づけされ，また，問題を解くための具体的操作過程を表すものとして導入される。しかし，数が小数・分数に拡張されるにつれて，たとえば，「小数・分数の割合による除法は，１単位あたりの量を求める演算である」というように，演算に意味づけされていた具体的操作は捨象され，形式的な機能性が抽象されるようになる。さらに，高学年では，四則演算を総合した式が導入され，それに伴う括弧の導入や乗法・除法の加法・減法に対する先行性の規定や交換法則，結合法則，分配法則など，式の形式性を考察の対象とするようになる。

中学校では，正式に文字が導入される。文字を使うことにより，まだわかっていない数（未知数）をわかったふりをすることができるようになり，また，同じ形式の複数の数式が文字（変数）を使って一つの式で表現できるようになる。すると，問題状況の数理構造を観点変更することなく表現できるようになる。また，式の形式のみを対象にし，等式の性質を原理として，形式的・機械的操作や処理を行うようになる。そのような形式的・機械的操作や処理を，問題解決の道具として利用することで，式変形を具体的操作や機能性への意味づける必要が無くなる（これを「思考の節約」ということもある）。また，処理結果を再解釈して，数学的概念の拡張や統合を図ることを考察するようになるのである。

高校数学では，式の形式性への着眼がより一層積極的に行われるようになる。特に，式を図形的な観点から扱うようになる。それには以下のようなものがある。

（1）パスカルの三角形

歴史的には，もともと，上段の隣接する2数を足してその下の数を作るという「パスカルの三角形」が知られていて，それが，$(x+y)^n$ を展開したときの各項の係数（二項係数）になるという「二項定理」や，その数が順列組み合わせの数になっている（${}_nC_k$）こと，n段の数の総和が2のn乗になることなどは，後からブレーズ・パスカル（Pascal, Blaise）が証明している。特に，${}_nC_k : {}_nC_{k+1} = k+1 : n-k$ を証明するために，パスカルは「数学的帰納法」を初めて完全な形で使っている。

パスカルの三角形を用いると $(x+y)^3$ の公式を導入する際，$(x+y)^1$，$(x+y)^2$，$(x+y)^4$ とともに，下記のように並べて，$(x+y)^5$ を予想させながら，係数に着目させて，生徒に発見させることができる。

$$(x+y)^1 = x+y$$
$$(x+y)^2 = x^2+2xy+y^2$$
$$(x+y)^3 = x^3+3x^2y+3xy^2+y^3$$
$$(x+y)^4 = x^4+4x^3y+6x^2y^2+4xy^3+y^4$$
$$(x+y)^5 = ?$$

係数 ⟹

1　1
1　2　1
1　3　3　1
1　4　6　4　1

パスカルの三角形は，上記の他にも，斜めの列に三角数が並んでいたり，さらにフィボナッチ数列が取り出せたり，2の倍数の数字に○印をつけるとフラクタル図形が現れるなど，さまざまな美しい性質が知られている。作業的場面を取り入れて，生徒に発見を促すように指導すれば，パスカルの三角形は数学的審美性にふれさせる格好の教材となる。

（2）対称式

「対称」とは，素朴には，物理的対象が，違う側から見るとか，違う角度から見るとか，鏡に映してみるとかしても同じに見えるときに使う。生物や物質の多くには左右対称や回転対称が見いだされる。恐らく，それは，重力に対してバランスを取ることから必然的に形成されたものであろう。そして，その対称性の認識は人間の生得的な図形認識の一つである。数学では，この対称性をある操作の下での不変性として抽象化する。「群」概念もその成果の一つである。

対称式の対称性は，変数が２つ以上の式で，変数のどの２つを入れ替えても，同値な式になることである。数学的に厳格な定義は，「n 次対称群 S_n のどの元によっても不変な n 変数の多項式」である。

また，変数を x_1，x_2，……，x_n とすると，

$$x_1+x_2+x_3+\cdots\cdots+x_n$$

$$x_1x_2+x_1x_3+\cdots\cdots+x_{n-1}x_n$$

$$x_1x_2x_3+x_1x_2x_4+\cdots\cdots+x_{n-2}x_{n-1}x_n$$

$$\cdots\cdots\cdots\cdots\cdots\cdots$$

$$x_1x_2x_3\cdots\cdots x_n$$

を基本対称式という。

対称式に関して，高校数学でよく使われるのは，「対称式は，基本対称式の多項式の形に書き直すことが出来る」という性質である。たとえば，

$$x^3y+xy^3=xy(x+y)^2-2x^2y^2$$

$$x^3+y^3+z^3-3xyz=(x+y+z)^3-3(x+y+z)(xy+yz+zx)$$

この性質は，正式に明示されることはないが，「２次方程式の解と係数の関係」を応用する問題に関わって，式変形の背景によく利用されている。高校生にその証明を理解させることは困難であるが，この性質を知らせ，不変式の性質の審美性を感得させることは教育的に意義のあることである。

３．代数方程式の解

１次方程式が導入される前に，中学校１年で数を負の数に拡張したことにより，１次方程式は必ず解をもつことが保証されている。また，中学校で扱う２次方程式は，実数解があり，比較的容易に因数分解で解けるものが中心である。したがって中学生が解の存在性について意識して問題にすることはあまりないであろう。

解の存在性が問題にされるのは，数学Ⅰにおいて，２次方程式の解の公式に習熟し，根号の中が負になる場合について疑問を感じるときである。ここでは，方程式の解について２つのことが考察される。一つは，解を算出する一般的公式があるということであり，もう一つは，その一般的公式から，解が存在しない場合があることである。２次方程式の解の公式は，この２つの問題を同時に示すものである。このことは，数学教育的に意義深いところである。

まず，一般的公式の存在は，方程式さえ立てれば，計算過程を意味づけすることなく機械的に解が計算できることを意味し，一種の「思考の節約」が可能であることであり，数学のよさの一つでもある。

一方，解の存在について，一般には，方程式は必ず解をもつとは限らず，むしろ解をもたない方が普通である。しかし，中学校までは，解があり解ける方程式しか扱っていない。「方程式が解けるか」という問いは，あくまで生徒の計算能力を問うことを意味していたのである。２次方程式の解の公式の導入によって，そのような人為的能力とは関係のない根元的な解の存在性が問われることとなる。生徒の数学的経験において，答えのない問題が正当に存在することは，大変な事件であろう。しかも，そのその解の存在が，解を実際に求めなくても一定の計算式によって判別でき，また逆に，その式を条件にして解の有無から方程式の係数の範囲を規定できることは，生徒にとって初めての数学的構成の経験であり，大切にしたい経験である。

数学Ⅱでは，数の範囲を複素数に拡張することにより，すべての２次方程式は，重解を２つの解として数えて，２つの共役な解をもつことになる。さらにガウスは，n 次方程式の解の存在について，複素数の範囲で，必ず，m 重解を m 個の解として数えて，n 個の解をもつという定理を証明している。これは「代数学の基本定理」と呼ばれ，数学の最も基本的な定理の一つである。

解の公式については，３次方程式にはジロラモ・カルダーノ（Cardano, Girolamo）の解法があり，４次方程式の解法はルドヴィコ・フェラリ（Ferrari, Ludovico）によって発見されている。そして，５次方程式は，代数的に解く（係数の四則演算と n 乗根だけを有限回繰り返して解を算出する）方法がないことをニールス・ヘンリック・アーベル（Abel, Niels Henrik）が証明し，さらにエヴァリスト・ガロア（Galois, Evariste）は，５次以上の方程式が代数的に解けるための必要十分条件を求めている。

これらのことは，高校数学の範囲を超えた内容であるが，「解は存在するのに，解けない方程式がある」という数学的事実は，「答えはあっても，求める方法のない問題がある」という一般的認識として，高校生にも知らせたい重大な教訓である。

４．論　　証

数学的活動における推論には，大きく分けて，「演繹的推論」「帰納的推論」「類比的推論」がある。演繹的推論は，既知の普遍命題から論理的法則に従って結論の特殊命題を導く方法である。帰納的推論は，いくつかの特殊な事例を調べ，それから一般的な性質を推測する方法である。類比的推論は，いくつかの事柄の類似性に着目し，既知の事柄で成り立つ性質を未知の事柄についても成り立つと推測する方法である。

高校の数学的証明は，原則的には演繹的推論であり，数学的性質の説明も演繹的な形をとるが，なかには，帰納的推論や類比的推論で済ませているものも少なくない。これは，数学的構成の高校数学レベルの厳格さの限界から，そうしていることもあるが，それよりも，証明される数学的命題や性質の意味や意義，必然性，有用性などは，演繹的推論よりも，帰納的推論や類比的推論の方が捉えやすいからである。実際，数学の活動としての理論構成の過程を考えると，帰納的推論や類比的推論が先にあり，それで発見された数学的性質を，あとから演繹的に証明するというのが典型的であろう。この点で，証明指導において，証明の前に，帰納的・類比的推論による発見の過程を先行させることは，その証明の意味や意義を理解させるのに有効である。

さて，数学的証明は，演繹的推論であるが，それには，直接証明法（演繹法と数学的帰納法）と間接証明法（背理法，対偶法，転換法，同一法）がある。以下では，演繹法，数学的帰納法，背理法について解説する。

（1）演繹法について

演繹的証明を作り上げていくための思考方法として，「総合」と「解析」がある。総合とは，「仮定に含まれる情報をどのように使うか」を考える方法で，仮定から推論される連鎖によって，示すべき結論にいかに到達すべきかを考える方法である。解析とは，「どうしたら結論が得られるか」を考える方法で，証明されるべき結論から出発して，それがいえるためには何がいえればよいかという方法で思考を進めて，いかに仮定にまで根拠を遡れるかを考える方法である。

演繹的証明を構想する際には，総合的思考と解析的思考を同時に推し進めながら，仮定からの演繹的推論の連鎖を結論まで連結させることを追求する。しかし，最終的に出来上がった証明は，総合的思考にしたがって記述され，教科書などの模範解答には，そのように総合的な形式で示されるため，演繹的証明を構想する際に推論方向の必然性を意識するのに重要な役割を果たす解析的思考が，隠されてしまっている。したがって，演繹的証明の学習指導においては，証明の推論方向の必然性を理解させるために，解析的思考をいかに顕在化して意識させるかが指導の要点である。

数学的証明では，結論が，次のような限定詞をともなう命題がよく現れる。一つは「…が存在する」という存在限定詞であり，もう一つは「すべての…に対して…」という全称限定詞である。演繹的証明においては，存在限定詞のある命題に対しては，求めるものを構成して示すか，または，構成するための手続きを示す「構成法」と呼ばれる方法がとられる。また，全称限定詞のある命題に対しては，与えられた性質をもつ対象を任意に一つ取り出し，それに対して要求されていることが成り立っていることを示す「抽出法」と呼ばれる方法がとられる。

（2）数学的帰納法について

前述したように，数学的帰納法を証明方法として完成させたのは，パスカルである。その原理は，ジューゼッペ・ペアノ（Peano, Giuseppe）によって自然数を規定する公理として採用され，第５番目の公理として，集合の条件に翻訳されている。また，自然数についての数学的帰納法は，整列集合上の帰納法である「超限帰納法」に拡張されている。

自然数に関する数学的命題の証明手段として，数学的帰納法はきわめて有効であるが，生徒にとっては，理解し難く誤解しやすい証明法でもある。数学的帰納法は基本的に，「$n=1$ のとき成り立つ」と「$n=k$ のとき成り立つと仮定すれば，$n=k+1$ のときも成り立つ」の2つの証明からなるが，特に後者を証明する意味は，理解し難く誤解を生じやすい。

よく知られている誤解の一つは，

i）$n=1$ のとき

ii）$n=k$ のとき

iii）$n=k+1$ のとき

と，3つの対等な場合分けと捉えてしまうことである。

また，「$n=k$ のとき成り立つと仮定する」ことだけに着目し，k はどんな自然数も取り得るのだから，k を $k+1$ に置き換えるだけで，$n=k+1$ のときも成り立つとする生徒も少なくない。

さらに，そもそも「$n=k$ のとき成り立つと仮定する」ことは，n を k で置き換えただけで，「すべての自然数 k について成り立つと仮定する」ことになり，そのような証明すべきことを仮定するとは一体どういうことなのか，そのようなことを仮定するのであれば，「すべての自然数 n について成り立つ」のは自明ではないか，と混乱してしまう生徒もいる。

これらの誤解や混乱に陥らせないためには，数学的帰納法を構成する2つの証明の役割を明確に理解させることが必要である。特に後者の「$n=k$ のとき成り立つと仮定すれば，$n=k+1$ のときも成り立つ」は，推論の無限の連鎖を保証することがその役割であることを理解させることが肝要である。数学的帰納法は「ドミノ倒し」や「伝言ゲーム」などの物理的現象をアナロジーとして説明されるが，これらの現象の本質的構造は，連鎖にある。数学的帰納法の2番目の証明は，その連鎖を保証するために設定された方法であることを理解させなくてはならない。「k，$k+1$」を使う理由は，推論の無限の連鎖を示すために，それを再帰的処理，つまり，繰り返しの一般的手続きを示すことで済ませようとしているのである。文字kを使うのは，全員に同じようなことをさせたいときに，固有名詞を使わず，「前の人がこうしたら，次の人はこうする」と，普通名詞で表現することと同じである。そして，「その次の人」「前者・後者」という代わりに「k，$k+1$」と表現しているのである。このように，数学的帰納法も決して日常の認識活動から全く無縁の論法ではなく，背理法と同じように，むしろ日常の認識活動に根源があることを自覚させることが重要である。

（3）背理法について

「背理法（帰謬法：proof by contradiction, reducted adsurdum proof）」とは，ある命題の否定から，矛盾を導くことによって，はじめの命題が真であることを導く証明方法である。

特に，$p \to q$ の型の命題では，下記のように，$p \to q$ の否定は，$p \land \neg q$ と同値になるので，p かつ$\neg q$ を仮定して，矛盾を導く証明方法ということになる。

$$
\begin{aligned}
\neg(p \to q) &\Leftrightarrow \neg(\neg p \lor q) \\
&\Leftrightarrow \neg\neg p \land \neg q \\
&\Leftrightarrow p \land \neg q
\end{aligned}
$$

条件 p を満たしているとき，結論 q が正しいことをいうのならば，「なぜ結論 q が偽にはならないのか，偽にはなり得ない理由を見つけよう」というのが，背理法の素朴な発想である。否定の原理「矛盾律」「排中律」を根本原理としている。

背理法の利点としては，矛盾を導くのに，p と$\neg q$ の2つの仮定を使うことができることである。特に，$\neg q$ を仮定として使えることが，背理法の特徴である。このことから，背理法が有効なのは，次のような場合である。

・結論 q が，ある2つの起こりうるものの一方である場合

（例）「n が正数で n^2 が偶数ならば，n は偶数である。」

・結論 q が，「…でない」という否定の意味を含む場合

（例）「r が，$r^2=2$ となるような実数ならば，r は有理数でない。」

・結論 q が，「存在する」という限定詞を含む場合

（例）「世界中に全く同じ数の頭髪をもつ人が少なくとも２人いる」

一方，背理法の短所としては，どのような矛盾に導くかという一般的な指針がないことである。問題ごとにそれぞれ独自の矛盾が生じることになるので，矛盾を見つけるのが難しい。また，結論が「存在する」という限定詞を含むとき，演繹的証明では，構成法を取るので，証明が完成すれば，求める対象が得られるか，または，少なくとも得るための方法が示される。これに対し，背理法では，存在しないことが不可能であることを示すことによって，対象が存在することを証明できるが，実際にその対象をどうやって構成するかはわからない。これらのことが，欠点として指摘できる。

背理法の変形として，「対偶法」「転換法」「同一法」「ディリクレの原理」がある。以下で簡単に解説する。

「対偶法（contrapositive method）」は，$p \rightarrow q$ を証明するために，この対偶の命題である $\neg q \rightarrow \neg p$ を証明する方法である。対偶法が背理法に対して有利な点は，導こうとする目標（$\neg p$）がはっきりしていることである。不利な点は，２つの仮定ではなく，唯一つの仮定（$\neg q$）から推論を進めることである。

「転換法（conversion）」は，$p_1 \rightarrow q_1$，$p_2 \rightarrow q_2$，…，$p_n \rightarrow q_n$ があるとき，次の２点を根拠にして，逆の命題 $q_1 \rightarrow p_1$，$q_2 \rightarrow p_2$，…，$q_n \rightarrow p_n$ を導く証明方法である。

ア．仮定 p_1，p_2，…，p_n が，ある事柄についてすべての場合をつくしている（$P_1 \cup P_2 \cup \cdots \cup P_n = U_A$）

イ．結論 q_1，q_2，…，q_n が，互いに背反するもの（同時に起こらない：$Q_i \cap Q_j = \phi$）ものである

学校数学では，あまり厳格に示されなくなったが，たとえば，円周角の定理の逆の証明は，転換法を用いて，次のようにできる。

点Ｐが弓形の内部 → $\angle APB > \angle ACB$

点Ｐが弓形の弧上 → $\angle APB = \angle ACB$

点Ｐが弓形の外部 → $\angle APB < \angle ACB$

ならば，転換法によって

$\angle APB > \angle ACB$　→ 点Ｐが弓形の内部

$\angle APB = \angle ACB$　→ 点Ｐが弓形の弧上

$\angle APB < \angle ACB$　→ 点Ｐが弓形の外部

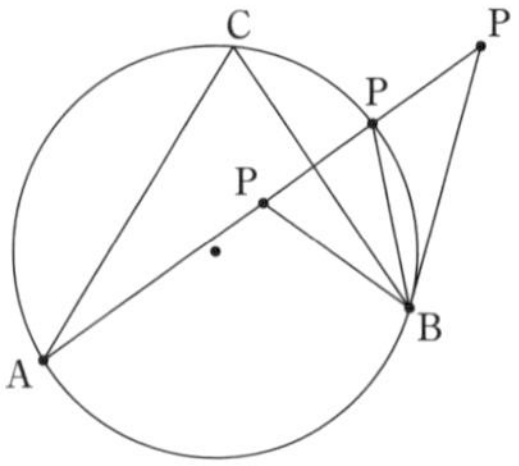

「同一法」は，p → q と条件（性質）p，q を満たすものが，それぞれ唯一つだけ存在することを根拠として，逆の命題 q → p を導く証明方法である。たとえば，二等辺三角形の頂点から底辺へおろした垂線が底辺の中点を通ることを証明すれば，その逆の，中線は直交することも証明されたことになる。

「ディリクレの抽出し論法（部屋割り論法，鳩の巣原理；Dirichlet drawer principle）」は，「n 個の要素を p（$1 \leqq p < n$）個の箱のどれかに入れれば，少なくとも１つの箱は２個以上の要素を含む」という論法である。この論法は，これまで高校数学の正式な内容ではなかったが，原理そのものは自明なもので，大学入試でもこの論法を使う問題がはしばしば登場している。生徒の知的興味・関心や論理的思考力に応じて，このような論証方法を積極的に扱うことが考えられる。

５．三角関数の微分と円の求積

円の面積は，新しい学習指導要領では，小学校６年生で公式が導入される。その方法は，円を扇形に細かく分解し，長方形の形に並べ変えると，円の面積は，半径と円周の半分との積に等しくなることを視覚的に納得させようとするもので，数学的に厳格な証明が示されているわけではない。

円の面積の数学的に厳密な計算は，高校の数学Ⅲで定積分 $\int_0^a \sqrt{a^2 - x^2}\,dx$ を計算することによって与えられている。

この定積分は，$x = a\sin\theta$ と置いて置換積分法で計算され，結局 $\cos 2\theta$ の積分によって算出されることになる。$\cos x$ の積分は $\sin x$ の微分に帰着し，$\sin x$ の微分は，三角関数の極限 $\lim_{x \to 0} \frac{\sin x}{x} = 1$ に基づいているから，結局，円の面積の数学的に厳密な計算は，$\lim_{x \to 0} \frac{\sin x}{x} = 1$ に依拠していることになる。

ところが，この極限の証明は，

$\sin x < x < \tan x$ ……………①

を基にしているが，この大小関係は右のような図で面積について

△OAB＜扇形OAB＜△OAT

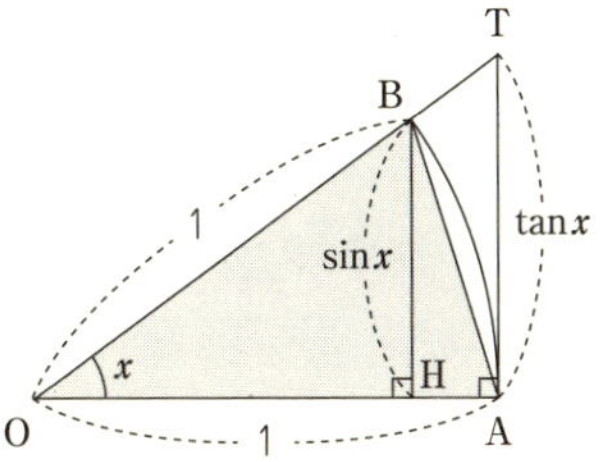

となることに基づいており，扇形OABの面積が x になること，つまり，円の面積公式に基づいているのである。

したがって，円の面積の数学的に厳密と考えられている計算も，実は，視覚的直感的にしか示されていない円の面積公式に基づいており，結局，循環論法に陥っているのである。

①を長さの大小関係 BH＜弧AB＜AT から導いたと考えると，今度は弧 AB の長さが x になること，つまり，円周の公式が問題になる。それは，円の半径と円周との比が常に一定 $=2\pi$ なのかという問題である。この証明も，小学校５年生で視覚的直感的に示されているのみである。そこで，円周の長さを積分によって厳格に計算しようとすると，やはり，$\sin x$ の微分に帰着してしまうのである。

以上の命題を整理すると，以下の４つになるが，結局，これらは，同値関係にあるのである。これらの命題の前提となる，△OAB＜扇形OAB＜△OAT，または，BH＜弧AB＜AT を証明するためには，極限操作を数学的な厳密さを保ちながら実行する必要がある。

- 円の面積 $=\pi r^2$
- 円周 $=2\pi r$
- $\lim_{x \to 0} \frac{\sin x}{x} = 1$
- $(\sin x)' = \cos x$

円の面積を定積分によって算出することで，それまで直感的であった面積公式に，数学的厳格性を与え，定積分の有用性を生徒に感得させようというのが，

高校数学の基本的ねらいであろう。しかし，上記のような同値関係と，その前提に厳密な極限操作の必要なことを生徒に知らせることも，数学的真理性の面白さを味わわせることにつながると思われる。

6．確率概念の理解

確率概念の定義には，「同様に確からしい」根元事象の割合による数学的確率，試行を繰り返したときの相対度数による統計的確率，測度論を用いた公理的確率がある。このうち，統計的確率は中学校で，数学的確率を高校の数学Aで扱う。

代数や幾何学の起源が人間の一般的活動にあり，有史以前からの長い醸成の歴史を有しているのに対し，数学の一分野としての確率論は，サイコロやトランプのような偶然のゲームの勝敗を検討するところに起源があり，その歴史はあまり長くなく，数学的考察は，3次方程式の解法で有名なカルダノや地動説のガリレオ・ガリレイ（Galileo Galilei）の研究あたりが始まりとされている。しかし，彼らの研究は後世に引き継がれるようなものではなかった。数学的確率の本格的研究は，1654年のパスカルとピエール・ド・フェルマ（Fermat, Pierre）の文通に始まると考えられている。その文通の内容は，アントワーヌ・ゴンボー（Gombaud, Autone）（別名，メレの騎士こと，シュヴァリエ・ド・メレ（de Mere, Chevalier））がパスカルに問うた賭博に関する2つの問題についてであった。その第1の質問は，「2個のサイコロを振って，両方とも6の目が出る可能性が五分五分となるには，何回投げなければならないか」という問題である。また，第2の質問は，「勝負が終わる前に途中でやめた場合に，賭け金をどのように分配すれば公平になるか」という問題である。

前者は，独立な反復試行の問題であり，後者の公平な分配の問題は，期待値の問題である。

前者の問題については，カルダーノも考察しているが，2個とも6の目となる可能性は，$\frac{1}{36}$ に等しいので，$\left(\frac{1}{36}\right)\times 18=\frac{18}{36}=0.5$ と考え，18回投げたとき五分五分になると誤った考察をしていた。メレ自身も，カルダーノと同様に考えていたようである。

このように数学的確率論の発生のきっかけとなった初期の決定的問題は，単純な算術で解ける程度のものであったが，当時の天才的数学者にとっても難問であり，その単純な算術的計算の正当な根拠となる確率の概念の形成は，決して容易でなかったのである。そして，数学者が確率概念を偶然のゲームから脱皮させていったのは18世紀であり，数学的基礎を与えたのは19世紀初頭のことである。このような歴史的事実を省察してみると，確率概念が決して自然な発想や知的認知活動の自然な反省や単純な形式化から得られるものではないことがわかる。したがって，解答の算出過程は代数や解析に比べ遙かに簡単な算数的計算で済む問題であっても，多くの生徒にとっては，その計算の簡単さとは裏腹に，難問として立ちはだかっていることを示唆している。このことを，指導者は十分自覚しておくべきである。確率の指導に当たっては，判断を惑わせるような事象を提示することはできるだけ控えるべきであろう。できるだけ典型的な事象を数多く与えて，確率概念の形成を図らねばならない。

（中野俊幸）

第5章　参考文献

カッツ，ヴィクター・J.，上野健爾・三浦伸夫監訳（2005）『カッツ　数学の歴史』共立出版.

ソロー，ダイニエル，安藤四郎訳（1985）『証明の読み方考え方——数学的思考過程への手引』共立出版.

加藤文元（2007）『数学する精神——正しさの創造，美しさの発見』中公新書.

成田正雄（1966）『初等代数学』共立出版.

新関章三（2007）『三角関数の微分の源流を探る』日本数学教育学会誌　第89巻（臨時増刊），p. 401.

一松信（1979）『数学概論』新曜社.

吉永良正（1992）『ゲーデル・不完全性定理　“理性の限界の発見”』講談社ブルーバックス.

第８章
数学科の評価

活動に目的・目標を設定する限り，意識するしないにかかわらず，日常的な活動ですら常に評価は伴う。教育は学習者の人間形成を促す目的的な社会的営為であり，その目標の実現に向けて意図的な評価は不可欠となる。問題はそうした教育評価をどのように組織し構造化していくかという点にある。

本章では，教育評価の機能を，教育活動の創造，教師自身の成長，学習者自身の発達に関わる３つの側面で捉えている。また，教育評価の諸相を主体―客体，絶対―相対，内的―外的等の二項対立的な関係として捉えるのではなく，互いに結合し，よりよい教育評価を創造することの大切さについて述べている。

また，今日わが国で実施されている目標に準拠した評価について概説している。数学科における評価の観点について解説した上で，目標に準拠した評価を生かした指導と評価の計画と実施，およびその実際例を紹介する。

第１節　教育評価の機能

我々の日常的な活動ですら常に評価は伴っている。活動をよりよく遂行するためには，目的・目標は何か，何が問題なのか，どのように改善すればよいのか，実行可能かどうかなど，さまざまな視点から自らの活動の状態を把握し，その状態の有り様を判断し，その判断結果を活動に生かしている。このような情報の収集・状態の把握，得られた情報による価値判断，そして自ら下した価値判断に基づく活動の改善としての活用という問題解決の過程は，どのような活動においても繰り返し実施されている。この評価による問題解決の過程は教育においても重要であることはいうまでもない。

教育は学習者の学習・発達，すなわち人間形成を促す社会的営為であり，教育的価値の実現を目指す目的指向的な活動である。教育評価は，人間形成を促すという教育的価値の実現を目指す評価の総称であり，目指す教育的価値の実現に向けて，具体的な目標を設定し，学習者の学習や発達に対する具体的な教育活動を計画・実施する上で必要となる情報を収集し，その適切性や有効性を判断し，そこに見いだされた課題を解決し改善することをとおして，よりよい教育活動を実現しようとする営みである。かつて，ある対象を可能な限り客観的に把握すること，すなわち測定することが教育評価と捉えられた時代もあったが，今日では，測定は教育評価の一過程として理解されている。

では，よりよい教育活動を実現しようとする営みの一環として実施される教育評価の機能としては，どのような側面があるのであろうか。一般的に，次の３つの機能があるといわれている（森・秋田，2000：18）。

教育評価の第一の機能は，教育活動をつくりだすことである。この機能は，教師が学習者の実態を把握することによって，教師による教育活動と学習者による学習活動及びその学習成果との関係についてさまざまな視点から具体的な判断，反省をとおして実施した教育活動の課題を明確にすることによって，よりよい教育活動をつくりだし，次の教育活動の改善に生かしていくという役割である。いわゆる「指導と評価の一体化」といわれている機能であり，指導と評価との関係が不可分なものであることを示している。

第二の機能は，教師自身の成長を促すという機能である。教育評価をとおして教師自身が自らの教育活動についての自己評価を行い，この自己評価の過程で教師自身が成長する。教育評価がテスト等により学習者を評定することを主要な目的とし，それで教育活動の終了とするならば，学習指導の創造という視点を教師自身がもつことはなく，現状に妥協した実践，時にはそれ以下の実践を反復することになり，教師自身の成長を期待することは難しくなる。

第三の機能は，教育評価による評価情報が学習者自身のよりよい学習や発達を促すという機能である。これは，「学習と評価の一体化」といわれている機能である。教育評価が学習者自身の自己評価を促すという教育上の重要課題と密接に関連していることを示している。評価の実施，また評価において設定された基準が生徒の行動を方向づけたり，形成したり，規制したりするなど，人間形成に大きな役割を果たしていることは事実である。指導者が望ましいと願っている事柄を評価の視点として学習指導の中に位置づけ展開する過程で，生徒自身が自らの活動や規準を反省し，その評価の視点が生徒の中に内面化することによって，自己の啓発・修正等，自ら伸びていく契機として教育評価が機能するかどうかは，教育的価値の実現可能性に関わる重要課題である。

第2節　教育評価の諸相

では，このような機能をもつ教育評価にはどのような類型があるのだろうか。教育評価を実際の授業の場面で活用する上で，教育評価を類型化しそれぞれの評価の特徴を把握しておく必要がある。

どのような教育評価にも，「誰が評価を行うのか」という評価主体という側面と「誰を，何を評価するのか」という評価客体という側面とがある（森・秋田，2000：19）。評価主体と評価客体が別人物であるか同一人物であるかによって，評価は他者評価と自己評価に分けることができる。また，ある対象を把握し，判断する場合には何らかの価値判断の枠組みが必要となるが，この枠組みに基づくと相対評価，絶対評価，個人内評価の３つに大別できる。また，教育活動の過程に着目すると診断的評価，形成的評価，総括的評価の３つに大別できる。以下，それぞれについて概説する。

１．他者評価と自己評価

他者評価とは，評価主体と評価客体が別人物である場合を指す。教師が学習者を評価する場合と学習者が教師を評価する場合とがある。特に，評価主体と評価客体が同じ立場の場合を相互評価という。授業で学習者同士が互いに評価をし合い，他者の考えのよさを評価する場面などはその例である。また，授業研究の場面における教師同士の協議などは相互評価に含まれることになる。

自己評価とは，評価主体と評価客体が同一人物である場合を指す。自分が自分について評価するということである。一般的には，学習者が自らを評価する場合にこの言葉が用いられている。学習活動をとおして自分が獲得した成果や取り組み方などを自らが把握し，それを意味づけ，判断し，その判断結果を自らの将来の行為の改善に生かしていく活動である。そこには，評価主体である学習者自身がもっている価値判断の枠組みと，それを認識するメタ認知能力が大きく関わってくる。授業の最後に，学習者自身に自分の学習過程や結果について自己評価させることは，教師が学習者の理解の状況や課題を把握するための貴重な資料となるばかりでなく，学習者自身のメタ認知能力を高める機会にもなる。

２．相対評価・絶対評価・個人内評価

相対評価とは，評価される学習者の属する集団の特性に基づいた基準を物差に，学習者個人の位置を相対的に把握しようとする方法である。すなわち，学習者個人の特性を集団の他者と比較して，個人を把握，評価しようとすることである。たとえば，５段階評定法や偏差値などがその典型例である。これらの

相対評価は，一定の手続きによって容易に実施可能な場合が多く，評価主体の主観が入りにくい，他者との比較（序列化）によって評価対象を把握しやすいという利点がある。しかし，教育活動の改善という点から見ると，学習者が何をどこまで，どの程度理解し，獲得したのかという学習成果についての情報が十分得られるわけではないため，教育や学習の改善に直接的に寄与するものではないことに注意する必要がある。

絶対評価とは，あらかじめ設定された教育や学習の目標や学習，内容に関する評価規準に基づき，学習状況を把握する方法である。絶対評価には評価者の内的な規準を物差しとしてなされる認定評価と外的に設定された目標や到達規準を物差しとしてなされる到達度評価がある。前者は評価者の主観に左右されるという批判もあるが，日頃の授業では大きな役割を果たしていることは間違いない。後者の到達度評価については次節で触れることになるが，教育目標に照らして事前に設定された到達規準に基づき学習者個人の到達度を判断するため，「十分に到達していない」，あるいは「到達していない」学習者の状況を的確に把握することができ，学習指導の改善に生かすことができるという利点がある。また，そのためには教育目標を明確化するという作業が不可欠になるが，この作業がよりよい教育活動の創造につながる。

個人内評価とは，評価客体である各学習者自身がもっている内的な規準によってその個人を把握しようとする評価のあり方の総称である。相対評価や絶対評価が個人にとって外在的な評価規準によって把握しようとするのに対して，個人内評価はあくまでも個人の内在的な規準に基づく判断であるという点が，本質的に異なっている。個人内評価はある特定の学習者自身の進捗状況や特性に応じて，個人の個性的な成長に焦点を当てて把握しようとする教育評価である。個人内評価による情報をとおして，学習者自身が自らを反省し，自らの成長に生かしていく契機として利用することができる。そのためには，学習者自身が個人内評価による情報を把握し活用できるような評価結果の表現の仕方を工夫することは大切なことである。

以上で概説した評価には，他者―自己，相対―絶対，内的―外的等のように，一見，二項対立的な関係があるかのような印象を与えるかもしれない。しかしそれぞれの評価には，それぞれの評価のねらいや解釈に違いがあり，長所や短所がある。教育評価においては生徒の学習状況を全体的に把握し，その判断結果をいかに活用するかが要点であり，その目的のために，それぞれのよさを生かして，組み合わせていくことが必要である。

3．診断的評価・形成的評価・総括的評価

学習指導の直前，途中，そして終了の段階に着目すると，教育評価は診断的評価，形成的評価，総括的評価の３つに分けることができる。

診断的評価は，学習活動の開始前に実施し，学習の前提となる学習者の準備状態であるレディネスが形成されているかどうかを把握し，判断し，教育的な意志決定に役立てるものである。形成的評価は，学習指導の途中で学習がうまく展開されているかどうかについて評価を行い，その結果を学習指導の修正に反映させようとするものである。そして総括的評価は，一定期間の学習活動が終了した際に行われる評価であり，全体的に学習指導の成果を把握するためのものである。総括的評価は学習指導の最終段階で実施される評価であるため，指導と評価の一体化に対して直接的に影響を与えるものではない。それに対して，形成的評価は学習指導の途中で実施される評価であり，進行中の学習指導の改善に直接的に生かすことができるという利点があり，指導と評価の一体化を実現する上で大切な評価である。

第３節　到達度評価

2000（平成12）年12月に教育課程審議会は答申「児童生徒の学習と教育課程の実施状況の評価の在り方について」において，教育評価の在り方についての基本的な考え方を次のように述べている（教育課程審議会，2000）。

> これからの評価においては，観点別学習状況の評価を基本とした現行の評価方法

を発展させ，目標に準拠した評価（いわゆる絶対評価）を一層重視するとともに，児童生徒一人一人のよい点や可能性，進歩の状況などを評価するため，個人内評価を工夫することが重要である。

この答申を受けて，指導要録改善の作業がなされ，学習指導要領に示された目標に準拠した評価を一層重視することとなり，今日に至っている。わが国では従来から，純然たる相対評価ではなく，目標に準拠した評価といえる観点別学習状況の評価を加味した相対評価が用いられてきたが，これを一層発展させ，目標に準拠した評価とした。

絶対評価の意義は，相対評価がもっていた課題との関連で捉えると理解しやすい。相対評価の問題点としては，以下が指摘されてきた。

①非教育的な評価論である。②排他的な競争を常態化する。③学力の実態を反映しない。④教育活動を評価できない。

前節で述べたように，到達度評価は学力の内容を客観的で具体的な到達目標として設定し，それを規準として個々の学習者の目標到達度を測定し判断する評価方法であり，絶対評価の一種である。到達度評価の教育的な意義は，「指導と評価の一体化」を具体的に実現可能にする点である。すなわち，個々の学習者について教育内容に対応した具体的な到達度に関する状況を客観的に把握することによって，発展的な指導や補充指導など，個に応じた指導計画を立てることが可能になるなど，とりわけ形成的評価において有効である。

一方，学習者にとっての到達度評価の意義は，期待されている学力に関する詳しい情報が当該の学習内容との関連によって具体的に提供されるため，その後の学習にフィードバック情報を生かすことができる点にある。到達度評価は知識や技能のように，具体的で測定が容易な教育目標に対して有効である。しかし，測定が難しく，到達点を定めにくい思考や態度にかかわる教育目標（方向目標）の評価には適していない面もあり，現在，さまざまな改善のための取り組みがなされている。

第4節　評価の観点

到達度評価では具体的に「何」が「どの程度」到達されているかを判断することが目指されるため，到達目標は実際の教育内容に即して，具体的に観察可能な行動目標（「～ができる」「～が言える」など）の形で表現されることが望ましい。

学習指導要領に示されている中学校数学科の総括的目標は以下のとおりであり，この目標を達成するために下位目標にあたる各学年の目標および内容が位置づけられている。

> 数学的活動を通して，数量や図形などに関する基礎的な概念や原理・法則についての理解を深め，数学的な表現や処理の仕方を習得し，事象を数理的に考察し表現する能力を高めるとともに，数学的活動の楽しさや数学のよさを実感し，それらを活用して考えたり判断したりしようとする態度を育てる。

したがって指導要録には，上記目標に準拠した観点別学習状況評価の観点が示されている。「数学への関心・意欲・態度」「数学的な見方や考え方」「数学的な表現・処理」「数量，図形などについての知識・理解」である。参考まで，指導要録の一部を表8-1に示しておく。

中学校数学科の学習状況評価の4つの観点の趣旨は以下のとおりである（根本，2004：66）。

「数学への関心・意欲・態度」：数学的な事象に関心をもつとともに，数学的活動の楽しさや，数学的な見方や考え方のよさを知り，それらを事象の考察に進んで活用しようとする。

「数学的な見方や考え方」：数学的活動をとおして，数学的な見方や考え方を身に付け，事象を数学的に捉え，論理的に考えるとともに思考の過程を振り返り考えを深める。

「数学的な表現・処理」：事象を数量，図形などで数学的に表現し処理する仕方や推論の方法を身に付けている。

「数量，図形などについての知識・理解」：数量，図形などに関する基礎的な概念や原理・法則などについて理解し，知識を身に付けている。単なる知識だけではなく，学んだ知識の有用性や意義がわかることも含めて捉えたい。

表８－１　指導要録（部分）

各教科の学習の記録						
必修教科						
Ⅰ　観点別学習状況					Ⅰ	
教科	観点　／　学年	1	2	3	教科	観点
国語	国語への関心・意欲・態度					
	話す・聞く能力					
	書く能力					
	読む能力					
	言語についての知識・理解・技能					
社会	社会的事象への関心・意欲・態度					
	社会的な思考・判断					
	資料活用の技能・表現					
	社会的事象についての知識・理解					
数学	数学への関心・意欲・態度					
	数学的な見方や考え方					
	数学的な表現・処理					
	数量，図形などについての知識・理解					
理科	自然事象への関心・意欲・態度					
	科学的な思考					
	観察・実験の技能・表現					
	自然事象についての知識・理解					

第５節　評価を生かした学習指導

本節では，目標に準拠した評価を生かした学習指導をどのように進めていくのか，学習指導の計画，実施，評価，改善という一連の流れに即して概説する。

目標に準拠した評価を実際の授業づくりの過程の中に位置づけると次のように，①から⑥の流れになろう（根本，2004：102-103）。

① 指導のねらいの明確化

まず，学習指導要領及びその解説等を分析，検討することにより，指導項目を確認するとともに，生徒の実態等を考慮し，重点内容を明確にする。

② 評価規準の設定

①で設定された指導のねらいが達成できたかどうかについての生徒の学習状況を把握するための物差しとしての評価規準を設定する。評価規準を設定する意義としては，学習者の理解の程度を適切に捉えることができる，指導のねらいを確認にすることができる，指導のねらいが実現できたかどうかを確かめるバランスのとれた評価問題・評価方法の工夫を促す，という機能がある。評価の観点は第4節に示した4つであるが，一単位時間の授業ごとに4つすべての観点を評価するのは現実的ではない。一単位時間の授業での評価の観点を重点化し，小単元をまとまりとして4つの観点で評価できるようにすることになる。また，実際に評価規準を作成する際は，観点「数学への関心・意欲・態度」に関して，数学的な内容そのものに対する関心・意欲・態度を育む指導を想定し，具体的な数学的活動がイメージできる表現を工夫する必要がある。観点「数学的な見方や考え方」に関しては，数学を創造し，活用する数学的活動及びそれらの過程を振り返る思考活動に重点をおいて作成したい。観点「数学的な表現・処理」に関しては，表現・処理にとどまらず，関係を読んだり，説明したりする表現活動も大切にしたい。観点「数量，図形などについての知識・理解」に関しては，単なる知識だけではなく，学んだ知識の有用性や意義がわかることも含めて捉えたい。

③ 指導と評価の計画の作成

第4節で示した4つの観点及びそれらの趣旨に基づき，明確化された指導のねらい，設定した評価規準を踏まえて指導と評価の年間計画を作成し，これらに基づきながら，それまでの指導を反省し，改善の視点を明確にし，単元及び小単元の指導と評価の計画を作成する。

④ 計画に基づく指導と評価の実践

指導計画と評価計画との間の整合性が保たれているかどうかに留意する必要がある。評価すべきことが評価できるような指導がなされているか，評価すべきことが評価できているか，評価したことが適切に記録されているかどうかを常にチェックしながら指導と評価を実践しなければならない。とりわけ，学習状況を4つの観点に基づいて把握する際，評価の場面や方法を事前に計画の中に位置づけ，多面的な把握ができるような評価の在り方について配慮する必要性がある。評価は小単元，単元終了後に実施される活動として理解されている場合が多いが，評価は実際の指導に先立つ①から④のそれぞれの段階を含んだ教育活動であることに留意したい。

⑤ 指導と評価の実践に基づく指導方法の改善

評価記録に基づいて実際の指導の在り方を反省し，適切な学習活動を展開できるようにするために，必要に応じて指導と評価に関する情報を学習者と共有するとともに，個に応じた指導（遅れがちな生徒，進んでいる生徒等に対する対応）を行うために，当初の計画を変更することが必要になることもある。

⑥「評価規準」及び評価方法の見直し

指導と評価の全体を見直し，より汎用性の高い「評価規準」および評価活動となるよう検討する。

第６節　評価方法の工夫

評価活動を適切に教育活動に位置づけ，評価すべきことを適切に評価し，記録し，後の指導に生かす上で，評価方法を工夫することは大切である。以下では，評価の方法について整理しておく。

評価の方法を分類すると「筆記による評価」と「パフォーマンスに基づく評価」の２つに大別できる（西岡，2003：64-65）。

「筆記による評価」とは，生徒がペーパーテストやワークシート等の紙に書くことにより表現させる形式の評価方法である。この形式には客観テスト式と自由記述式がある。多肢選択問題，穴埋め問題等を用いた客観テスト式は知識・理解の獲得状況を把握するのに適した方法である。一度に多くの生徒を対象に実施することができ，多くの問題を出題することも可能である。採点も客観的で容易である。このような利点がある反面，形式的な情報の収集に終始したり，より高次の学力面を評価するには困難であるという欠点もある。それに対して，自由記述式は，生徒が提示された課題に対して，自分の考えや思考過程を独自に書く形式である。この形式を用いることで，生徒の知識の構造化の状況や思考力・判断力・表現力について総合的に評価することも可能になる。これによって，生徒の傾向性としての態度を把握することも可能になる。一方，時間的制約，提出できる問題数の少なさ，何を評価しているのかについての慎重な検討，採点規準の恣意性等について課題がある。また，実施上，記述者である生徒に，何が求められているのかを的確に伝えることのできる問題文の表現の工夫が必要になる。この自由記述式の出題方法にはさまざまなタイプがあり，主要なものとしては，「作問法」「認知的葛藤法」「概念マップ（概念地図）法」等，多数開発されている。

「パフォーマンスに基づく評価」とは，生徒が実際に特定の活動を行い，それを評価者が観察し，そのパフォーマンスを評価する。「パフォーマンスに基づく評価」には，生徒が実際に活動している過程を観察するものと，創作された結果としての完成作品を評価するものとがある。日頃の授業で生徒が用いているノート，日記などが前者の具体例である。教師が授業中に書いた板書を生徒が写すというのが一般的なノートの利用であろうが，生徒がどのように理解したのかを書かせたり，授業をとおしてわかったこと，気付いたこと，工夫したことなどを書かせたりすることによって，生徒の学習のさまざまな面を評価する資料として利用できる。また，後者としては，研究レポート，研究論文等が含まれる。

生徒に実際にどのような課題に取り組ませるのか，すなわち，パフォーマンス課題の作成は，教師が計画したねらいに即した指導と評価を展開する上で大切な教育活動の一部である。パフォーマンス課題は大まかに次の手順を踏んで作成される（西岡，2003：143）。

① 目的，使い手，利用法を考える。

② 対象となるパフォーマンスを定義する（パフォーマンスのタイプと質）。
　求めているパフォーマンスの質としての評価基準（ルーブリック）を決める。ルーブリックとは，パフォーマンスの成功の度合いを数段階に分けて評価する採点指針のことである。各段階にあてはまる典型的な事例を具体

表8－2　さまざまな評価方法

<table>
<tr><td colspan="2" rowspan="2">筆記による評価
（筆記試験，ワークシートなど）</td><td colspan="3">パフォーマンスにもとづく評価
（performance-based assessment）</td></tr>
<tr><td colspan="2">パフォーマンス課題による評価</td><td>観察や対話による評価</td></tr>
<tr><td>「客観テスト」式</td><td>自由記述式</td><td>完成作品の評価</td><td>実演の評価
（実技試験）</td><td>プロセスに焦点をあてる評価</td></tr>
<tr><td rowspan="2">□多肢選択問題
□正誤問題
□順序問題
□組み合わせ問題
□穴埋め問題
・単語
・句</td><td rowspan="2">□短答問題
・文章
・段落
・図表　など
作問の工夫
□知識を与えて推論させる方法
□作問法
□認知的葛藤法
□予測―観察―説明（POE）法
□観念マップ法
□ベン図法
□KJ法
□運勢ライン法
□描画法</td><td>□エッセイ，小論文
□研究レポート，研究論文
□物語，脚本，詩
□絵，図表
□芸術作品
□実験レポート
□数学原理のモデル
□ソフトウェアのデザイン
□ビデオ，録音テープ</td><td>□朗読
□口頭発表
□ディベート
□演技
□ダンス，動作
□素材の使い方
□音楽演奏
□実験器具の操作
□運動スキルの実演
□コンピュータの操作
□実習授業
□チームワーク</td><td>□活動の観察
□発問
□討論
□検討会
□面接
□口頭試問
□ノート・日誌・日記

Cf. カルテ，座席表</td></tr>
<tr><td colspan="3">□プロジェクト</td></tr>
<tr><td colspan="5">□ポートフォリオ評価法</td></tr>
</table>

的に明示することが望ましい。

③ 求めているパフォーマンスの種類，パフォーマンスが行われる文脈や条件，評価基準（ルーブリック）を明示したパフォーマンス課題を考案する。

このようにして作成された課題を実施し，事例を収集し，生徒のパフォーマンスを評価するとともに，必要があれば課題を改善することになる。

また，今日，日頃の学習指導の場面で実施されるテストや課題を単発的に用いた評価方法に加えて，生徒の活動の成果としての作品，自己評価の記録，教師による指導と評価の記録などを系統的に蓄積するポートフォリオづくりとその検討を学習の中に位置づけることにより，生徒の自己評価を促し，生徒の学習活動と教師の教育活動を評価しようとするポートフォリオ評価法が見直されている。

評価方法にはさまざまな手法がある。指導と評価の計画と実施においてそれらを適切に組み合わせ活用することが望ましい。表8－2は，西岡（2003：65）が整理した評価方法の一覧である。参考にしてほしい。

第7節　数学科における評価の実際

——評価を生かした指導の実際——

ここでは，第3学年で扱う「平方根」を取り上げて，評価を生かした指導展開の一例を記述する。

1．単元の指導目標と指導計画

単元の指導計画を立案する際には，まず学習指導要領で目標を確認する。「平方根」の学習指導では，以下のような目標と内容が示されている。

(1) 正の数の平方根について理解し，それを用いて表現し考察できるようにする。
　ア 数の平方根の必要性と意味を理解すること。
　イ 数の平方根を含む簡単な式の計算をすること。
　ウ 具体的な場面で数の平方根を用いて表したり処理したりすること。
　〔用語・記号〕 根号　有理数　無理数　$\sqrt{\ }$

目標や内容を横滑りに単元を計画するのではなく，なぜこの目標や内容が設定されているのか，すなわち，教師自身が無理数（正の数の平方根）を生徒に指導する意義を問い直すことが，指導計画を立案する上で肝要である。そうすることで，単元の中核となる目標が見えてくるからである。

たとえば数の範囲を無理数まで拡張するよさとして，有理数では表すことのできなかった数量を簡潔に表現できる，数と文字とを統合的に理解していくことができる，二次方程式を解くことができる，高等学校で学ぶ複素数の基礎となる，などが挙げられよう。

そのつぎに，先行研究を参考にしたり，生徒の実態を想定したりしながら，以下のように，ひとまず単元構想を練る。

「平方根」に関わる課題として，各調査や先行研究では次のような指摘がある。平方根の大きさを正しくとらえられず，数直線上に表すことができないことや，16の平方根は4であると答えたり，$\sqrt{16} = \pm 4$ と答えたりする間違いがよく見られる。

また先のような過ちをしない生徒も，「正の数の平方根が現実世界に実在する数であるという実感をもてずに，『分数で表すことのできない数は，現実世界には存在しない数』と感じてしまう傾向にある」（長野，2003）というように，根号を使った数を形式的に扱うことはできても，現実の量を示す新しい数として実感していない生徒は少なくない。

これらは，新しく学んだ数と従来から知っている数の相互連関を把握することは基本的な学習内容の一つであるが，その学習指導が不十分なため，未知のことがらを既知のことがらの下で理解されないことを示している。

そこで，以下の３点に着目し指導計画を立案しなければならない。

①　根号の必然性を意識できるような指導

先に述べたように，数と文字を統合的に理解することが本単元のよさであるが，数を形式的に操作することに処理しようとすることを急ぐと，平方根の意味理解が不十分になり，記号を用いて簡潔に表すことができるよさが理解できなくなる。

そこで，有理数では表すことができない量が存在することを意識できるように指導したい。

②　根号を用いた数を量として実感できるような指導

平方根の意味や記号化の意義を理解させるためには，根号を用いた数を量として実感させることが重要である。

導入場面では，正方形の面積と一辺の関係から平方根の値を逐次近似的に求めるなどして，新しい数について豊かな感覚を育てたい。さらに，大小関係を面積図や数直線と関連させたり，四則演算の場面で図と関連させたり，計算機を活用して近似値を求めさせたりなど，量を意識させながら指導したい。

③　平方根の有用性を実感できるような指導

現実世界に存在する数として，無理数を捉えることができるようにするためには，平方根の存在を示すとともに，その有用性を実感できるように指導する必要がある。

①，②，③の学習指導に注意し，そこに指導の順序を与えると表８－３の単

表８－３　単元指導計画

月	単元	小単元	時数	目標・評価規準	学習事項	評価項目				おもな評価方法
						関心・意欲・態度	見方・考え方	表現・処理	知識・理解	
4		オリエンテーション	1	数学の学習の進め方がわかる		○			○	観察
	平方根	パフォーマンス課題	1	単元の目標をつかむ	２次方程式，解，２次方程式を解く				○	観察
		平方根の計算の意味	3	平方根の必要性と意味がわかる	平方根，根号，√	○	○		○	観察
		素因数分解	2	素因数分解ができる	素数，因数，素因数，素因数分解			○	○	練習問題，観察
		平方根の大小	3	根号を使った数の大小を判断できる			○	○	○	練習問題，観察
5		平方根の乗除	3	根号を使った数の乗除を計算できる			○	○	○	小テスト，観察
		平方根の加減	3	根号を使った数の加減を計算できる			○	○	○	小テスト，観察
		単元末テスト	1	平方根の意味を理解し，根号を含んだ式の計算ができる。			◎	◎	◎	単元テスト
		パフォーマンス課題	2	平方根を現実問題に活用できる		◎	◎	○	○	パフォーマンス課題

元指導計画になる。

２．診断的評価とパフォーマンス課題

単元の初めに，その単元の学習に必要とするレディネスや単元の既有知識を把握するために，診断テストを実施する場合がある。生徒の実態を把握する大切な教育活動とはいえ，レディネステストを受ける生徒にとって貴重な学習の時間をさかれることにはかわりなく，生徒の学習に対するモチベーションを下げることがないように留意したい。初任の教師なら仕方がないが，数年の経験を経れば，生徒がどのような実態であるのかおよそわかってくるものである。したがって，単元はじめに大事なことは，生徒と教師がこの単元の目標を共有し，共通のベクトルをもつことである。そうした展開の中で，単元のレディネスがわかればよいのであって，その一つの方策として，パフォーマンス課題が

ある。

パフォーマンス課題とは,「リアルな文脈（あるいはシミュレーション）において，様々な知識やスキルを総合して使いこなすことを求めるような課題」（西岡・田中編，2009）である。この課題の遂行状況により，知識の定着状況やスキルの程度，それらを総合する思考力を診断することができる。次の課題は,「平方根」のパフォーマンスの一例（神原，2009）である。

> 【課題】あなたは伝説のインテリアデザイナーです。
>
> 1636年6月28日，フィレンチェの教会の神父から，設立496年を記念して教会の壁にステンドグラスを作ってほしいという依頼を受けた。その教会の壁は，面積が60m^{2}の正方形である。
> 神父は「この壁に面積が3m^{2}の直角二等辺三角形の形をしたステンドグラスをしき，すきまをできるだけ少なくしたい」とあなたに伝えた。
>
> あなたはデザイナーとしてこの設計図を書かなくてはなりません。なお，設計図には必要な長さとその長さの根拠となった正確な計算が必要です。

この課題を解決していくためには，現実の問題を数学的なモデルに置き換え，60の平方根の大きさを求めることができること，平方根の四則演算ができること，根号を用いた数を量として把握できること，すき間を計算して最大の敷き詰めができるような構成ができることなどが求められる。

このような具体的な目標を生徒に明示し，解決のための学習を進めていくことを指示することで，学習への動機付けが行われ，興味・関心を高めることにもつながっていく。

単元はじめの段階では，ほとんどの生徒が解決できないだろう。しかし中には，根号を用いて正方形や直角二等辺三角形の一辺の長さを示すことのできる生徒もいるだろう。また，根号を用いて長さを表現できなくても，一辺の長さの近似値を根気強く求めている生徒やおよその長さから概算している生徒もいるかもしれない。これらの生徒の記述を観察・分析することで，既有の知識やどのような数学的な考え方や見方を活用しようとしているのか見とることができ，単元指導計画の修正が可能となり，どこに焦点を当て，重点を置くか考えることができるようになる。

3．形成的評価

形成的評価は，指導の途中で生徒の学習の進捗状況を把握し，学習展開に即座に反映させ，活かしていく評価である。一単位時間の指導目標について，発問に対する生徒の反応，机間指導による生徒の問題解決過程の観察，小テストなどさまざまな角度から評価を行う。評価の観点として，方向目標ではなく「……ができる」という到達目標として具体化しておくとよい。表8-4は「平方根」の評価の観点例の一部である。この観点は大まかなものであり，実際の指導においてはさらに，これらの下位目標を設定し授業に臨む。たとえば，「平方根を$x^2=a$の解として捉えることができているか」では，「$x^2=16$となるxの値をすべて求めることができるか」「$x^2=10$となるxの値は無限小数となることを説明できるか」「$x^2=10$となるxの値は循環しない無限小数となることを説明できるか」「$x^2=10$となるxの値を根号を用いて表現できるか」などの観点で評価を行う。

たとえば2乗して10になる数を逐次近似的に計算機（8桁）を使って求めさせる授業場面で，小数第7位まで計算し，3.1622777を2乗するとちょうど10になって満足する生徒がいるとする。この状況を把握した教師は，「本当に正しいの？」と生徒にゆさぶりをかけることによって思考を進展させていく。また，「10の平方根は，$\sqrt{10}$である」と思い込んでいる生徒に，教師が単に

表8-4　「平方根」の評価の観点例

評価内容	評価の観点
平方根の必要性と意味	平方根を$x^2=a$の解として捉えることができているか
平方根の大小	根号を用いた数の大小関係を判断できるか
平方根の乗除	根号を含む数を目的に応じて変形できるか
平方根の加減	根号を含む数の加減の計算をすることができるか

「正の数の平方根は２つある」と指摘しただけでは，形成的評価が適切に生徒にフィードバックされたとはいえない。この生徒のつまずきは，「$\sqrt{10}$ は10の平方根である」と「10の平方根は $\sqrt{10}$ である」という２つの命題の違いに気づかない点にある。このような場合には，「ゾウは動物である」は正しいが「動物はゾウである」は必ずしも正しくないことを示して，理解を確かなものにしたい。

4．総括的評価

総括的評価としては，単元末や学期末に客観テストを実施する方法がある。これは評定資料として用いるだけでなく，生徒へフィードバックされることが重要である。フィードバックを行う方法はさまざまあるが，たとえば，客観テストの結果についてＳ－Ｐ表を用いて誤答分析を行い，テスト後に解説を行うことや，個々の生徒に図８－１のような「診断カルテ」を作成させることなどがある。

診断カルテとは，自分の誤答の原因を分析し，誤答した問題ができるようになるためには，どんなことに気をつければよいかを記述すると同時に，似た問題を教科書や問題集から探して解き直すという一連の活動を記録したものである。

このカルテを，単元テストごと，定期テストごとにファイルに蓄積していけば，自己の学習の履歴が一元化される。この一元化されたファイルは，教師にとっても生徒にとっても，学びの改善につながる貴重な資料となる。

客観テストは，「知識・理解」や「表現・処理」は比較的評価しやすいが，「知識・理解」を学習や生活の文脈において使いこなすような，現在求められているようないわゆる「高次の学力」や「関心・意欲・態度」といった情意面については評価しにくい。そこで，客観テストと合わせて，適宜パフォーマンス課題を実施するとよい。

生徒のパフォーマンス（作品）は○か×で採点することはできない。そこで，採点指針としてルーブリックを作成する。ルーブリックとは，「成功の度合い

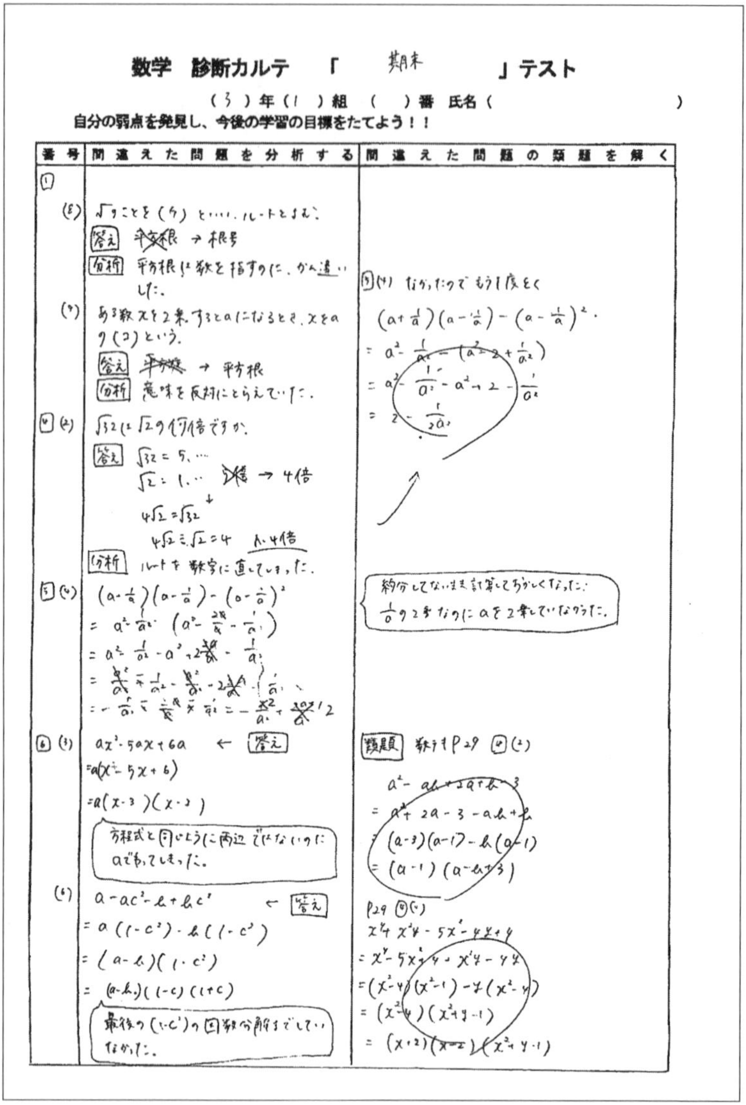

数学　診断カルテ　「　期末　」テスト

（3）年（1）組（　）番　氏名（　　　　　）

自分の弱点を発見し、今後の学習の目標をたてよう！！

番号	間違えた問題を分析する	間違えた問題の類題を解く
1 (8)	√のことを（ク）といい、ルートとよむ。 答え　平方根 → 根号 分析　平方根は数を指すのに、かん違いした。	
(9)	ある数 x を2乗すると a になるとき、x を a の（コ）という。 答え　平方根 → 平方根 分析　意味を反対にとらえていた。	5 (4) ながったので もう1度をく $(a+\frac{1}{a})(a-\frac{1}{a})-(a-\frac{1}{a})^2$ $=a^2-\frac{1}{a^2}-(a^2-2+\frac{1}{a^2})$ $=a^2-\frac{1}{a^2}-a^2+2-\frac{1}{a^2}$ $=2-\frac{1}{2a^2}$
4 (2)	$\sqrt{32}$ は $\sqrt{2}$ の何倍ですか。 答え　$\sqrt{32}=5.\cdots$ $\sqrt{2}=1.\cdots$　5倍 → 4倍 $4\sqrt{2}=\sqrt{32}$ $4\sqrt{2}\div\sqrt{2}=4$　A. 4倍 分析　ルートを数字に直してしまった。	
5 (4)	$(a+\frac{1}{a})(a-\frac{1}{a})-(a-\frac{1}{a})^2$ $=a^2-\frac{1}{a^2}-(a^2-\frac{2a}{a}-\frac{1}{a^2})$ $=a^2-\frac{1}{a^2}-a^2+2\frac{a}{a}-\frac{1}{a^2}$ …	約分してないまま計算してちがくなった。 $\frac{1}{a}$ の2乗なのに a を2乗していなかった。
6 (3)	$ax^2-5ax+6a$ ← 答え $=a(x^2-5x+6)$ $=a(x-3)(x-2)$ 方程式と同じように両辺ではないのに a でわってしまった。	類題　教科書P29 4 (2) $a^2-ab+2a+b-3$ $=a^2+2a-3-ab+b$ $=(a+3)(a-1)-b(a-1)$ $=(a-1)(a-b+3)$
(6)	$a-ac^2-b+bc^2$ ← 答え $=a(1-c^2)-b(1-c^2)$ $=(a-b)(1-c^2)$ $=(a-b)(1-c)(1+c)$ 最後の $(1-c^2)$ の因数分解までしていなかった。	P29 4 (1) $x^4+x^2y-5x^2-4y+4$ $=x^4-5x^2+4+x^2y-4y$ $=(x^2-4)(x^2-1)+y(x^2-4)$ $=(x^2-4)(x^2+y-1)$ $=(x+2)(x-2)(x^2+y-1)$

図8-1　診断カルテ

を示す数段階程度の尺度と，尺度に示されたレベル（評点・評語）のそれぞれに対応するパフォーマンスの特徴を記した記述語から成る評価規準表」である。先のパフォーマンス課題のルーブリックとして表8-5を作成した。

このルーブリックに従って，生徒の作品を評価する。できるだけ複数の評価者で作品を評価し，互いの評価のずれを調整することが必要である。こうすることで，評価規準が明確になり，教師自身の評価力を高めることにもなる。

評価が終われば，生徒作品の中から特徴的なものを取り出し，授業の中で，作品検討会を開き比較させながら，どの点が優れているのか，どの点が不十分なのか生徒に考えさせる。

たとえば，この作品検討会では，図8-2のような2つの作品を取り上げた。生徒Aの作品は，正方形と直角二等辺三角形の一辺の長さを求めて，$\sqrt{60}\div\sqrt{6}$ のわり算で正方形の一辺におかれる直角二等辺三角形の個数を求めようとしている。ところがその商を10にしている。根号を用いた数の大きさをイメージできないことや根号を文字式と同じように考え，$60x\div6x=10$ と計算してしまう誤りである。Bの作品は多くの生徒に見られた解答である。最大18枚入ることを説明できているのであるが，すき間に19枚目が入るかどうか検討できていないことが課題である。

このような点を授業で議論させることで，生徒自身と教師が到達点と課題を共有できるようになる。

表8-5　ルーブリック

	数学的推論	数学化（モデル化）
よ　い 3	隙間の大きさを求め，19枚目を入れることができないことが説明できる。	解法のイメージをもつために大きさを見積もり，求める解の範囲を絞り込むことができる。 ・最大20枚　・一列に最大3枚
合　格 2	最大枚数が18枚になることが計算できる。 $\sqrt{60}\div\sqrt{6}=\sqrt{10}$ $\sqrt{10}\fallingdotseq3$ $3\times2\times3=18$	解法のイメージをもつために，大きさを見積もることができる。 ・$60\div3=20$ ・$\sqrt{10}\fallingdotseq3$
もう少し 1	最大枚数が18枚になることが計算できない。	大きさを見積もることができない。

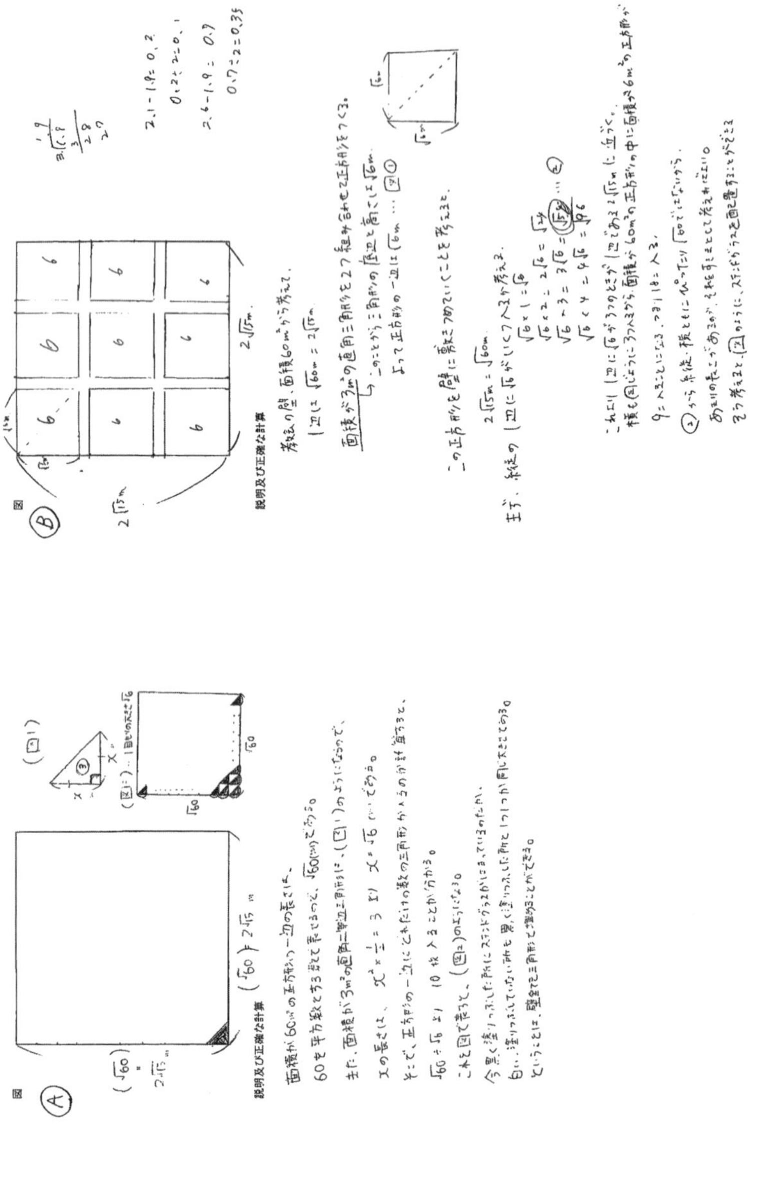

図 8－2　生徒作品 A と生徒作品 B

評価は生徒や教師自身にフィードバックされ，成長に生かされてこそ価値をもつのである。

第8章　参考文献

神原一之（2009）広島大学附属東雲中学校『中学教育』第41集.

教育課程審議会（2000）『児童生徒の学習と教育課程の実施状況の評価の在り方について（答申）』
http://www.mext.go.jp/b_menu/shingi/12/kyouiku/toushin/001211. htm#1

数学教育学研究会編（2006）『新版　数学教育の理論と実際〈中学校・高等学校〉』聖文新社.

杉山吉茂（2008）「教科書を越えた年間指導計画を［年間指導計画の作成と留意点］」『数学教育』No. 605，明治図書，pp. 4-8.

長野東（2003）「数の指導の基本」『CD—ROM 版中学校数学科教育実践講座理論編学ぶ楽しさを実（体）感し，力をつける数学指導』ニチブン.

西岡加名恵（2003）『教科と総合に活かすポートフォリオ評価法　新たな評価規準の創出に向けて』図書文化.

西岡加名恵・田中耕治編著（2009）『「活用する力」を育てる授業と評価　中学校——パフォーマンス課題とルーブリックの提案』学事出版.

根本博（2004）『数学的な洞察と目標準拠評価　数学教育の挑戦』東洋館出版社.

森敏昭・秋田喜代美編（2000）『教育評価　重要語300の基礎知識』明治図書.

（植田敦三・神原一之）

中学校学習指導要領
（平成20年3月告示）

第2章　各教科　第3節　数学

第1　目　標

数学的活動を通して，数量や図形などに関する基礎的な概念や原理・法則についての理解を深め，数学的な表現や処理の仕方を習得し，事象を数理的に考察し表現する能力を高めるとともに，数学的活動の楽しさや数学のよさを実感し，それらを活用して考えたり判断したりしようとする態度を育てる。

第2　各学年の目標及び内容

〔第1学年〕

1　目　標

（1）数を正の数と負の数まで拡張し，数の概念についての理解を深める。また，文字を用いることや方程式の必要性と意味を理解するとともに，数量の関係や法則などを一般的にかつ簡潔に表現して処理したり，一元一次方程式を用いたりする能力を培う。

（2）平面図形や空間図形についての観察，操作や実験などの活動を通して，図形に対する直観的な見方や考え方を深めるとともに，論理的に考察し表現する能力を培う。

（3）具体的な事象を調べることを通して，比例，反比例についての理解を深めるとともに，関数関係を見いだし表現し考察する能力を培う。

（4）目的に応じて資料を収集して整理し，その資料の傾向を読み取る能力を培う。

2　内　容

A　数と式

（1）具体的な場面を通して正の数と負の数について理解し，その四則計算ができるようにするとともに，正の数と負の数を用いて表現し考察することができるようにする。

ア　正の数と負の数の必要性と意味を理解すること。

イ　小学校で学習した数の四則計算と関連付けて，正の数と負の数の四則計算の意味を理解すること。

ウ　正の数と負の数の四則計算をすること。

エ　具体的な場面で正の数と負の数を用いて表したり処理したりすること。

（2）文字を用いて数量の関係や法則などを式に表現したり式の意味を読み取ったりする能力を培うとともに，文字を用いた式の計算ができるようにする。

ア　文字を用いることの必要性と意味を理解すること。

イ　文字を用いた式における乗法と除法の表し方を知ること。

ウ　簡単な一次式の加法と減法の計算をすること。

エ　数量の関係や法則などを文字を用いた式に表すことができることを理解し，式を用いて表したり読み取ったりすること。

（3）方程式について理解し，一元一次方程式を用いて考察することができるようにする。

ア　方程式の必要性と意味及び方程式の中の文字や解の意味を理解すること。

イ　等式の性質を基にして，方程式が解けることを知ること。

ウ　簡単な一元一次方程式を解くこと及びそれを具体的な場面で活用すること。

〔用語・記号〕

自然数　符号　絶対値　項　係数　移項　$\leqq$　$\geqq$

B　図　形

（1）観察，操作や実験などの活動を通して，見通しをもって作図したり図形の関係について調べたりして平面図形についての理解を深めるとともに，論理的に考察し表現する能力を培う。

ア　角の二等分線，線分の垂直二等分線，垂線などの基本的な作図の方法を理解し，それを具体的な場面で活用すること。

イ　平行移動，対称移動及び回転移動について理解し，二つの図形の関係について調べること。

（2）観察，操作や実験などの活動を通して，空間図形についての理解を深めるとともに，図形の計量についての能力を伸ばす。

ア　空間における直線や平面の位置関係を知ること。

イ　空間図形を直線や平面図形の運動によって構成されるものととらえたり，空間図形を平面上に表現して平面上の表現から空間図形の性質を読み取ったりすること。

ウ　扇形の弧の長さと面積並びに基本的な柱体，錐（すい）体及び球の表面積と体積を求めること。

〔用語・記号〕

弧　弦　回転体　ねじれの位置　π

C　関　数

（1）具体的な事象の中から二つの数量を取り出し，それらの変化や対応を調べることを通して，比例，反比例の関係についての理解を深めるとともに，関数関係を見いだし表現し考察する能力を培う。

ア　関数関係の意味を理解すること。

イ　比例，反比例の意味を理解すること。

ウ　座標の意味を理解すること。

エ　比例，反比例を表，式，グラフなどで表し，それらの特徴を理解すること。

オ　比例，反比例を用いて具体的な事象をとらえ説明すること。

〔用語・記号〕

関数　変数　変域

D　資料の活用

（1）目的に応じて資料を収集し，コンピュータを用いたりするなどして表やグラフに整理し，代表値や資料の散らばりに着目してその資料の傾向を読み取ることができるようにする。

ア　ヒストグラムや代表値の必要性と意味を理解すること。

イ　ヒストグラムや代表値を用いて資料の傾向をとらえ説明すること。

〔用語・記号〕

平均値　中央値　最頻値　相対度数　範囲　階級

〔数学的活動〕

（1）「A 数と式」，「B 図形」，「C 関数」及び「D 資料の活用」の学習やそれらを相互に関連付けた学習において，次のような数学的活動に取り組む機会を設けるものとする。

ア　既習の数学を基にして，数や図形の性質などを見いだす活動

イ　日常生活で数学を利用する活動

ウ　数学的な表現を用いて，自分なりに説明し伝え合う活動

3　内容の取扱い

（1）内容の「A 数と式」の（1）に関連して，数の集合と四則計算の可能性を取り扱うものとする。

（2）内容の「A 数と式」の（2）のエに関連して，大小関係を不等式を用いて表すことを取り扱うものとする。

（3）内容の「A 数と式」の（3）のウに関連して，簡単な比例式を解くことを取り扱うものとする。

（4）内容の「B 図形」の（1）のアに関連して，円の接線はその接点を通る半径に垂直であることを取り扱うものとする。

（5）内容の「B 図形」の（2）のイについては，見取図，展開図や投影図を取り扱うものとする。

（6）内容の「D 資料の活用」の（1）に関連して，誤差や近似値，a×10n の形の表現を取り扱うものとする。

〔第2学年〕

1　目　標

（1）文字を用いた式について，目的に応じて計算したり変形したりする能力を養うとともに，連立二元一次方程式について理解し用いる能力を培う。

（2）基本的な平面図形の性質について，観察，操作や実験などの活動を通して理解を深めるとともに，図形の性質の考察における数学的な推論の必要性と意味及びその方法を理解し，論理的に考察し表現する能力を養う。

（3）具体的な事象を調べることを通して，一次関数について理解するとともに，関数関係を見いだし表現し考察する能力を養う。
（4）不確定な事象を調べることを通して，確率について理解し用いる能力を培う。

2　内　容

A　数と式

（1）具体的な事象の中に数量の関係を見いだし，それを文字を用いて式に表現したり式の意味を読み取ったりする能力を養うとともに，文字を用いた式の四則計算ができるようにする。

ア　簡単な整式の加法，減法及び単項式の乗法，除法の計算をすること。
イ　文字を用いた式で数量及び数量の関係をとらえ説明できることを理解すること。
ウ　目的に応じて，簡単な式を変形すること。

（2）連立二元一次方程式について理解し，それを用いて考察することができるようにする。

ア　二元一次方程式とその解の意味を理解すること。
イ　連立二元一次方程式の必要性と意味及びその解の意味を理解すること。
ウ　簡単な連立二元一次方程式を解くこと及びそれを具体的な場面で活用すること。

〔用語・記号〕
同類項

B　図　形

（1）観察，操作や実験などの活動を通して，基本的な平面図形の性質を見いだし，平行線の性質を基にしてそれらを確かめることができるようにする。

ア　平行線や角の性質を理解し，それに基づいて図形の性質を確かめ説明すること。
イ　平行線の性質や三角形の角についての性質を基にして，多角形の角についての性質が見いだせることを知ること。

（2）図形の合同について理解し図形についての見方を深めるとともに，図形の性質を三角形の合同条件などを基にして確かめ，論理的に考察し表現する能力を養う。

ア　平面図形の合同の意味及び三角形の合同条件について理解すること。
イ　証明の必要性と意味及びその方法について理解すること。
ウ　三角形の合同条件などを基にして三角形や平行四辺形の基本的な性質を論理的に確かめたり，図形の性質の証明を読んで新たな性質を見いだしたりすること。

〔用語・記号〕
対頂角　内角　外角　定義　証明　逆　≡

C　関　数

（1）具体的な事象の中から二つの数量を取り出し，それらの変化や対応を調べることを通して，一次関数について理解するとともに，関数関係を見いだし表現し考察する能力を養う。

ア　事象の中には一次関数としてとらえられるものがあることを知ること。
イ　一次関数について，表，式，グラフを相互に関連付けて理解すること。
ウ　二元一次方程式を関数を表す式とみること。
エ　一次関数を用いて具体的な事象をとらえ説明すること。

〔用語・記号〕
変化の割合　傾き

D　資料の活用

（1）不確定な事象についての観察や実験などの活動を通して，確率について理解し，それを用いて考察し表現することができるようにする。

ア　確率の必要性と意味を理解し，簡単な場合について確率を求めること。
イ　確率を用いて不確定な事象をとらえ説明すること。

〔数学的活動〕
（1）「A 数と式」，「B 図形」，「C 関数」及び「D 資料の活用」の学習やそれらを相互に関連付けた学習において，次のような数学的活動に取り組む機会を設けるものとする。

ア　既習の数学を基にして，数や図形の性質などを見いだし，発展させる活動
イ　日常生活や社会で数学を利用する活動
ウ　数学的な表現を用いて，根拠を明らかにし筋道立てて説明し伝え合う活動
3　内容の取扱い
（1）内容の「B 図形」の（2）のウに関連して，正方形，ひし形，長方形が平行四辺形の特別な形であることを取り扱うものとする。
〔第3学年〕
1　目　標
（1）数の平方根について理解し，数の概念についての理解を深める。また，目的に応じて計算したり式を変形したりする能力を伸ばすとともに，二次方程式について理解し用いる能力を培う。
（2）図形の相似，円周角と中心角の関係や三平方の定理について，観察，操作や実験などの活動を通して理解し，それらを図形の性質の考察や計量に用いる能力を伸ばすとともに，図形について見通しをもって論理的に考察し表現する能力を伸ばす。
（3）具体的な事象を調べることを通して，関数 $y=ax^2$ について理解するとともに，関数関係を見いだし表現し考察する能力を伸ばす。
（4）母集団から標本を取り出し，その傾向を調べることで，母集団の傾向を読み取る能力を培う。
2　内　容
A　数と式
（1）正の数の平方根について理解し，それを用いて表現し考察することができるようにする。
ア　数の平方根の必要性と意味を理解すること。
イ　数の平方根を含む簡単な式の計算をすること。
ウ　具体的な場面で数の平方根を用いて表したり処理したりすること。
（2）文字を用いた簡単な多項式について，式の展開や因数分解ができるようにするとともに，目的に応じて式を変形したりその意味を読み取ったりする能力を伸ばす。
ア　単項式と多項式の乗法及び多項式を単項式で割る除法の計算をすること。
イ　簡単な一次式の乗法の計算及び次の公式を用いる簡単な式の展開や因数分解をすること。
$(a+b)^2=a^2+2ab+b^2$
$(a-b)^2=a^2-2ab+b^2$
$(a+b)(a-b)=a^2-b^2$
$(x+a)(x+b)=x^2+(a+b)x+ab$
ウ　文字を用いた式で数量及び数量の関係をとらえ説明すること。
（3）二次方程式について理解し，それを用いて考察することができるようにする。
ア　二次方程式の必要性と意味及びその解の意味を理解すること。
イ　因数分解したり平方の形に変形したりして二次方程式を解くこと。
ウ　解の公式を知り，それを用いて二次方程式を解くこと。
エ　二次方程式を具体的な場面で活用すること。
〔用語・記号〕
根号　有理数　無理数　因数　$\sqrt{\ }$
B　図　形
（1）図形の性質を三角形の相似条件などを基にして確かめ，論理的に考察し表現する能力を伸ばし，相似な図形の性質を用いて考察することができるようにする。
ア　平面図形の相似の意味及び三角形の相似条件について理解すること。
イ　三角形の相似条件などを基にして図形の基本的な性質を論理的に確かめること。
ウ　平行線と線分の比についての性質を見いだし，それらを確かめること。
エ　基本的な立体の相似の意味と，相似な図形の相似比と面積比及び体積比の関係について理解すること。
オ　相似な図形の性質を具体的な場面で活用すること。
（2）観察，操作や実験などの活動を通して，

円周角と中心角の関係を見いだして理解し，それを用いて考察することができるようにする。

ア　円周角と中心角の関係の意味を理解し，それが証明できることを知ること。

イ　円周角と中心角の関係を具体的な場面で活用すること。

（3）観察，操作や実験などの活動を通して，三平方の定理を見いだして理解し，それを用いて考察することができるようにする。

ア　三平方の定理の意味を理解し，それが証明できることを知ること。

イ　三平方の定理を具体的な場面で活用すること。

〔用語・記号〕

∽

C　関数

（1）具体的な事象の中から二つの数量を取り出し，それらの変化や対応を調べることを通して，関数 $y=ax^2$ について理解するとともに，関数関係を見いだし表現し考察する能力を伸ばす。

ア　事象の中には関数 $y=ax^2$ としてとらえられるものがあることを知ること。

イ　関数 $y=ax^2$ について，表，式，グラフを相互に関連付けて理解すること。

ウ　関数 $y=ax^2$ を用いて具体的な事象をとらえ説明すること。

エ　いろいろな事象の中に，関数関係があることを理解すること。

D　資料の活用

（1）コンピュータを用いたりするなどして，母集団から標本を取り出し，標本の傾向を調べることで，母集団の傾向が読み取れることを理解できるようにする。

ア　標本調査の必要性と意味を理解すること。

イ　簡単な場合について標本調査を行い，母集団の傾向をとらえ説明すること。

〔用語・記号〕

全数調査

〔数学的活動〕

（1）「A 数と式」，「B 図形」，「C 関数」及び「D 資料の活用」の学習やそれらを相互に関連付けた学習において，次のような数学的活動に取り組む機会を設けるものとする。

ア　既習の数学を基にして，数や図形の性質などを見いだし，発展させる活動

イ　日常生活や社会で数学を利用する活動

ウ　数学的な表現を用いて，根拠を明らかにし筋道立てて説明し伝え合う活動

3　内容の取扱い

（1）内容の「A 数と式」の（2）などに関連して，自然数を素因数に分解することを取り扱うものとする。

（2）内容の「A 数と式」の（3）については，実数の解をもつ二次方程式を取り扱うものとする。

（3）内容の「A 数と式」の（3）のイについては，$ax^2=b$（a，b は有理数）の二次方程式及び $x^2+px+q=0$（p，q は整数）の二次方程式を取り扱うものとする。因数分解して解くことの指導においては，内容の「A 数と式」の（2）のイに示した公式を用いることができるものを中心に取り扱うものとする。また，平方の形に変形して解くことの指導においては，x の係数が偶数であるものを中心に取り扱うものとする。

（4）内容の「B 図形」の（2）に関連して，円周角の定理の逆を取り扱うものとする。

第 3　指導計画の作成と内容の取扱い

1　指導計画の作成に当たっては，次の事項に配慮するものとする。

（1）第 2 の各学年の目標の達成に支障のない範囲内で，当該学年の内容の一部を軽く取り扱い，それを後の学年で指導することができる。また，学年の目標を逸脱しない範囲内で，後の学年の内容の一部を加えて指導することもできる。

（2）生徒の学習を確実なものにするために，新たな内容を指導する際には，既に指導した

関連する内容を意図的に再度取り上げ，学び直しの機会を設定することに配慮するものとする。

（3）第1章総則の第1の2及び第3章道徳の第1に示す道徳教育の目標に基づき，道徳の時間などとの関連を考慮しながら，第3章道徳の第2に示す内容について，数学科の特質に応じて適切な指導をすること。

2　第2の内容の取扱いについては，次の事項に配慮するものとする。

（1）第2の各学年の内容に示す〔用語・記号〕は，当該学年で取り扱う内容の程度や範囲を明確にするために示したものであり，その指導に当たっては，各学年の内容と密接に関連させて取り上げるよう配慮するものとする。

（2）各領域の指導に当たっては，必要に応じ，そろばん，電卓，コンピュータや情報通信ネットワークなどを適切に活用し，学習の効果を高めるよう配慮するものとする。特に，数値計算にかかわる内容の指導や，観察，操作や実験などの活動を通した指導を行う際にはこのことに配慮するものとする。

3　数学的活動の指導に当たっては，次の事項に配慮するものとする。

（1）数学的活動を楽しめるようにするとともに，数学を学習することの意義や数学の必要性などを実感する機会を設けること。

（2）自ら課題を見いだし，解決するための構想を立て，実践し，その結果を評価・改善する機会を設けること。

（3）数学的活動の過程を振り返り，レポートにまとめ発表することなどを通して，その成果を共有する機会を設けること。

4　課題学習とは，生徒の数学的活動への取組を促し思考力，判断力，表現力等の育成を図るため，各領域の内容を総合したり日常の事象や他教科等での学習に関連付けたりするなどして見いだした課題を解決する学習であり，この実施に当たっては各学年で指導計画に適切に位置付けるものとする。

高等学校学習指導要領
（平成21年3月告示）

第2章　各教科　第4節　数学

第1款　目　標

数学的活動を通して，数学における基本的な概念や原理・法則の体系的な理解を深め，事象を数学的に考察し表現する能力を高め，創造性の基礎を培うとともに，数学のよさを認識し，それらを積極的に活用して数学的論拠に基づいて判断する態度を育てる。

第2款　各科目

第1　数学Ⅰ

1　目　標

数と式，図形と計量，二次関数及びデータの分析について理解させ，基礎的な知識の習得と技能の習熟を図り，事象を数学的に考察する能力を培い，数学のよさを認識できるようにするとともに，それらを活用する態度を育てる。

2　内　容

（1）数と式

数を実数まで拡張する意義や集合と命題に関する基本的な概念を理解できるようにする。また，式を多面的にみたり処理したりするとともに，一次不等式を事象の考察に活用できるようにする。

ア　数と集合

(ｱ) 実数

数を実数まで拡張する意義を理解し，簡単な無理数の四則計算をすること。

(ｲ) 集　合

集合と命題に関する基本的な概念を理解し，それを事象の考察に活用すること。

イ　式

(ｱ) 式の展開と因数分解

二次の乗法公式及び因数分解の公式の理解を深め，式を多面的にみたり目的に応じて式を適切に変形したりすること。

(イ) 一次不等式

不等式の解の意味や不等式の性質について理解し，一次不等式の解を求めたり一次不等式を事象の考察に活用したりすること。

（2）図形と計量

三角比の意味やその基本的な性質について理解し，三角比を用いた計量の考えの有用性を認識するとともに，それらを事象の考察に活用できるようにする。

ア　三角比

(ア) 鋭角の三角比

鋭角の三角比の意味と相互関係について理解すること。

(イ) 鈍角の三角比

三角比を鈍角まで拡張する意義を理解し，鋭角の三角比の値を用いて鈍角の三角比の値を求めること。

(ウ) 正弦定理・余弦定理

正弦定理や余弦定理について理解し，それらを用いて三角形の辺の長さや角の大きさを求めること。

イ　図形の計量

三角比を平面図形や空間図形の考察に活用すること。

〔用語・記号〕 正弦，sin，余弦，cos，正接，tan

（3）二次関数

二次関数とそのグラフについて理解し，二次関数を用いて数量の関係や変化を表現することの有用性を認識するとともに，それらを事象の考察に活用できるようにする。

ア　二次関数とそのグラフ

事象から二次関数で表される関係を見いだすこと。また，二次関数のグラフの特徴について理解すること。

イ　二次関数の値の変化

(ア) 二次関数の最大・最小

二次関数の値の変化について，グラフを用いて考察したり最大値や最小値を求めたりすること。

(イ) 二次方程式・二次不等式

二次方程式の解と二次関数のグラフとの関係について理解するとともに，数量の関係を二次不等式で表し二次関数のグラフを利用してその解を求めること。

（4）データの分析

統計の基本的な考えを理解するとともに，それを用いてデータを整理・分析し傾向を把握できるようにする。

ア　データの散らばり

四分位偏差，分散及び標準偏差などの意味について理解し，それらを用いてデータの傾向を把握し，説明すること。

イ　データの相関

散布図や相関係数の意味を理解し，それらを用いて二つのデータの相関を把握し説明すること。

〔課題学習〕

（1），（2），（3）及び（4）の内容又はそれらを相互に関連付けた内容を生活と関連付けたり発展させたりするなどして，生徒の関心や意欲を高める課題を設け，生徒の主体的な学習を促し，数学のよさを認識できるようにする。

3　内容の取扱い

（1）内容の（1）のアの (イ) については，簡単な命題の証明も扱うものとする。

（2）内容の（2）のアの (イ) については，関連して 0°，90°，180° の三角比を扱うものとする。

（3）課題学習については，それぞれの内容との関連を踏まえ，学習効果を高めるよう適切な時期や場面に実施するとともに，実施に当たっては数学的活動を一層重視するものとする。

第2　数学Ⅱ

1　目　標

いろいろな式，図形と方程式，指数関数・対数関数，三角関数及び微分・積分の考えについて理解させ，基礎的な知識の習得と技能の習熟を図り，事象を数学的に考察し表現する能力を養うとともに，それらを活用する態度を育てる。

2 内 容

（1）いろいろな式

整式の乗法・除法及び分数式の四則計算について理解できるようにするとともに，等式や不等式が成り立つことを証明できるようにする。また，方程式についての理解を深め，数の範囲を複素数まで拡張して二次方程式を解くこと及び因数分解を利用して高次方程式を解くことができるようにする。

ア 式と証明

(ｱ) 整式の乗法・除法，分数式の計算

三次の乗法公式及び因数分解の公式を理解し，それらを用いて式の展開や因数分解をすること。また，整式の除法や分数式の四則計算について理解し，簡単な場合について計算をすること。

(ｲ) 等式と不等式の証明

等式や不等式が成り立つことを，それらの基本的な性質や実数の性質などを用いて証明すること。

イ 高次方程式

(ｱ) 複素数と二次方程式

数を複素数まで拡張する意義を理解し，複素数の四則計算をすること。また，二次方程式の解の種類の判別及び解と係数の関係について理解すること。

(ｲ) 因数定理と高次方程式

因数定理について理解し，簡単な高次方程式の解を因数定理などを用いて求めること。

〔用語・記号〕 虚数，i

（2）図形と方程式

座標や式を用いて，直線や円などの基本的な平面図形の性質や関係を数学的に表現し，その有用性を認識するとともに，事象の考察に活用できるようにする。

ア 直線と円

(ｱ) 点と直線

座標を用いて，平面上の線分を内分する点，外分する点の位置や二点間の距離を表すこと。また，座標平面上の直線を方程式で表し，それを二直線の位置関係などの考察に活用すること。

(ｲ) 円の方程式

座標平面上の円を方程式で表し，それを円と直線の位置関係などの考察に活用すること。

イ 軌跡と領域

軌跡について理解し，簡単な場合について軌跡を求めること。また，簡単な場合について，不等式の表す領域を求めたり領域を不等式で表したりすること。

（3）指数関数・対数関数

指数関数及び対数関数について理解し，それらを事象の考察に活用できるようにする。

ア 指数関数

(ｱ) 指数の拡張

指数を正の整数から有理数へ拡張する意義を理解すること。

(ｲ) 指数関数とそのグラフ

指数関数とそのグラフの特徴について理解し，それらを事象の考察に活用すること。

イ 対数関数

(ｱ) 対数

対数の意味とその基本的な性質について理解し，簡単な対数の計算をすること。

(ｲ) 対数関数とそのグラフ

対数関数とそのグラフの特徴について理解し，それらを事象の考察に活用すること。

〔用語・記号〕 累乗根，$\log_a x$

（4）三角関数

角の概念を一般角まで拡張して，三角関数及び三角関数の加法定理について理解し，それらを事象の考察に活用できるようにする。

ア 角の拡張

角の概念を一般角まで拡張する意義や弧度法による角度の表し方について理解すること。

イ 三角関数

(ｱ) 三角関数とそのグラフ

三角関数とそのグラフの特徴について理解すること。

(ｲ) 三角関数の基本的な性質

三角関数について，相互関係などの基本的な性質を理解すること。

ウ　三角関数の加法定理

三角関数の加法定理を理解し，それを用いて２倍角の公式を導くこと。

（５）微分・積分の考え

微分・積分の考えについて理解し，それらの有用性を認識するとともに，事象の考察に活用できるようにする。

ア　微分の考え

(ｱ) 微分係数と導関数

微分係数や導関数の意味について理解し，関数の定数倍，和及び差の導関数を求めること。

(ｲ) 導関数の応用

導関数を用いて関数の値の増減や極大・極小を調べ，グラフの概形をかくこと。また，微分の考えを事象の考察に活用すること。

イ　積分の考え

(ｱ) 不定積分と定積分

不定積分及び定積分の意味について理解し，関数の定数倍，和及び差の不定積分や定積分を求めること。

(ｲ) 面積

定積分を用いて直線や関数のグラフで囲まれた図形の面積を求めること。

〔用語・記号〕 極限値，lim

3　内容の取扱い

（１）内容の（１）のアについては，関連して二項定理を扱うものとする。

（２）内容の（３）のイについては，常用対数も扱うものとする。

（３）内容の（４）のウについては，関連して三角関数の合成を扱うものとする。

（４）内容の（５）のアについては，三次までの関数を中心に扱い，イについては，二次までの関数を中心に扱うものとする。アの (ｱ) の微分係数については，関数のグラフの接線に関連付けて扱うものとする。また，極限については，直観的に理解させるよう扱うものとする。

第３　数学Ⅲ

1　目　標

平面上の曲線と複素数平面，極限，微分法及び積分法についての理解を深め，知識の習得と技能の習熟を図り，事象を数学的に考察し表現する能力を伸ばすとともに，それらを積極的に活用する態度を育てる。

2　内　容

（１）平面上の曲線と複素数平面

平面上の曲線がいろいろな式で表されること及び複素数平面について理解し，それらを事象の考察に活用できるようにする。

ア　平面上の曲線

(ｱ) 直交座標による表示

放物線，楕（だ）円，双曲線が二次式で表されること及びそれらの二次曲線の基本的な性質について理解すること。

(ｲ) 媒介変数による表示

媒介変数の意味及び曲線が媒介変数を用いて表されることを理解し，それらを事象の考察に活用すること。

(ｳ) 極座標による表示

極座標の意味及び曲線が極方程式で表されることを理解し，それらを事象の考察に活用すること。

イ　複素数平面

(ｱ) 複素数の図表示

複素数平面と複素数の極形式，複素数の実数倍，和，差，積及び商の図形的な意味を理解し，それらを事象の考察に活用すること。

(ｲ) ド・モアブルの定理

ド・モアブルの定理について理解すること。

〔用語・記号〕 焦点，準線

（２）極限

数列や関数値の極限の概念を理解し，それらを事象の考察に活用できるようにする。

ア　数列とその極限

(ｱ) 数列の極限

数列の極限について理解し，数列 {rn} の極限などを基に簡単な数列の極限を求めること。また，数列の極限を事象の考察に活用すること。

(ｲ) 無限等比級数の和

無限級数の収束，発散について理解し，無限等比級数などの簡単な無限級数の和を求めること。また，それらを事象の考察に活用すること。

イ　関数とその極限

(ｱ) 分数関数と無理関数

簡単な分数関数と無理関数及びそれらのグラフの特徴について理解すること。

(ｲ) 合成関数と逆関数

合成関数や逆関数の意味を理解し，簡単な場合についてそれらを求めること。

(ｳ) 関数値の極限

関数値の極限について理解し，それを事象の考察に活用すること。

〔用語・記号〕 ∞

（3）微分法

微分法についての理解を深めるとともに，その有用性を認識し，事象の考察に活用できるようにする。

ア　導関数

(ｱ) 関数の和・差・積・商の導関数

関数の積及び商の導関数について理解し，関数の和，差，積及び商の導関数を求めること。

(ｲ) 合成関数の導関数

合成関数の導関数について理解し，合成関数の導関数を求めること。

(ｳ) 三角関数・指数関数・対数関数の導関数

三角関数，指数関数及び対数関数の導関数を求めること。

イ　導関数の応用

導関数を用いて，いろいろな曲線の接線の方程式を求めたり，いろいろな関数の値の増減，極大・極小，グラフの凹凸などを調べグラフの概形をかいたりすること。また，それらを事象の考察に活用すること。

〔用語・記号〕 自然対数，e，第二次導関数，変曲点

（4）積分法

積分法についての理解を深めるとともに，その有用性を認識し，事象の考察に活用できるようにする。

ア　不定積分と定積分

(ｱ) 積分とその基本的な性質

不定積分及び定積分の基本的な性質についての理解を深め，それらを用いて不定積分や定積分を求めること。

(ｲ) 置換積分法・部分積分法

置換積分法及び部分積分法について理解し，簡単な場合についてそれらを用いて不定積分や定積分を求めること。

(ｳ) いろいろな関数の積分

いろいろな関数について，工夫して不定積分や定積分を求めること。

イ　積分の応用

いろいろな曲線で囲まれた図形の面積や立体の体積及び曲線の長さなどを定積分を利用して求めること。

3　内容の取扱い

（1）内容の（1）のアの (ｲ) 及び (ｳ) については，二次曲線や内容の（3）及び（4）で取り上げる曲線を中心に扱うものとし，描画においてはコンピュータなどを積極的に活用するものとする。

（2）内容の（2）のイの (ｳ) については，関連して関数の連続性を扱うものとする。

（3）内容の（3）のイについては，関連して直線上の点の運動や平面上の点の運動の速度及び加速度を扱うものとする。

（4）内容の（4）のアの (ｲ) については，置換積分法は $ax+b=t$，$x=a\sin\theta$ と置き換えるものを中心に扱うものとする。また，部分積分法は，簡単な関数について1回の適用で結果が得られるものを中心に扱うものとする。

第4　数学A

1　目　標

場合の数と確率，整数の性質又は図形の性質について理解させ，基礎的な知識の習得と技能の習熟を図り，事象を数学的に考察する能力を

養い，数学のよさを認識できるようにするとともに，それらを活用する態度を育てる。

2　内　容

（1）場合の数と確率

場合の数を求めるときの基本的な考え方や確率についての理解を深め，それらを事象の考察に活用できるようにする。

ア　場合の数

(ア) 数え上げの原則

集合の要素の個数に関する基本的な関係や和の法則，積の法則について理解すること。

(イ) 順列・組合せ

具体的な事象の考察を通して順列及び組合せの意味について理解し，それらの総数を求めること。

イ　確率

(ア) 確率とその基本的な法則

確率の意味や基本的な法則についての理解を深め，それらを用いて事象の確率を求めること。また，確率を事象の考察に活用すること。

(イ) 独立な試行と確率

独立な試行の意味を理解し，独立な試行の確率を求めること。また，それを事象の考察に活用すること。

(ウ) 条件付き確率

条件付き確率の意味を理解し，簡単な場合について条件付き確率を求めること。また，それを事象の考察に活用すること。

〔用語・記号〕 ${}_nP_r$，${}_nC_r$，階乗，n!，排反

（2）整数の性質

整数の性質についての理解を深め，それを事象の考察に活用できるようにする。

ア　約数と倍数

素因数分解を用いた公約数や公倍数の求め方を理解し，整数に関連した事象を論理的に考察し表現すること。

イ　ユークリッドの互除法

整数の除法の性質に基づいてユークリッドの互除法の仕組みを理解し，それを用いて二つの整数の最大公約数を求めること。また，二元一次不定方程式の解の意味について理解し，簡単な場合についてその整数解を求めること。

ウ　整数の性質の活用

二進法などの仕組みや分数が有限小数又は循環小数で表される仕組みを理解し，整数の性質を事象の考察に活用すること。

（3）図形の性質

平面図形や空間図形の性質についての理解を深め，それらを事象の考察に活用できるようにする。

ア　平面図形

(ア) 三角形の性質

三角形に関する基本的な性質について，それらが成り立つことを証明すること。

(イ) 円の性質

円に関する基本的な性質について，それらが成り立つことを証明すること。

(ウ) 作図

基本的な図形の性質などをいろいろな図形の作図に活用すること。

イ　空間図形

空間における直線や平面の位置関係やなす角についての理解を深めること。また，多面体などに関する基本的な性質について理解し，それらを事象の考察に活用すること。

〔課題学習〕

（1），（2）及び（3）の内容又はそれらを相互に関連付けた内容を生活と関連付けたり発展させたりするなどして，生徒の関心や意欲を高める課題を設け，生徒の主体的な学習を促し，数学のよさを認識できるようにする。

3　内容の取扱い

（1）この科目は，内容の（1）から（3）までの中から適宜選択させるものとする。

（2）課題学習については，それぞれの内容との関連を踏まえ，学習効果を高めるよう適切な時期や場面に実施するとともに，実施に当たっては数学的活動を一層重視するものとする。

第５　数学Ｂ

１　目　標

確率分布と統計的な推測，数列又はベクトルについて理解させ，基礎的な知識の習得と技能の習熟を図り，事象を数学的に考察し表現する能力を伸ばすとともに，それらを活用する態度を育てる。

２　内　容

（１）確率分布と統計的な推測

確率変数とその分布，統計的な推測について理解し，それらを不確定な事象の考察に活用できるようにする。

ア　確率分布

(ｱ) 確率変数と確率分布

確率変数及び確率分布について理解し，確率変数の平均，分散及び標準偏差を用いて確率分布の特徴をとらえること。

(ｲ) 二項分布

二項分布について理解し，それを事象の考察に活用すること。

イ　正規分布

正規分布について理解し，二項分布が正規分布で近似できることを知ること。また，それらを事象の考察に活用すること。

ウ　統計的な推測

(ｱ) 母集団と標本

標本調査の考え方について理解し，標本を用いて母集団の傾向を推測できることを知ること。

(ｲ) 統計的な推測の考え

母平均の統計的な推測について理解し，それを事象の考察に活用すること。

（２）数列

簡単な数列とその和及び漸化式と数学的帰納法について理解し，それらを事象の考察に活用できるようにする。

ア　数列とその和

(ｱ) 等差数列と等比数列

等差数列と等比数列について理解し，それらの一般項及び和を求めること。

(ｲ) いろいろな数列

いろいろな数列の一般項や和について，その求め方を理解し，事象の考察に活用すること。

イ　漸化式と数学的帰納法

(ｱ) 漸化式と数列

漸化式について理解し，簡単な漸化式で表された数列について，一般項を求めること。また，漸化式を事象の考察に活用すること。

(ｲ) 数学的帰納法

数学的帰納法について理解し，それを用いて簡単な命題を証明するとともに，事象の考察に活用すること。

〔用語・記号〕 $\sum$

（３）ベクトル

ベクトルの基本的な概念について理解し，その有用性を認識するとともに，事象の考察に活用できるようにする。

ア　平面上のベクトル

(ｱ) ベクトルとその演算

ベクトルの意味，相等，和，差，実数倍，位置ベクトル及びベクトルの成分表示について理解すること。

(ｲ) ベクトルの内積

ベクトルの内積及びその基本的な性質について理解し，それらを平面図形の性質などの考察に活用すること。

イ　空間座標とベクトル

座標及びベクトルの考えが平面から空間に拡張できることを知ること。

３　内容の取扱い

（１）この科目は，内容の（１）から（３）までの中から適宜選択させるものとする。

第６　数学活用

１　目　標

数学と人間とのかかわりや数学の社会的有用性についての認識を深めるとともに，事象を数理的に考察する能力を養い，数学を積極的に活用する態度を育てる。

２　内　容

（１）数学と人間の活動

数学が人間の活動にかかわってつくられ発展

してきたことやその方法を理解するとともに，数学と文化とのかかわりについての認識を深める。

ア　数や図形と人間の活動

数量や図形に関する概念などと人間の活動や文化とのかかわりについて理解すること。

イ　遊びの中の数学

数理的なゲームやパズルなどを通して論理的に考えることのよさを認識し，数学と文化とのかかわりについて理解すること。

（2）社会生活における数理的な考察

社会生活において数学が活用されている場面や身近な事象を数理的に考察するとともに，それらの活動を通して数学の社会的有用性についての認識を深める。

ア　社会生活と数学

社会生活などの場面で，事象を数学化し考察すること。

イ　数学的な表現の工夫

図，表，行列及び離散グラフなどを用いて，事象を数学的に表現し考察すること。

ウ　データの分析

目的に応じてデータを収集し，表計算用のソフトウェアなどを用いて処理しデータ間の傾向をとらえ予測や判断をすること。

3　内容の取扱い

（1）この科目の指導に当たっては，数学的活動を一層重視し，身近な事例を取り上げるなど生徒の主体的活動を促すとともに，コンピュータなどを積極的に活用した学習が行われるよう配慮するものとする。

（2）内容の（1）のアについては，数学における概念の形成や原理・法則の認識の過程と人間の活動や文化とのかかわりを中心として，数学史的な話題及びコンピュータを活用した問題の解決などを取り上げるものとする。

（3）内容の（2）のアについては，経済にかかわる話題なども取り上げるものとする。

第３款　各科目にわたる指導計画の作成と内容の取扱い

1　指導計画の作成に当たっては，次の事項に配慮するものとする。

（1）「数学Ⅱ」，「数学Ⅲ」を履修させる場合は，「数学Ⅰ」，「数学Ⅱ」，「数学Ⅲ」の順に履修させることを原則とすること。

（2）「数学 A」については，「数学Ⅰ」と並行してあるいは「数学Ⅰ」を履修した後に履修させ，「数学 B」については，「数学Ⅰ」を履修した後に履修させることを原則とすること。

（3）各科目を履修させるに当たっては，当該科目や他の科目の内容及び理科，情報科，家庭科等の内容を踏まえ，相互の関連を図るとともに，学習内容の系統性に留意すること。

2　内容の取扱いに当たっては，次の事項に配慮するものとする。

（1）各科目の内容の〔用語・記号〕は，当該科目で扱う内容の程度や範囲を明確にするために示したものであり，内容と密接に関連させて扱うこと。

（2）各科目の指導に当たっては，必要に応じて，コンピュータや情報通信ネットワークなどを適切に活用し，学習の効果を高めるようにすること。

3　指導に当たっては，各科目の特質に応じ数学的活動を重視し，数学を学習する意義などを実感できるようにするとともに，次の事項に配慮するものとする。

（1）自ら課題を見いだし，解決するための構想を立て，考察・処理し，その過程を振り返って得られた結果の意義を考えたり，それを発展させたりすること。

（2）学習した内容を生活と関連付け，具体的な事象の考察に活用すること。

（3）自らの考えを数学的に表現し根拠を明らかにして説明したり，議論したりすること。

人名索引

事項索引

カ　行

タ　行

ナ　行

ハ　行

執筆者紹介（執筆順，執筆担当）

岩崎 秀樹（いわさき・ひでき，編者，広島大学名誉教授）　第１章・第３章

真野 祐輔（しんの・ゆうすけ，大阪教育大学教育学部）　第１章

阿部 好貴（あべ・よしたか，新潟大学人文社会・教育科学系）　第１章

國本 景亀（くにもと・けいゆう，高知大学名誉教授）　第２章第１節

山本 信也（やまもと・しんや，熊本大学教育学部）　第２章第２節

銀島 文（ぎんしま・ふみ，国立教育政策研究所）　第３章

長谷川順一（はせがわ・じゅんいち，香川大学教育学部）　第４章

馬場 卓也（ばば・たくや，広島大学大学院国際協力研究科）　第５章

清水 浩士（しみず・ひろし，元広島大学附属福山中・高等学校）　第５章

砂原 徹（すなはら・とおる，広島大学附属中・高等学校）　第６章第１節

河野 芳文（こうの・よしふみ，高知県立高知工科大学）　第６章第２～６節

長尾 篤志（ながお・あつし，文部科学省初等中等教育局）　第７章第１節

中野 俊幸（なかの・としゆき，高知大学教育学部）　第７章第２節

植田 敦三（うえだ・あつみ，広島大学大学院教育学研究科）　第８章

神原 一之（かんばら・かずゆき，武庫川女子大学文学部）　第８章

MINERVA 21世紀教科教育講座
新しい学びを拓く
数学科授業の理論と実践
――中学・高等学校編――

2010年4月30日　初版第1刷発行　〈検印省略〉
2016年12月25日　初版第4刷発行

定価はカバーに
表示しています

編著者　岩崎秀樹
発行者　杉田啓三
印刷者　大道成則

発行所　株式会社　ミネルヴァ書房
607-8494 京都市山科区日ノ岡堤谷町1
電話 (075)581-5191／振替 01020-0-8076

太洋社・藤沢製本

ISBN978-4-623-05762-7
Printed in Japan